HALKO WEISS
MICHAEL HARRER
THOMAS DIETZ

DAS ACHTSAMKEITS BUCH

GRUNDLAGEN
ÜBUNGEN
ANWENDUNGEN

Klett-Cotta

MIX
Papier | Fördert gute Waldnutzung
FSC® C083411

Klett-Cotta
www.klett-cotta.de

Printed in Germany
Umschlag: Weiß-Freiburg GmbH, Freiburg
Unter Verwendung einer Abbildung von © mycteria / shutterstock
Gesetzt von Dörlemann Satz, Lemförde
Gedruckt und gebunden von CPI – Clausen & Bosse, Leck
ISBN 978-3-608-98740-9

11., aktualisierte Auflage, 2023

Bibliografische Information der Deutschen Nationalbibliothek
Die Deutsche Nationalbibliothek verzeichnet diese Publikation in der Deutschen Nationalbibliografie; detaillierte bibliografische Daten sind im Internet über <http://dnb.d-nb.de> abrufbar.

Inhalt

ANHANG

Vorwort

Wir leben in einer Kultur und zu einer Zeit, in der wir allzu vielen Verführungen ausgesetzt sind, unachtsam mit uns selbst und unserer Mitwelt umgehen. Dabei sind es nicht nur die äußeren Zwänge einer an vordergründiger Effizienz, ökonomischer Optimierung und Rationalisierung ausgerichteten Gesellschaft. Denn auch wenn viel über Stress und Hektik im Berufsleben geklagt wird, folgt doch auch die konkrete Gestaltung der sogenannten Freizeit oftmals ähnlichen Prinzipien: Umbraust von der Flut medialer Eindrücke, verwirrt von der Vielzahl an Zerstreuungsmöglichkeiten und betäubt von kurzfristig faszinierenden und einen »Kick« versprechenden Ablenkungen, die aber längerfristig selten befriedigen können, entwickeln wir kaum ein Gespür dafür, was uns wirklich wichtig ist, wie und wo wir in der Welt stehen und wie wir unser Leben selbstbestimmt gestalten können. Allzu oft fühlen wir uns als »Rädchen« im Getriebe – auch wenn es gute Hinweise gibt, dass wir keineswegs nur »Opfer« dieser Umstände sind, sondern auch als »Täter« aktiv dazu beitragen.

Entschleunigung der Alltagshektik, die Fähigkeit zur Distanzierung gegenüber der bloßen Teilnahme im Aktivitätsstrudel und mehr Achtsamkeit für die inneren und äußeren Gegebenheiten wären dringend geboten. Doch obwohl in sehr vielen Weisheitslehren seit alters her ebenso wie zunehmend in modernen Ansätzen der Psychotherapie Wege zu einer höheren Achtsamkeit aufgezeigt sind, lassen sich solche alternativen Lebensweisen keineswegs leicht realisieren: Bei den Ersteren wird oft ein für viele Menschen unrealistischer, recht radikaler Bruch mit den bisherigen Gewohnheiten gefordert. Und um die Veränderungsmöglichkeiten im Rahmen von Psychotherapien nutzen zu können, muss man sich zunächst als »krank« definieren – ein Schritt, der ebenfalls für viele Menschen zu schwerwiegend ist und der auch gängigen Indikationen für »Psychotherapie« nicht entsprechen würde.

Das vorliegende Buch von Halko Weiss, Michael E. Harrer und Thomas Dietz zeigt einen einfacheren Weg auf und holt viele Leser dort ab, wo sie gerade stehen: im Alltag. Anstatt diesen jedoch radikal umgestalten zu müssen, beinhaltet *Das Achtsamkeits-Buch* viele kleine Übungen, die gut in die übliche Alltagswelt integrierbar sind und dort ihre positive Wirkung entfalten können. Auch die Darstellung der Grundlagen von Achtsamkeit ist überwiegend an konkreten Anwendungsbereichen orientiert, ohne zu tief in die theoretischen oder spirituellen Hintergründe eindringen zu wollen – obwohl die Autoren fundierte Kenntnisse und langjährige Erfahrungen auf diesen Gebieten mitbringen. Auch jene Abschnitte im hinteren Teil des Buches, die sich eher an Therapeuten, Coaches und andere professionell an der Einbeziehung von Achtsamkeit Interessierte richten, sind praxisnah gehalten. Sie bieten einen orientierenden Einstieg und Überblick.

Die Anwendung des Achtsamkeit-Konzepts für das Wohlergehen des Einzelnen gewinnt zunehmend an Bedeutung. Viel zu lange und viel zu sehr wurde der Mensch vor allem aus der Außensicht – aus der 3.-Person-Perspektive – beschrieben. Beobachtbares Verhalten sowie dessen biosomatisch und neurowissenschaftlich fassbare Grundlagen wurden intensiv erforscht. Dies hat in den Bereichen, in denen eine objektive Sicht auf den Menschen wesentlich ist, fraglos zu sowohl inhaltlich als auch methodisch beachtlichen Erkenntnissen geführt. Im Gegensatz zu östlichen Kulturen stehen wir allerdings in der Berücksichtigung und systematisierten Erfahrung der 1.-Person-Perspektive noch recht am Anfang. Was unser Körper jenseits von messbaren neuronalen Vorgängen an Wissen über die Welt erworben und gespeichert hat, und wie wir damit direkt und innerlich in Beziehung treten können, beginnt erst allmählich in den Diskursen westlicher Wissenschaft thematisiert zu werden. Sofern dies überhaupt geschieht, muss oft auf Forschungstraditionen zurückgegriffen werden, die ganz anderen Kulturen entstammen und die für viele zunächst befremdlich und esoterisch wirken. Je mehr Menschen aber auch bei uns für sich selbst oder in professionellen Kontexten Erfahrungen mit Achtsamkeit sammeln, desto eher wird die 1.-Person-Perspektive nicht nur im Bereich der Privatheit verbleiben, sondern im Austausch dieser Erfahrungen dann auch zu systematischen Diskursen und damit zu Fortschritten in der Wissenschaft führen. Dies wäre eine Entwicklung, die letztlich wiederum Auswirkungen auf die oben charakterisierten krankmachenden Aspekte unserer Kultur haben könnte – auch wenn dies sicherlich noch ein langwieriger Weg sein dürfte.

Ich wünsche diesem Buch von Halko Weiss, Michael E. Harrer und Thomas Dietz daher viele Leserinnen und Leser, die sich über Achtsamkeit nicht nur informieren, sondern auch einiges davon in ihren Alltag integrieren wollen. Ein achtsamerer Umgang mit uns selbst, mit unseren Mitmenschen und der ganzen Mitwelt ist unbedingt wünschenswert – sowohl für eine lebenswerte Alltagswelt als auch für unser Handeln im professionellen Rahmen.

Osnabrück, im September 2009 *Prof. Dr. Jürgen Kriz*

Einführung

Es scheint wie ein bemerkenswerter Widerspruch: Achtsamkeit ist etwas so Einfaches, Kleines, Selbstverständliches und Natürliches und dabei zugleich so grundlegend und wesentlich für die menschliche Existenz, dass die Bücher, die über sie geschrieben wurden, ganze Bibliotheken füllen. Sie wurde über Jahrtausende kontinuierlich und gründlich in der Innenschau des Ostens erforscht. Inzwischen haben sich die Natur- und Geisteswissenschaften des Westens mit ihrer objektivierenden Außensicht der Achtsamkeit angenommen. Tausende von Forschungsartikeln wurden in den letzten Jahren veröffentlicht und es werden täglich mehr.

Man kann davon ausgehen, dass diese Entdeckung der Achtsamkeit keine Mode-Erscheinung ist. Vielmehr kommt der Westen zur Einsicht, dass Achtsamkeit eine besonders umfangreiche und tiefgründige Ressource für das Leben der Menschen bedeutet, die bisher übersehen wurde. Eine Ressource, die neben der Bewusstseinsentwicklung große Wirkung auf Gesundheit, Stressbewältigung, effektives Handeln und menschliche Beziehungen hat. Sie bringt eine neue Qualität, die ein glückliches und erfülltes Leben ermöglicht. Sie hilft, das Leben bewusster zu gestalten und mit Energie und Sinn zu füllen. Viele ihrer Wirkungen stimmen mit jenen Zielen überein, die Menschen in ihrem Leben und sowohl auf ihrer Suche nach Glück, wie auch in Zeiten des Leidens in psychotherapeutischen Behandlungen anstreben.

Die Auswirkungen, welche diese »Achtsamkeits-Revolution« (Wallace, 2008) auf unsere Kultur haben wird, sind noch nicht abzusehen. Was sie für den Einzelnen in seinem Alltag und für die Entwicklung der Psychotherapie bedeuten kann, zeichnet sich zunehmend ab. Diese Perspektive wollen die Autoren dem Leser näher bringen.

Das Konzept der Achtsamkeit, in der Weise, wie es in diesem Buch verstanden wird, ist im Rahmen der buddhistischen Psychologie entwickelt worden. Da Achtsamkeit ein natürliches menschliches Potential ist, haben zum Beispiel auch Taoismus, Sufismus und die mystischen Traditionen im Christentum ihre eigenen Formen der Selbsterkenntnis und der Begegnung mit der Essenz des Seins kultiviert. Auch sie regten zu Übungen an, im gegenwärtigen Augenblick präsent zu sein. Doch nirgendwo ist die Tradition so gründlich und so detailreich ausgearbeitet wie in den verschiedenen Zweigen des Buddhismus, und nirgendwo ist sie über so lange Zeit und an Erfahrungen überprüft gewachsen.

Wollte man dem Thema Achtsamkeit also umfassend gerecht werden, würde ein kleines Büchlein wie dieses bei weitem nicht ausreichen. Achtsamkeit ist eine Praxis, die dem Übenden in unermessbare Weiten des Bewusstseins führen kann. In seiner Lehrrede über die rechte Achtsamkeit machte Gautama Buddha deutlich, dass mit Achtsamkeit alles zu erreichen ist, was man als geistiges Wesen erreichen kann. Sie ist der Hauptweg zur Erleuchtung.

Doch auch schon der Anfang dieses Weges kann entscheidende Vorteile bringen. Dafür genügen schon ein paar Wochen täglichen Übens. Der Aufwand ist mit dem vergleichbar, was Laien in das Erlernen eines Musikinstruments investieren. Richard Davidson (Davidson et al., 2003a) hat in seinem Labor an der Universität von Wisconsin-Madison gezeigt, dass auch in dieser relativ kurzen Zeit Verbesserungen der Gehirnfunktion und des Immunsystems nachzuweisen sind. Seine Forschungsergebnisse brachten ihn im Time-Magazin auf die Liste der 100 einflussreichsten Personen des Jahres 2006.

Dieses Buch soll daher auf praktische und überschaubare Schritte hinweisen, die jedem von uns eine Hilfe sein können. Achtsamkeit wird hier nicht als Teil eines religiösen Systems verstanden, sondern als psychologisches Konzept, das unabhängig von spirituellen Lehren angewendet werden kann. Ziel ist es, Achtsamkeit mit unserem westlichen, wissenschaftlich fundierten Wissen über die Psyche zu verknüpfen. Der Leser* soll einen leicht zugänglichen Eindruck gewinnen, was auf grundlegender Ebene mit Achtsamkeit gemeint ist und wie sie sinnvoll und konsequent in das tägliche Leben und in psychotherapeutische Ansätze integriert werden kann. Die hier beschriebenen Anwendungen von Achtsamkeit sollen also sowohl Fachkollegen aus helfenden und beratenden Berufen Anregungen geben, als auch allen anderen Menschen nützen, die sich für fundierte Wege der Selbsthilfe oder des Selbst-Coaching interessieren.

So bietet das Buch zunächst einen kurzen Überblick über die Grundlagen der Achtsamkeit, ohne in komplexe spirituelle Ebenen und Hintergründe einzusteigen. Danach wird ihr Nutzen im Zusammenspiel mit der westlichen Psychologie im Mittelpunkt stehen. Dabei soll deutlich werden, wie sowohl westliche Errungenschaften in der Aufarbeitung psychischer Probleme, als auch Wege ganz allgemeiner Persönlichkeitsentwicklung von der Achtsamkeit profitieren können. So ist dieses Buch in drei Hauptabschnitte gegliedert:

Erstens eine kleine Einführung in die Grundlagen der Achtsamkeit und wie sie in ihrer klassischen Form als Übung des Innehaltens, feinen Beobachtens und Loslassens im Alltag jedes Menschen nutzbringend angewendet werden kann. Diese Formen werden auch in psychotherapeutischen Behandlungsmethoden in klassischer Weise eingesetzt.

Im zweiten Abschnitt folgt eine Anleitung zur aktiven Anwendung der Achtsamkeit, in der eine Verbindung mit westlichen psychologischen Konzepten vorgeschlagen wird. Sie kommt der kulturellen Neigung entgegen, zielgerichtet und aktiv handelnd die persönliche Entwicklung zu fördern.

* Wenn im Folgenden die männlichen Formen verwendet werden, dann dient dies dazu, den Text lesefreundlich zu gestalten. Es sind selbstverständlich beide Geschlechter gemeint.

Der dritte Teil soll aufzeigen, dass sich Achtsamkeit auch tief und durchgängig in eine komplexe psychotherapeutische Arbeit integrieren lässt, indem zwei Menschen in einem achtsamen Feld zusammenwirken. Auf diese Art wird das Potential der Achtsamkeit in einer ganz neuen Weise für Reifungsprozesse genutzt.

Es ist die Absicht der Autoren, dass sich dieses Buch leicht lesen lässt, sowohl für Personen aus dem Bereich Psychologie, Psychotherapie und Coaching als auch für interessierte Laien. Daher sind manche Hintergründe, wie zum Beispiel Ergebnisse wissenschaftlicher Forschung, in Exkursen herausgehoben und als Studien in den Anhang gestellt. So hat der Leser einen leicht verständlichen Text und trotzdem die Möglichkeit, vieles vertiefend nachzulesen.

Der Weg der Selbsterkenntnis ist auch für unsere westliche Kultur nichts Fremdes. Er wurde von Dichtern, Philosophen und Psychologen immer wieder als zentrales Element der menschlichen Reifung beschrieben. Was dabei aber meist übersehen wurde, ist die Tatsache, dass die Fähigkeit zur Innenschau und Selbsterkenntnis sich nur entfalten kann, wenn sie *geübt* wird. Und zwar kontinuierlich und regelmäßig. Dafür gibt es seit über zwei Jahrtausenden bewährte Übungsanleitungen, die diesen Weg effektiv und wesentlich machen. Die meisten stammen aus der buddhistischen Psychologie. Sie gibt klare und eindeutige Anweisungen auf dem Übungsweg zur Geistesschulung.

Jede Vermittlung von Wissen über Achtsamkeit kann also allenfalls als Anregung dienen. Entscheidend ist die Praxis. Daher werden am Ende der drei Abschnitte jeweils entsprechende Übungen vorgestellt, einige mit langer Tradition und andere, die aus der Verknüpfung von Achtsamkeit mit modernen Formen der Bewusstseinsentwicklung hervorgegangen sind. Die Leser sind eingeladen, sich einige davon auszusuchen und auch regelmäßig anzuwenden. Da das Üben unter direkter Anleitung eines Lehrers wirksamer ist, werden auch

Hinweise auf entsprechende Angebote gegeben, die jedem Menschen zur Verfügung stehen.

Achtsamkeit ist ein machtvolles Instrument auf dem Weg zu tiefer Einsicht, zu Gelassenheit und Konzentration. Sie fördert Selbstkenntnis, Selbsteinfühlung, Selbstakzeptanz, Selbstführung und Selbstfürsorge. All diese Qualitäten können darüber hinaus in der Beziehung zu anderen Menschen wachsen, indem auch diese mit wohlwollender Offenheit wahrgenommen werden und höhere Akzeptanz erfahren. Und je näher wir dem Ziel kommen, Achtsamkeit tief ins Leben zu integrieren, desto deutlicher entsteht neben einer konzentrierten Geistesklarheit eben diese wohlwollende Selbstzuwendung und größere Gelassenheit, selbst wenn in der Außenwelt die rasende Betriebsamkeit unserer Zeit herrscht: Ruhe im Zentrum des Sturms.

Wir sind überwältigt von der großen und positiven Resonanz, die unser Buch seit seinem Erscheinen im Jahre 2010 auslöste. So kamen wir der Anfrage gerne nach, unseren Text für die Neuauflage zu überarbeiten. Dabei stellten wir fest, dass das Buch in seinen zentralen Inhalten immer noch aktuell ist. Die Zahl der wissenschaftlichen Publikationen zum Thema Achtsamkeit hat aber in den letzten Jahren stark zugenommen, sodass in diesem Bereich ein Update notwendig war. Wir haben uns bei der Darstellung neuer Befunde im Wesentlichen auf die zuletzt erschienenen Übersichtsarbeiten beschränkt (S. 275–303).

Einer Entwicklung wollten wir auch noch Rechnung tragen: Das Thema Mitgefühl und Selbstmitgefühl rückte im Zusammenhang mit Achtsamkeit in den letzten Jahren in den Mittelpunkt des Forschungsinteresses. Ihm ist ein ergänzendes Kapitel gewidmet (S. 247–252). Darüber hinaus geben wir in einem kleinen Nachtrag noch einen Einblick in die aktuelle Diskussion ethischer Aspekte der Anwendung von Achtsamkeit.

Wir wünschen unseren Lesern und Leserinnern viel Freude an der Entdeckung der Achtsamkeit in ihren unendlich vielen Facetten.

Michael E. Harrer, Halko Weiss und Thomas Dietz
im April 2019

TEIL I

Achtsamkeit im täglichen Leben

Was ist Achtsamkeit?

Der Begriff »Achtsamkeit« hat seine Wurzeln im Buddhismus. »Geistestraining durch Achtsamkeit« ist Titel und Programm des Standardwerks, das der 1901 bei Frankfurt geborene Mönch Nyanaponika in Sri Lanka verfasste. Darin beschreibt er Achtsamkeit als Herzstück buddhistischer Tradition in ihrer Funktion des »Reinen Beobachtens«:

> »das klare, unabgelenkte Beobachten dessen, was im Augenblick der jeweils gegenwärtigen Erfahrung (einer äußeren oder inneren) wirklich vor sich geht. Es ist die unmittelbare Anschauung der eigenen körperlichen und geistigen Daseinsvorgänge, soweit sie in den Spiegel unserer Aufmerksamkeit fallen. Dieses Beobachten gilt als ›rein‹, weil sich der Beobachtende dem Objekt gegenüber rein aufnehmend verhält, ohne mit dem Gefühl, dem Willen oder Denken bewertend Stellung zu nehmen und ohne durch Handeln auf das Objekt einzuwirken. Es sind die ›reinen Tatsachen‹, die hier zu Wort kommen sollen« (Nyanaponika, 2000, S. 26).

Innerhalb der verschiedenen buddhistischen Traditionen gibt es teils unterschiedliche Auffassungen von Achtsamkeit. Im tibetischen Buddhismus gibt es andere Anweisungen als in der Vipassana-Tradition und wieder andere Facetten im »engagierten Buddhismus« des zeitgenössischen vietnamesischen Mönchs Thich Nhat Hanh.

Außerhalb dieser Traditionen sind Definitionen von Achtsamkeit davon abhängig, bei welchen Zielgruppen und mit welchen Zielen sie angewendet werden: im Coaching von Führungskräften, zur allgemeinen Stress-Reduktion oder als Hilfe bei der Bewältigung von Krankheiten, bei Schmerz, Krebs oder zur Rückfallprophylaxe von Depression. Dazu hängen die in den Vordergrund gestellten Charakteristika von Achtsamkeit natürlich auch vom jeweiligen weltanschaulichen und wissenschaftlichen Hintergrund der Anwender ab.

Im Rahmen des »Mindfulness-Based Stress Reduction Programms« wird Achtsamkeit praxisorientiert definiert: Achtsamkeit ist

> »offenes, nichturteilendes Gewahrsein von Augenblick zu Augenblick« (Kabat-Zinn, 2006a, S. 35).

Achtsamkeit kann auch über ihre Ziele und Wirkungen definiert werden. Im buddhistischen »edlen achtfachen Pfad« ist »rechte Achtsamkeit«

> »das aufmerksame und unvoreingenommene Beobachten aller Phänomene, um sie wahrzunehmen und zu erfahren, wie sie in Wirklichkeit sind, ohne sie emotional oder intellektuell zu verzerren« (Solé-Leris, 1994, S. 26).

Exkurs:

Komponenten von Achtsamkeit

Das Konstrukt »Achtsamkeit« wird oft in einzelne Komponenten zerlegt, die unterschiedlich in den Vordergrund gestellt und gewichtet werden. Autoren, die sich um eine Definition von Achtsamkeit bemühen, beschreiben folgende Facetten und Dimensionen von Achtsamkeit:

1. Achtsamkeit ist verbunden mit einem bestimmten Modus des Seins:
   - Dieser Modus besteht in einem rezeptiven Beobachten und Gewahrsein. Innere und äußere Reize werden bewusst bemerkt und wahrgenommen.
   - Die Aufmerksamkeit wird auf den gegenwärtigen Moment gelenkt.
   - Automatische (Handlungs-)Reaktionen auf innere oder

äußere Erfahrungen werden unterlassen, dies im Gegensatz zum sog. »Autopilotenmodus« (Kabat-Zinn, 2006a).
- Es besteht Bewusstheit über den Prozess der Aufmerksamkeitslenkung selbst, das heißt darüber, worauf die Aufmerksamkeit in jedem Moment gerichtet ist (Metakognition).
- Man ist beteiligt, beobachtet teilhabend (nicht abgespalten oder dissoziiert).
- Handeln erfolgt bewusst.

2. Achtsamkeit bedeutet eine bestimmte Haltung der Erfahrung gegenüber:
   - Akzeptanz: Erfahrungen werden so akzeptiert, wie sie sind.
   - Nicht-Bewertung: Erfahrungen werden nicht als gut oder schlecht bewertet.
   - Kein konzeptuelles Denken: Die aktuelle Erfahrung wird nicht in bereits bestehende Konzepte eingeordnet; Erfahrungen werden nicht mit vergangenen Erfahrungen verknüpft.
   - Anfängergeist: Die Dinge werden mit Interesse und Neugier so betrachtet, als ob man sie zum ersten Mal sehen würde (Suzuki, 1975).
   - Zulassen und Erlauben als Gegensatz zu Vermeidung und Unterdrückung von Erfahrungen.
   - Kein Veränderungswunsch: Dinge nicht anders haben wollen, als sie sind.
   - Intentionalität: es besteht die Absicht, achtsam zu sein.

3. Achtsamkeit bedient sich bestimmter Techniken:
   - Konzentration und Fokussierung führen zu innerer Ruhe als Voraussetzung für Achtsamkeit (Zugangskonzentration).

- Etikettieren: das Benennen der Erfahrung mit einfachen Worten, ohne konzeptionelle Analyse.

4. Achtsamkeit ist mit Zielen und Wirkungen verbunden:
   - Einsicht und Klarblick bedeuten, sich selbst und die Welt immer genauer so wahrzunehmen, wie sie ist.
   - Ruhe, innerer Frieden und Gleichmut.
   - Entwicklung von Freiheit; Befreiung von Leid in umfassendem Sinne oder von einzelnen Symptomen im Sinne einer Heilung.
   - Entwicklung von Liebender Güte, Mitgefühl, Selbstmitgefühl und Mitfreude.
   - Selbstregulation.
   - Effektivität.
   - Präsenz.
   - Ermöglichung neuer Erfahrungen.

Weiterführende Literatur: Dimidjian & Linehan (2003), Bishop et al. (2004), Williams & Kabat-Zinn (2013), Nilsson & Kazemi (2016).

Der Begriff »Achtsamkeit« kann zweierlei beschreiben: vorübergehende Zustände (»states«) und verinnerlichte, überdauernde Merkmale (»traits«). In der Achtsamkeits-Schulung werden Zustände von Achtsamkeit immer häufiger bewusst aufgesucht und vertieft, bis sie mühelos und selbstverständlich werden. Damit werden sie als Haltung verinnerlicht und zu einem Merkmal der Persönlichkeit.

Die vier essenziellen Bausteine der Achtsamkeit

Achtsamkeit ist im Kern aus vier Bausteinen zusammengesetzt: Achtsamkeit bedeutet erstens eine bewusste Lenkung der Aufmerksamkeit. Diese Aufmerksamkeit ist zweitens auf den jeweils gegenwärtigen Moment gerichtet, auf den Fluss des Erlebens, das sich ständig verändert. Achtsamkeit ist drittens charakterisiert durch eine Akzeptanz dieses Erlebens, ohne zu urteilen, zu kritisieren oder etwas anders haben zu wollen. Viertens: Ein »Innerer Beobachter« wird kultiviert, der durch teilnehmendes Beobachten Abstand zum Beobachteten schafft und ermöglicht, aus Identifikationen herauszutreten. Diesen Prozess nennen wir hier Disidentifikation. Diese einzelnen Bausteine überlappen sich, verstärken und bedingen einander zum Teil gegenseitig.

Lenkung der Aufmerksamkeit

Jeder Mensch hat grundsätzlich die Fähigkeit, seine Aufmerksamkeit bewusst und absichtsvoll zu lenken. Diese Fähigkeit ist allerdings individuell höchst unterschiedlich ausgebildet und trainiert. Worauf wir unsere Aufmerksamkeit richten, bestimmt ganz wesentlich, wie wir uns selbst und die Welt erleben. Jegliches Erleben kann als Ergebnis eines Prozesses der Aufmerksamkeitslenkung betrachtet werden.

In der Regel erfolgt diese Lenkung der Aufmerksamkeit jedoch nicht bewusst, sondern mehr oder weniger automatisch. Nach einem angeborenen Muster wenden wir uns bei einem lauten Knall unmittelbar in jene Richtung, aus der wir ihn hören. Bei Säuglingen erregen bevorzugt menschliche Gesichter die Aufmerksamkeit. Individuelle Muster bestimmen, ob wir uns mehr dem zuwenden, was wir sehen, hören oder spüren. Sie geben auch vor, was wir wenig wahrnehmen oder gewohnheitsmäßig ausblenden. Aber auch frühere Erfahrungen und kulturelle Einflüsse bestimmen mit, ob unsere Aufmerksamkeit mehr nach außen oder nach innen gerichtet ist, ob sie bevorzugt fokussiert auf einem Objekt verweilt oder ob wir leicht ablenkbar sind. Nach traumatischen Erfahrungen richtet sich die Aufmerksamkeit häufig auf potenzielle Bedrohungen, was zu einem dauernden Absuchen der Umgebung führt. Der eigene Körper wird dann vielfach gar nicht mehr wahrgenommen. Wenn wir versuchen, uns auf eine Tätigkeit zu konzentrieren, beispielsweise zu lesen, schweift unsere Aufmerksamkeit oft ab. Wir verlieren uns in Gedanken oder bemerken, dass wir über dem Buch eingeschlafen sind. Manchmal sind wir aber auch vom Inhalt total gefesselt, nehmen die Umgebung gar nicht mehr wahr, wir befinden uns gleichsam in einer anderen Welt.

Der erste Baustein von Achtsamkeit ist die bewusste, klare Aufmerksamkeit für die jeweils gegenwärtige Innen- und Außenwelt. So wird Achtsamkeit auch als »reine Aufmerksamkeit« (bare attention) bezeichnet. Dieser Zustand kann mit einem auf Hochglanz polierten Spiegel verglichen werden. Er reflektiert einfach alles, was sich ihm zeigt. Im Sinne der Akzeptanz haben Spiegel auch keine Vorlieben oder Abneigungen gegenüber dem, was sie spiegeln. Wenn man die Persönlichkeit als Haus betrachtet, werden durch Achtsamkeitstraining die Wände, Böden und Decken immer durchlässiger. Sie werden schließlich durchsichtig wie Glas, sodass man vom Keller bis in den Dachboden schauen kann. So wird die Innenwelt immer deutlicher und klarer sichtbar.

Um den Geist zu beruhigen, sich für den gegenwärtigen Moment zu öffnen und Zugang zu Achtsamkeit zu bekommen, kann es sinnvoll sein, sich zunächst auf ein konkretes Objekt zu konzentrieren. Man spricht von *Zugangskonzentration*. Achtsam sein im engeren Sinn bedeutet, keinen speziellen Gegenstand der Aufmerksamkeit zu bevorzugen oder abzulehnen. Achtsamkeit bedeutet Offenheit für eine genaue Wahrnehmung der gegenwärtigen Erfahrung. Dazu müssen wir das Objekt der Wahrnehmung zunächst bemerken, uns seiner gewahr werden, uns ihm aktiv zuwenden, um dann mit der Aufmerksamkeit darauf zu verweilen.

Um in direktem Kontakt mit etwas bleiben zu können, ist es hilfreich, eine nicht von Konzepten geprägte innere Haltung, eine Haltung des Nicht-Bewertens einzunehmen. Wenn Konzepte oder Bewertungen auftauchen, können diese ihrerseits zum Gegenstand der Beobachtung gemacht werden. Anschließend kann die Aufmerksamkeit wieder zum ursprünglichen Objekt der Beobachtung zurückkehren.

Achtsamkeit bedeutet auch, sich aus einer übergeordneten Perspektive der Aufmerksamkeit selbst bewusst zu sein. In Achtsamkeit ist man sich dessen gewahr, worauf der Fokus der Aufmerksamkeit von Moment zu Moment gerichtet ist. Oder man bemerkt, dass man in einem Augenblick nicht gegenwärtig, nicht präsent, nicht achtsam ist. Je früher dies geschieht, umso schneller kann das Gewahrsein für den augenblicklichen Moment wieder hergestellt werden. Je kontinuierlicher und stabiler Achtsamkeit wird, desto seltener verliert man sich in Vergangenheit oder Zukunft.

Gegenwärtigkeit

Unser Zeiterleben gliedert sich in drei Abschnitte: Vergangenheit, Gegenwart und Zukunft. Der Geist moderner Menschen befindet sich zumeist auf einer rasend schnellen Zeitreise. Er pendelt zwischen Erinnerungen aus der Vergangenheit und Gedanken und Phantasien über die Zukunft. Nur selten ist er mit der Gegenwart beschäftigt. Wir vergessen, dass wir tatsächlich nur in der Gegenwart existieren und nur den jeweils gegenwärtigen Augenblick unmittelbar erleben können. Vergangenheit und Zukunft werden nie direkt erfahren. Der zweite Baustein der Achtsamkeit bedeutet, sich dieser Gegenwart zu öffnen, mit der ganzen Aufmerksamkeit beim gegenwärtigen Moment, bei der jeweils gegenwärtigen Erfahrung zu sein.

Die Dauer dieses gegenwärtigen Moments wird unterschiedlich erlebt und definiert. Der Entwicklungspsychologe Daniel Stern spricht von »Gegenwartsmomenten«, welche einige Sekunden dauern (Stern, 2005, S. 52).

Akzeptanz

Die meisten Menschen sind es seit ihrer Kindheit gewohnt, dass sie beurteilt, kritisiert, gelobt und getadelt werden. So ist es zu einem Automatismus geworden, Situationen, uns selbst und andere zu beurteilen, oft sogar abzuwerten oder zu verurteilen. Bestimmte Eigenschaften, Gefühle und Ereignisse werden anderen vorgezogen, meist scheint das besser, was gerade nicht ist.

Um sich dem gegenwärtigen Erleben wirklich voll und ganz zuwenden zu können, ist es allerdings notwendig, speziell auch unangenehme Erfahrungen nicht zu vermeiden. Das ist dann möglich, wenn wir diese nicht ablehnen oder bewerten. Erleben kann sich dann entfalten, wenn wir freundlich darauf blicken und nicht versuchen, es zu verändern. Jede urteilende und kritische Betrachtung von soeben Vergangenem oder unmittelbar Bevorstehendem verhindert Offenheit für die Gegenwart. Jedes Grübeln über vergangene oder zukünftige Fehler verhindert den Kontakt mit dem lebendigen Jetzt. Jede Bevorzugung einer Sache gegenüber einer anderen verstellt uns die Sicht auf die ganze Wirklichkeit.

Der dritte Baustein von Achtsamkeit ist daher Akzeptanz. Dies bedeutet, den gegenwärtigen Moment so anzunehmen, wie er ist: die gegenwärtige Erfahrung, Fakten, Situationen, sich selbst, andere Menschen. Akzeptanz bedeutet allerdings nicht Resignation, bedeutet nicht, alles gut zu finden, oder dass alles so bleiben soll. Ganz im Gegenteil: Akzeptanz ist die Voraussetzung, wirklich hinzuschauen und anzuerkennen, dass etwas ist, wie es ist. Gerade etwas als Tatsache zu erkennen und zu akzeptieren kann zum Ausgangspunkt für Veränderung werden. Gar nicht selten kommt es zu einer paradoxen Situation: Wenn wir lange erfolglos gegen etwas kämpfen und es dann irgendwann als unveränderlich akzeptieren, verändert es sich bisweilen wie von selbst.

Akzeptanz einer Erfahrung oder einer Situation ist eine innere Haltung, unabhängig davon, ob eine Handlung folgt oder nicht. Akzeptanz bedeutet nicht, etwas Veränderbares aushalten zu müssen. Akzeptanz kann aber sehr wohl bedeuten, nicht gegen etwas Unveränderbares anzukämpfen, und kann auf diese Weise zusätzliches Leid ersparen.

Der »Innere Beobachter«

Achtsamkeit bedeutet, ganz bewusst das jeweilige Objekt der Beobachtung von jener Instanz zu trennen, die beobachtet und somit das Beobachtete und den Beobachter auseinanderzuhalten. Um sich diese Instanz vorstellen zu können, wird sie als »Innerer Beobachter« bezeichnet. Er ist der vierte Baustein von Achtsamkeit. Dieser innere Beobachter ist natürlich kein fassbares Ding, kein kleines Männchen irgendwo im Gehirn. Er ist vielmehr ein Bewusstseinszustand. Trotzdem kann die Vorstellung eines inneren Beobachters hilfreich sein.

Das bewusste Beobachten dient dem Gewahrsein darüber, was von Augenblick zu Augenblick geschieht. Dieser Zustand des Beobachtens unterscheidet sich deutlich von Bewusstseinszuständen mit Kontrollfunktionen, bei denen es um Selbstregulation und den Erhalt von Identität und Selbstkonzepten geht.

Auf die Frage eines Schülers, wer nun eigentlich beobachtet und wer oder was beobachtet wird, antwortet S. N. Goenka, ein bekannter Meditationslehrer, der sehr zur Verbreitung der Vipassana-Meditation beigetragen hat:

> »Keine verstandesmäßige Antwort wird Sie zufrieden stellen können. Sie müssen das selbst untersuchen: Was ist dieses ›ich‹, das all dies tut? Wer ist dieses ›ich‹? Fahren Sie fort, zu forschen und zu analysieren. Geben Sie acht, ob irgendein ›ich‹ erscheint; wenn ja, beobachten Sie es. Wenn nichts auftaucht,

dann akzeptieren Sie es: Oh, dieses ›ich‹ ist eine Täuschung, eine Illusion!« (Hart, 1996, S. 139).

Disidentifikation: Die entscheidende Folge des Auftauchens des inneren Beobachters ist die Differenzierung der Bewusstseinsinhalte vom Bewusstsein selbst. Der Denker wird vom Gedanken, der Fühlende vom Gefühl, der Erfahrende von der Erfahrung gelöst. Damit werden Gedanken als Gedanken erkannt, Gefühle als Gefühle und Körperempfindungen als Körperempfindungen. Gedanken muss dann nicht mehr unbedingt geglaubt werden. Es hilft, Abstand von ihnen zu gewinnen und sie zu hinterfragen. Achtsamer Umgang mit Emotionen bedeutet, sich nicht von ihnen fortreißen zu lassen, sich nicht mit ihnen zu identifizieren, nicht in sie hineingesogen zu werden, sondern einfach zu beobachten, wie sie kommen und wieder gehen.

Die konkrete Anwendung einer Übung zur Disidentifikation beschreibt Ken Wilber in seinem autobiographischen Werk »Mut und Gnade« (1996, S. 152). Als Unterstützung zur Bewältigung ihrer weit fortgeschrittenen Krebserkrankung bittet Treya Wilber ihren Mann, ihr diese Übung vorzulesen, um sie an ihren »Zeugen« (ein anderes, klassisches Wort für den inneren Beobachter) zu erinnern.

»Ich habe einen Körper, aber ich bin nicht mein Körper. Ich kann meinen Körper sehen und fühlen, und was gesehen und gefühlt werden kann, ist nicht der wahre Sehende. Mein Körper kann müde oder angespannt, krank oder gesund, schwer oder leicht, angstvoll oder ruhig sein, aber das hat nichts mit meinem inneren Ich, dem Zeugen, zu tun. Ich habe einen Körper, aber ich bin nicht mein Körper.

Ich habe Wünsche, aber ich bin nicht meine Wünsche. Ich kann meine Wünsche erkennen, und was erkannt werden kann, ist nicht der wahre Erkennende. Wünsche kommen und gehen, sie ziehen durch mein Bewusstsein, aber sie berühren mein inneres Ich nicht, den Zeugen. Ich habe Wünsche, aber ich bin nicht die Wünsche.

Ich habe Emotionen, aber ich bin nicht meine Emotionen. Ich kann meine Emotionen empfinden und spüren, und was empfunden und gespürt werden kann, ist nicht der wahre Empfindende. Emotionen gehen durch mich hindurch, aber sie berühren mein inneres Ich nicht, den Zeugen. Ich habe Emotionen, aber ich bin nicht die Emotionen.

Ich habe Gedanken, aber ich bin nicht meine Gedanken. Ich kann meine Gedanken sehen und erkennen, und was erkannt werden kann, ist nicht der wahre Erkennende. Gedanken kommen mir und gehen wieder, aber sie berühren mein inneres Ich nicht, den Zeugen. Ich habe Gedanken, aber ich bin nicht Gedanken.

Ich bin das, was übrig bleibt, ein Zentrum reinen Gewahrseins, der unbewegte Zeuge all dieser Gedanken, Emotionen, Gefühle, Empfindungen.«

In Achtsamkeit kann beobachtet werden, dass sich Gedanken, Gefühle und Empfindungen ständig verändern. Was sich *verändert,* kommt und geht, und was beobachtet werden kann, kann nicht »Ich« sein – so lautet sinngemäß die Formulierung in dieser Übung zur Disidentifikation. Stattdessen muss ich das sein, was bleibt, was konstant und immer präsent ist. Dafür kommt nur der immer gleich Beobachtende in Frage.

Reines Gewahrsein: Wenn wir diese Gedanken weiter verfolgen, kommen wir zu Grundfragen des Menschseins, zu einer Frage, die der indische Weise Ramana Maharshi als die zentrale spirituelle Frage schlechthin verstanden hat: »Wer bin ich?«, »Was bin ich denn, wenn ich alle meine Identifikationen als solche erkenne und sie loslasse?«

Rumi, ein klassischer Sufi-Poet, benutzt in seinem Gedicht »Das Gästehaus« das Bild eines Hauses, um dieses Gewahrsein, diesen Raum, diese Leere zu beschreiben. Achtsamkeit bedeutet für ihn, die Gedanken und Gefühle wie Gäste willkommen zu heißen, sie kommen, aber auch wieder gehen zu lassen.

Die westliche Psychologie beschäftigt sich eher mit den Inhalten des Bewusstseins, mit Gedanken, Wahrnehmung, Gedächtnis und Emotionen. Sie war über lange Zeit weniger am Rahmen interessiert, in dem sich diese Inhalte ausdrücken, nämlich dem Bewusstsein selbst. Achtsamkeit dagegen lässt die Inhalte in den Hintergrund rücken, wendet sich den Strukturen des Bewusstseins und dem Bewusstseinsraum selbst zu.

Östliche Wege beachten viel mehr auch den Hintergrund, den Raum und die Leere, während im Westen die Aufmerksamkeit mehr auf den Vordergrund, die Objekte und die Form gerichtet wird. Diese beiden Möglichkeiten der Fokussierung werden in der Geschichte vom Zöllner und dem Eseltreiber deutlich: Über viele Jahre beobachtet ein Zöllner einen Eseltreiber, der jeden Tag einen Esel über die Grenze führt. Immer wieder untersucht er die Packtaschen, die der Esel trägt, findet aber keine Schmuggelware. Lange nachdem der Zöllner in den Ruhestand gegangen war, begegnet er dem Eseltreiber. Da dieser im Besitz eines stattlichen Hauses ist, kann er sich nicht zurückhalten, ihn zu fragen, was er denn geschmuggelt habe. Erst nach einigem Zögern und der Zusicherung, niemandem etwas davon zu verraten, antwortet der Eseltreiber: »Ich habe Esel geschmuggelt.«

Fokus der Aufmerksamkeit

Durch die Auswahl dessen, worauf wir die Aufmerksamkeit richten, gestalten wir unsere Erfahrungen. Langfristig haben diese Erfahrungen auch Auswirkungen auf die Verschaltungen in unserem Gehirn *(siehe Glossar »Neuroplastizität«, S. 270)*. Wir konstruieren auf diese Weise unsere Welt und unsere Beziehungen. Wir bestimmen, in welche Richtung unsere Energien fließen. »Energie folgt der Aufmerksamkeit«, so lautet ein Grundsatz der Kahunas, der hawaiianischen Schamanen.

Fokus Innenwelt: »Innere Achtsamkeit«

Worauf kann sich nun die Aufmerksamkeit in achtsamer Weise richten, was kann in den Fokus genommen werden? Man kann die Aufmerksamkeit nach innen lenken, auf Körperempfindungen wie den Atem oder auf die Wahrnehmung einzelner Körperteile oder von Körperbewegungen. Mit Hilfe »Innerer Achtsamkeit« können wir die einzelnen Bausteine erforschen, die unsere Innenwelt erschaffen: Wenn wir dahin lauschen, werden uns Gedanken, die Monologe oder Dialoge innerer Stimmen bewusst; wenn wir unseren inneren Bildschirm betrachten, können Bilder auftauchen; und wenn wir den Raum der Vorstellungen und Erinnerungen betreten, können Eindrücke aus allen fünf Sinnen auftauchen. Wir erinnern vielleicht eine Szene aus dem letzten Urlaub, einen Sonnenuntergang am Strand. Wir sehen den tiefroten Sonnenball im Meer versinken, hören die Wellen rauschen und die Möwen, spüren den kühlen Wind über unser Gesicht streichen und den warmen Sand. Wir riechen sogar das Meer und schmecken Salz in der Luft. Und es kann ein Gefühl der Freude hochkommen.

Den Körper bewusst wahrzunehmen ist für viele Menschen ungewohnt, außer wenn er schmerzt oder nicht funktioniert. Körperwahrnehmung ist aber ein hervorragender Weg zu Gegenwärtigkeit, zu Präsenz. Die Beobachtung des Atems hat sich dabei über zweieinhalb Jahrtausende als Ausgangspunkt bewährt. Den Körper bewusst in das Feld der Aufmerksamkeit mit einzuschließen, erhöht die Empfindung der Fülle des Lebens.

Auch die Qualität von Entscheidungen wird verbessert, wenn Informationen aus dem Körper bewusst berücksichtigt werden – wenn wir an seinen Reaktionen wahrnehmen, was er zu sagen hat. Achtsames Spüren bedeutet dann, immer feinere Empfindungen beobachten zu können. Das Training von Achtsamkeit ermöglicht, Körperteile oder Empfindungen wahrzunehmen, die sonst unter der Bewusstseinsschwelle liegen.

Fokus Außenwelt

Mit dem bewussten Fokus auf die Außenwelt betreten wir die Welt der Sinne, öffnen uns der sinnlichen Erfahrung, um die unterschiedlichsten Landschaften zu erforschen: visuelle, aber auch Geräusch-, Tast-, Geruchs- und Geschmackslandschaften.

Achtsamkeit bedeutet, die Welt in zunehmendem Maße so wahrzunehmen, wie sie ist. Die einzelnen Elemente des Wahrgenommenen können immer mehr differenziert und durch genaue Beobachtung intensiver erlebt werden. Sich darüber bewusst zu werden, worauf wir unsere Aufmerksamkeit in der Außenwelt richten, führt zur Einsicht, welchen Ausschnitten der Welt wir uns zuwenden. Es kann auch klar werden, welche Ausschnitte wir ausblenden. Wir können auch weniger benutzte Sinne schulen, können die Konzentration auf bisher wenig beachtete Objekte und ihre Qualitäten üben.

Achtsam zu sehen bedeutet, sich bewusst und absichtsvoll darauf zu konzentrieren, was wir mit unseren Augen wahrnehmen: Formen, Farben, Bewegung. Eine Rose zu sehen heißt, die einzelnen Blütenblätter, den Stängel, die Dornen, die Formen und feinen Farbschattierungen ganz genau wahrzunehmen. Dabei kann die Vorstellung helfen, die Rose auf eine Weise zu betrachten, als ob wir noch nie eine Rose gesehen hätten. Dies hilft, alle Assoziationen und Erinnerungen, die wir an Rosen knüpfen, für eine Weile in den Hintergrund rücken zu lassen um uns rein auf die visuelle Wahrnehmung zu konzentrieren. Um die Welt noch intensiver und vollständiger wahrzunehmen und zu genießen, können wir auch noch achtsam an der Rose riechen oder unseren Geschmackssinn nutzen, die Feinheiten einer liebevoll zubereiteten Mahlzeit zu erforschen.

Fokus Ruhe

Neben der Konzentration und Fokussierung auf Objekte gibt es auch die Möglichkeit, auf jenen Hintergrund zu fokussieren, in dem die Wahrnehmungen auftauchen: die Ruhefokussierung. Ruhe ist sowohl in der Innenwelt als auch in der Außenwelt zu finden. Man kann auf die Pausen zwischen den Geräuschen und auf innere Ruhe fokussieren. Der innere Bildschirm kann auch leer oder grau sein, der Körper entspannt sich, innerer Frieden kehrt ein.

Fokus Wandel

Den Fokus auf Wandel, auf Veränderungen zu richten, ist eine Anleitung, die am besten auf dem Hintergrund der buddhistischen Psychologie zu verstehen ist. Diese sieht in der Illusion von Stabilität und Dauerhaftigkeit eine wesentliche Quelle von Leid. In Wahrheit sei alles in Veränderung begriffen, alle gegenteiligen Wünsche sind zum Scheitern verurteilt. Gemäß der Anregung Buddhas, Aussagen nicht ungeprüft zu glauben, kann eben genau diese dauernde Veränderung der Welt, eben dieses Fließen zum Gegenstand der Beobachtung gemacht und damit erfahrbar werden. Wandel und Fluss können sowohl in der Innenwelt, als auch in der Außenwelt bewusst aufgesucht, fokussiert und beobachtet werden. Mit zunehmendem Training gelingt es, immer feinere Veränderungen immer genauer wahrzunehmen.

Fokus »Liebende Güte«

In vielen buddhistischen Traditionen spielt der Fokus auf »Liebende Güte« eine wesentliche Rolle. Als Richard Davidson (2002, S. 10), ein bedeutender amerikanischer Wissenschaftler auf dem Gebiet der Achtsamkeitsforschung, tibetische Mönche um ihre Mitarbeit in einem Forschungsprojekt bat, stieß er auf ein für ihn völlig unerwartetes Hindernis. Die Mönche fragten ihn, welche Auswirkungen die Forschungsergebnisse im Hinblick auf das Wohlergehen anderer Menschen hätten. Sie mussten mithilfe des Dolmetschers erst überzeugt werden, dass die Forschung ihrem wesentlichsten Ziel dient, anderen Wesen zu helfen, was einem Ausdruck Liebender Güte entspricht. Die Kultivierung von Zuständen Liebender Güte bis zur Verinnerlichung einer entsprechenden Haltung ist ein wesentlicher Teil buddhistischer Geistesschulung. Ziel ist die ausgewogene Entwicklung der Qualitäten von Liebender Güte (metta, maitri), Mitgefühl (karuna), Mitfreude (mudita) und innerem Frieden (Gelassenheit und Gleichmut; upekkha). Sie sind die natürliche Grundlage menschlichen Glücks.

»Wenn das Bewusstsein offen und friedlich ist, ruhen wir in Gleichmut. Wenn unser friedliches Herz anderen Wesen begegnet, füllt es sich mit Liebe. Wenn diese Liebe mit Schmerz konfrontiert wird, wandelt sie sich ganz automatisch zu Mitgefühl. Trifft sich diese Liebe mit dem offenen Herzen jedoch mit Glück, dann wird Freude daraus«, schreibt Jack Kornfield (2008, S. 542) in »Das weise Herz«, einem Buch, in dem er als amerikanischer Buddhist und Psychotherapeut wesentliche Prinzipien buddhistischer Psychologie erklärt.

Die klassische Form der Kultivierung von Liebender Güte ist die sogenannte »Metta-Praxis«. Diese Praxis beginnt damit, sich selbst zu visualisieren und dabei traditionelle Formeln zu wiederholen wie: »Möge ich Sicherheit und Gesundheit erfahren. Möge ich glücklich sein.« In Achtsamkeit wird dabei auf Gefühle von Liebender Güte fokussiert, die sich im Körper und speziell im Herzen bemerkbar machen. Vielen Menschen fällt es allerdings schwer, sich selbst Liebe zu schenken. Es ist dann auch möglich, sich an Situationen zu erinnern, in denen Akzeptanz und Liebende Güte von anderen Wesen erfahren wurde. Dabei wird auf die durch die Erinnerungen oder Vorstellungen ausgelösten Empfindungen und Gefühle fokussiert. Wenn Liebende Güte auf diese Weise erfahrbar ist, kann man sie sich auch selbst schenken. Die Praxis wird dann stufenweise auf andere Wesen ausgedehnt: Zunächst auf Wohltäter, geliebte Menschen und Freunde. Später dann auf Menschen, denen man neutral gegenübersteht, zu denen flüchtige Kontakte bestehen. In der nächsten Stufe wird das Feld der Liebenden Güte auf schwierige Menschen und jene ausgedehnt, gegenüber denen man Ablehnung empfindet. Im letzten Schritt schließt dieses Feld alle fühlenden Wesen mit ein. *(siehe Übung »Liebende Güte«-Meditation, S. 119)*

Wozu Achtsamkeit?

Das Training von Achtsamkeit dient der Entwicklung und Verfeinerung von drei zentralen menschlichen Fähigkeiten (vgl. Young, S., 2013, 2016): Klarheit, Gleichmut und Konzentration. Klarheit ist die Voraussetzung dafür, sich selbst immer mehr so wahrzunehmen, wie man ist. Klarheit und Einsicht helfen auch, die Welt immer mehr so wahrzunehmen, wie sie ist. Gleichmut hilft körperliches und emotionales Leiden zu verringern, Konzentration ist notwendig, um sich dem zuwenden zu können, was wichtig ist. Konzentration vertieft Erfahrungen und führt zu größerer Erfüllung.

Klarheit und Einsicht

Klarheit wird als Fähigkeit verstanden, die Welt so wahrzunehmen, wie sie ist. Die buddhistische Psychologie bezieht sich dabei auf die Innenwelt. Sie definiert Klarheit als Fähigkeit, den einzelnen Komponenten der Erfahrung, wie sie in den unterschiedlichsten Kombinationen von Augenblick zu Augenblick auftauchen, auf der Spur zu sein. Die Klarheit bringende Komponente von Achtsamkeit kann mit einem Mikroskop verglichen werden. Mikroskope vergrößern das Auflösungsvermögen der Wahrnehmung für die äußere Welt. Mittels Achtsamkeit kann die Zusammensetzung der Innenwelt genauer erforscht werden. Ein Mikroskop gibt Einblick in die Zusammensetzung des Körpers, von Geweben, Zellen und deren Bestandteile. Bei zunehmender Fähigkeit zu Achtsamkeit werden immer feiner jene einzelnen Elemente wahrgenommen, die das Erleben begründen. Man erkennt, wie einzelne Wahrnehmungselemente wie Körperwahrnehmung, innere Bilder oder Selbstgespräche zusammenwirken und so komplexe Phänomene entstehen wie Erinnerungen, Leiden, Erfüllung, Verbundenheit, Getrenntheit oder ein Ich-Gefühl. Man kann erkennen, welche Muster das eigene Leben prägen – wie man sich selbst organisiert *(siehe Exkurs »Der Mensch als ein sich selbst organisierendes lebendiges System«, S. 133)*. Es wird möglich, körperlich immer feinere Energie-Ströme wahrzunehmen, was andere Kulturen Qui, Chi oder Prana nennen. Auf einer transpersonalen Ebene wird Verbundenheit mit Allem erfahrbar.

Die Außenwelt, aber auch die Innenwelt, wird nur in Ausschnitten wahrgenommen. Die Filterung der Wahrnehmung und ihre Bewertung erfolgt automatisch auf dem Hintergrund individueller Lebenserfahrungen. Wahrnehmungen werden ständig, automatisch und unbewusst mit früheren Erfahrungen verglichen und in Konzepte eingeordnet. Neue Erfahrungen werden auf der Suche nach einer sinnvollen Bedeutung in diesen Hintergrund eingearbeitet. Diese automatisierte Grundorganisation ist bei der Bewältigung des Alltags hilfreich zur Orientierung und zur schnellen Setzung von Prioritäten. Sie führt allerdings auch dazu, dass die Welt nur sehr ausschnittweise und durch Vorerfahrungen verzerrt wahrgenommen wird.

Achtsamkeit zielt auf einen ausschließlich wahrnehmenden Geisteszustand, auf die »reine« Registrierung der betrachteten Fakten. Durch die verlängerte direkte Beobachtung vertieft sich der Kontakt mit dem Objekt und der Beobachter bleibt gegenwärtig. Automatische Reaktionen oder die Filterung durch Konzepte werden verzögert oder können ausbleiben. In diesem Zustand können dann auch psychische Reaktionen zum Gegenstand der Beobachtung gemacht werden. Achtsamkeit verhilft auf diese Weise dazu, sich der Ereignisse der inneren und äußeren Welt als Phänomene bewusst zu werden. Sie ermöglicht, aus einer Welt aufzuwachen, die wir mit Hilfe unserer Konzepte konstruieren und interpretieren. Die Wahrnehmung der Welt bekommt so eine neue Frische, Reaktionen erfolgen weniger automatisch und flexibler.

Diese Art wahrzunehmen ist nicht mit distanziertem Desinteresse zu verwechseln. Sie entspricht mehr einer engagiert teilnehmenden Beobachtung. Achtsamkeit führt somit nicht zu einer Distanzierung vom Leben oder zu abnehmendem Interesse an den Mitmenschen. Ganz im Gegenteil. Achtsamkeit ermöglicht, die Realität immer mehr so wahrzunehmen, wie sie ist, und verstärkt damit unser Einfühlungsvermögen. Über Einfühlung führt sie zu Mitgefühl mit sich selbst und anderen Menschen und darüber hinaus zu ökologischem Bewusstsein und Handeln.

Erweiterung und Verfeinerung der Wahrnehmung

Geistesschulung durch Achtsamkeit ist ein Ausdauertraining der geistigen Kräfte der bewussten Wahrnehmung, die sich mit zunehmender Übung verändert und intensiviert. Die Schwelle des Wahrnehmbaren sinkt. Das Auflösungsvermögen unseres »inneren Mikroskops« vergrößert sich. Es ist, als ob eine 15-Watt-Glühbirne in einem dunklen Raum durch eine 100-Watt-Halogenleuchte ersetzt würde. Die eine ermöglicht gerade noch den Tisch und den Stuhl zu erkennen, mit der anderen kann man das Kleingedruckte in dem Buch auf dem Tisch lesen. Weiteres Training gibt eine Lupe zur Hand.

So dient die Schulung der Wahrnehmung einer fortlaufenden Entwicklung des Schlüsselinstruments um Einsicht und Klarheit zu erlangen. Intensive und langfristige Schulung von Achtsamkeit ermöglicht, Dinge in einer unvorstellbaren Klarheit neu wahrzunehmen und zu erkennen.

Gelassenheit und Gleichmut

Gelassen sein heißt, etwas lassen können, es zuzulassen und auch wieder loszulassen. Gleichmut heißt, sich allem gleich mutig zuwenden zu können, und nicht, etwas ängstlich vermeiden zu müssen. »Gleich« wird als Gegensatz zu Bevorzugung oder Abneigung verstanden, aber auch im Sinne von Ausgewogenheit und Balance.

Klarheit ist die Fähigkeit, etwas so wahrzunehmen wie es ist, Gelassenheit kann als Bereitschaft und Wille gesehen werden, etwas so zu erfahren, wie es ist. Training von Achtsamkeit kultiviert Gelassenheit und Gleichmut auf zwei Arten: erstens können spontan auftretende Zustände von Gleichmut als solche erkannt werden. Indem man sie fokussiert und genau erforscht, können sie sich ausbreiten. Je öfter sie aufgesucht werden, desto leichter stellen sie sich auch wieder ein. Zweitens kann Gelassenheit auch bewusst hervorgerufen werden. Auf mentaler Ebene zum Beispiel können negative Beurteilungen durch wohlwollende Akzeptanz ersetzt werden. Der Fokus der Aufmerksamkeit liegt auf einer neugierig interessierten, präzisen Betrachtung. Körperlich bedeutet Gelassenheit, dass die Anspannung der Muskeln nachlässt, man loslassen und entspannen kann.

Mit Gleichmut wahrgenommene Gefühle können ihre Signalfunktion erfüllen und als Motivationshilfen dienen. In Gleichmut werden wir aber nicht von unseren Gefühlen oder Schmerzen beherrscht oder von ihnen weggeschwemmt. Gleichmut ist etwas anderes als Apathie und bedeutet eben nicht, in den natürlichen Fluss der Erfahrungen einzugreifen. Gleichmut ist im Gegensatz zur Unterdrückung von Erleben die radikale Erlaubnis, alles wahrzunehmen, wie es ist, einschließlich aller Gefühle.

Gelassenheit weitet – im Zusammenwirken mit den anderen Bausteinen – das Toleranzfenster für jenen Bereich an schmerzlichen und neuen Erfahrungen, der dem Bewusstsein zugänglich wird. Es wird möglich zu erinnern, zu spüren und zu fühlen, was abgespalten oder verdrängt war oder unter der Wahrnehmungsschwelle lag.

Konzentration

Konzentration wird in der Psychologie definiert als selektive Aufmerksamkeit, als willentliche, zielorientierte Fokussierung der Wahrnehmung. Praktisch gesehen ist Konzentration die Fähigkeit, Aufmerksamkeit darauf zu richten, was zu einem bestimmten Zeitpunkt als wichtig erachtet wird, und das in den Hintergrund rücken zu lassen, was irrelevant erscheint (Young, S., 2016). Idealerweise sollte es jederzeit und solange wie gewünscht möglich sein, den Fokus zu bestimmen, eng oder weit, je nachdem, was im Moment sinnvoll ist.

Wie kann man nun die Beziehung zwischen Konzentration und Achtsamkeit verstehen? Genauer betrachtet ist Konzentration eine grundlegende menschliche Fähigkeit, Achtsamkeit eine spezifische Anwendung dieser Fähigkeit. Prinz Siddharta, der historische Buddha, soll in seiner Jugend spezielle Bewusstseinszustände erlangt haben, indem er sich auf einfache Objekte konzentrierte. Bei seinen beiden ersten Lehrern vertiefte er diese Fähigkeit zur Konzentration. Tiefe, entrückte Zustände von Konzentration waren das letzte Ziel der spirituellen Praxis dieser Lehrer. Die entscheidende Entdeckung, die Prinz Siddharta zum Buddha – dem Erwachten – machte, war eine neue Anwendung der Konzentrationsfähigkeit. Er verwendete sie als Instrument, um die Mechanismen der Entstehung von Leid zu erforschen, und ergänzte damit seine Lehre um eine *psychologisch »psychotherapeutische«* Komponente. Diese Anwendung von Konzentration nannte er Achtsamkeit. Um allerdings Konzentration in dieser Form anwenden zu können, muss sie konsequent geschult werden.

Zwischen der Schulung von Konzentration und der von Achtsamkeit bestehen somit Wechselwirkungen. In die eine Richtung eröffnet die Schulung der Konzentrationsfähigkeit den Zugang zu Achtsamkeit und ermöglicht deren Vertiefung. In der anderen Richtung erhöht das Training von Achtsamkeit die Flexibilität von Aufmerksamkeit und Konzentration.

Anwendungen von Achtsamkeit

Achtsamkeit als Alternative zum Alltagsbewusstsein

Damit sich die Bewusstheit einer Wahrnehmung entwickeln kann, ist ein zeitlicher Rahmen notwendig. Achtsamkeit braucht ein Innehalten und Langsamkeit, um sich entfalten zu können.

Werfen wir einmal einen kleinen Blick auf die Geschwindigkeit unserer täglichen Erfahrungswelt: Als ein Maß für das allgemeine Lebenstempo wurde in der Sozialforschung die Schrittgeschwindigkeit der Menschen herangezogen. Dazu wurde im Jahre 2007 in 32 Großstädten der Welt eine Studie durchgeführt. Es wurde jene Zeit gemessen, die zufällig ausgewählte und beobachtete Männer und Frauen für das Gehen einer Strecke von etwa 18 Metern brauchten. In Singapur waren die Menschen am schnellsten unterwegs, sie brauchten 10,55 Sekunden. In New York wurden für die gleiche Strecke 12,00 Sekunden gestoppt, in Bern (Schweiz) 17,37 und in Blantyre (Malawi) 31,60 Sekunden. Verglichen mit einer ähnlichen Studie in den frühen 90er Jahren war die Geschwindigkeit im Durchschnitt um etwa 10% höher. In Guangzhou (China) beschleunigte sich das Tempo um über 20%, in Singapur um 30%. Es wird deutlich: Das Lebenstempo wird immer höher. Dieser Eindruck, der von vielen Menschen in ihrem subjektiven Erleben geteilt wird, konnte auf diese Weise ein Stück messbar gemacht und bestätigt werden (Wiseman, 2008).

Multitasking ist ein typisches Wort unserer Zeit und Ausdruck dieser Beschleunigung: Es scheint notwendig geworden zu sein, immer häufiger zur gleichen Zeit mehreren Anforderungen (tasks) nachzukommen, verschiedene Tätigkeiten auszuführen und unsere Aufmerksamkeit in mehrere Richtungen aufzuteilen. Manche Zeitgenossen fahren Auto, schalten, lenken, achten auf die Straße und den Tachometer, telefonieren über die Freisprechanlage mit ihrer Frau, hören über den Verkehrsfunk, dass es einen Stau gibt, und haben noch eine Zigarette in der Hand. Zu Hause wird gleichzeitig gegessen, gesprochen, Zeitung gelesen und ferngesehen. Viele Menschen sind so daran gewöhnt, viele Dinge auf einmal zu tun, dass eine längere Konzentration auf ein unspektakuläres Objekt kaum mehr möglich ist. Man muss dann immer irgendwie aktiv sein und kommt nicht zur Ruhe. Dies ähnelt der Symptomatik des »Aufmerksamkeitsdefizit-Hyperaktivitäts-Syndroms« (ADHS). Viele Fachleute gehen inzwischen davon aus, dass die wachsende Zahl von Kindern, Jugendlichen und Erwachsenen, die daran leiden, Indikatoren für eine gesamtgesellschaftliche Entwicklung sind.

»Zeit, Ruhe und Stille sind ein Faktor, der für mich Luxus ausmacht«. Mit diesem Satz antwortet eine Markt- und Motivationsforscherin in einem Wirtschaftsmagazin auf die Frage einer Journalistin, was für sie persönlich Luxus sei (Maierbrugger & Muzik, 2007).

In Österreich hat sich ein »Verein zur Verzögerung der Zeit« der Entschleunigung verschrieben. Er hat inzwischen weltweit über 1000 Mitglieder. Eine Aktion des Vereins war die Zurücklegung einer Strecke von 100 Metern in einer Zeit von nicht weniger als einer Stunde. Neue Worte werden kreiert und bekommen Bedeutung: enthetzen, downspeeding, Zeitsouveränität.

Im Schwarzwald hat sich die Gemeinde Königsfeld mit ihren 6000 Einwohnern der »Slow-Bewegung« angeschlossen und nennt sich »Eigenzeit-Ort«. Es gibt slow food statt fast food. Der Bäcker verwendet keine beschleunigenden Backmischungen. In der Käserei bekommt der Käse Zeit zu reifen. Im

Ort gibt es 40 »Zeit-Punkte«, die zum bewussten Umgang mit der Zeit einladen.

Und in Plum Village, einem buddhistischen Kloster in Frankreich, das der vietnamesische Mönch Thich Nhat Hanh im Jahre 1982 gegründet hat, praktizieren Mönche, Nonnen und Laien ein Leben in Achtsamkeit. Wie auch an anderen Rückzugsorten erklingen dort immer wieder am Tag eine Glocke, eine Klangschale oder ein Gong. Sie laden ein zum Innehalten, zum Unterbrechen des Redens oder Tuns, zum Wahrnehmen des Atems. Im Film »Schritte der Achtsamkeit« (Lüchinger, 1998), in dem Thich Nhat Hanh auf einer Indienreise begleitet wird, sind jene Szenen besonders beeindruckend, in denen Menschen in großen Gruppen gemessenen Schritts achtsam gehen.

Achtsamkeit im Alltag bedeutet zunächst, sich des Tempos, mit dem wir unterwegs sind, bewusst zu werden. Achtsamkeit ist wohl besonders dann angezeigt, wenn wir unter Zeitdruck stehen und hetzen. »Wenn Du es eilig hast, gehe langsam« (Seiwert, 1998) ist der paradox anmutende Titel eines Buchs zum bewussten Umgang mit der Zeit. Oft verändert allein schon die Bewusstheit über ein Tun das Verhalten. Bewusstheit eröffnet auch die Wahlmöglichkeit, willentlich das Tempo zu verlangsamen. Diese Verlangsamung geschieht über ein Fokussieren auf das Spüren häufig von selbst, indem man beispielsweise einige Male achtsam ein- und ausatmet oder einige Schritte achtsam geht. Bewusst einen Teil der Aufmerksamkeit dem Körper und damit der Gegenwart zu schenken, kann davor bewahren, zu lange ohne Bewusstsein zu hetzen, sich anzutreiben oder außer Atem zu kommen. Wenn es der Situation angemessen ist, kann nach der Verlangsamung die Ruhefokussierung helfen, die sich einstellende Entspannung zu vertiefen.

Vorgegebene Formen der Achtsamkeitspraxis, wie die, sich täglich Zeit zu nehmen, »einfach« nur zu sitzen, unterstützen die Verinnerlichung dieser Entschleunigungskompetenz. Der Entschluss und eine gewisse Anstrengung, innezuhalten, sind erforderlich, um vom gewohnten und vertrauten »Tun-Modus« in einen »Sein-Modus« umzuschalten. Es bedarf dann auch der Übung und eines guten Umgangs mit Hindernissen, um in diesem »Sein-Modus« länger verweilen zu können.

Wahrnehmen, Denken und Handeln werden von großteils nicht bewussten Automatismen gelenkt. Jede alltägliche Tätigkeit baut darauf auf, dass der Körper und das Gehirn eine Myriade kleiner Dinge organisieren, die beispielsweise eine Bewegung gestalten. Wenn man mit der Hand etwas greifen will, passieren unwillkürlich all die kleinen und großen Aktivierungen, die sie zum Ziel steuern. Aktivierungen, die schon als Baby gelernt werden und die später als Automatik zur Verfügung stehen. Aus der Sicht der buddhistischen Psychologie, wie auch aus westlich-psychologischer, betrifft diese Automatik das Denken ebenso wie Bewegungen.

Monkey-mind

Nicht wenige Menschen schlafen in der Nacht von Sonntag auf Montag schlecht ein, weil sie über die bevorstehende Woche nachgrübeln. Viele Menschen wachen am Morgen auf und beginnen den Tag damit, zu überlegen, was heute alles zu erledigen ist, was zu den ersten Gedankenketten des Tages führt. Vom bevorstehenden Meeting zur unverschämten Äußerung eines Kollegen gestern Nachmittag, vom Speiseplan für Mittag- und Abendessen zum Ärger über die nicht eingeräumte Geschirrspülmaschine, von der Schule der Kinder zu eigenen Erinnerungen an Lehrer. Die Schlagzeilen von Entlassungen lösen Gedanken über die Sicherheit des Arbeitsplatzes aus, Oldies im Autoradio lassen an alte Zeiten denken. Äußere Reize lösen Assoziationen aus, Gedanken kommen und gehen, es gibt kaum Pausen im Denken, kaum innere Ruhe. Und fast nie kommt es vor, dass man sich tatsächlich vornimmt, diesen Gedankenketten zu folgen, sie laufen von alleine ab.

Buddha verwendet in seinen Lehrreden für diese Art des unruhigen Geistes den Begriff »monkey-mind« – »Affen-Geist«. Er vergleicht unsere Gedanken dabei mit der Unruhe und der Ablenkbarkeit eines im Urwald von Ast zu Ast springenden Affen. Sobald irgendwo Futter, etwa eine Banane, vermutet wird, springt er auf und ist hinterher.

Ein weiterer problematischer Aspekt ergibt sich dadurch, dass wir dazu neigen, unseren Gedanken Glauben zu schenken. Wir erkennen sie nicht als Gedanken, sondern identifizieren uns mit ihnen und nehmen ihre Inhalte als Realität. Beispiele wären: »Ich kann das nicht«, oder »mein Mann liebt mich nicht«. Dies können auch ganze Geschichten sein, die wir von uns und unserem Leben erzählen. Die narrative Psychotherapie (White & Epston, 1990) wendet sich speziell diesen Geschichten zu. Sie unterstützt Individuen und Familien dabei, sich die selbst erzählten Geschichten bewusst zu machen, sie zu hinterfragen und neue zu finden oder zu erfinden.

Achtsamkeitsschulung lehrt nun, die herumturnenden und für wahr genommenen Gedanken zu beobachten. Durch den Vorgang der Beobachtung wird allmählich zwischen Beobachter, Denker und Gedanken unterschieden und die Relativität und Automatik unseres Denkens laufend bewusst.

Man kann den »Inneren Beobachter« auch als Wächter oder Portier sehen, der am Eingang des Hauses steht und genau bemerkt, wer ein- und ausgeht. Benennen der Gedanken als »Gedanke« hieße beim Bild des Portiers eine Art Strichliste zu führen. Dabei wird jedes Mal mit einem Strich vermerkt, wenn eine Person das Haus betritt. Ungewöhnlich ist vielleicht der Aspekt, auch zu bemerken, wenn ein Gedanke wieder geht. Ruhefokussierung hieße dann, sich die entstehende Pause oder die Stille bewusst zu machen. Thich Nhat Hanh regt das Bild eines Gebäudes oder Kaiserpalastes mit zwei

Toren an: Eingang und Ausgang. Gedanken gehen durch das Haus hindurch. Wenn wir sie nicht festhalten oder ihnen durch Ablehnung unsere besondere Aufmerksamkeit schenken, gehen die Gedanken auch wieder, so wie sie gekommen sind.

Achtsamkeit im Umgang mit »negativen« Gedanken und Depression

In der buddhistischen Psychologie werden Gedanken nicht als gut oder schlecht bewertet, sie unterscheidet zwischen heilsamen und nicht heilsamen Gedanken. Wohl jeder Mensch hat schon die Erfahrung gemacht, dass die Art der Gedanken Auswirkungen auf Körperhaltung, Gefühle und Handlungen hat. Wenn jemand nur lange genug darüber nachdenkt, was in seinem Leben schiefgelaufen ist oder was er falsch gemacht hat, wird seine Stimmung gedrückt. Man zieht den Kopf ein, traut sich kaum mehr aus dem Haus. Umgekehrt beeinflusst auch die Stimmung die Richtung der Gedanken. In depressiver Stimmung tauchen eher Erinnerungen an schwierige Zeiten im Leben auf, man hat dann vor allem Zugang zu schmerzhaften Erfahrungen.

Nach einer Prognose der Welt-Gesundheits-Organisation sollen im Jahr 2040 Depressionen zur häufigsten Ursache für Erwerbsunfähigkeit werden (WHO, 2012). Die meisten Menschen kennen Zeiten depressiver Verstimmtheit. Nicht selten bekommt diese jedoch ein Ausmaß und eine Dauer, dass sie zur Krankheit wird. Nach Abklingen einer depressiven Phase ist das Risiko eines erneuten Auftretens hoch.

Bei Rückfällen in depressive Phasen spielen zwei Faktoren eine wichtige Rolle: Anfälligkeit der Menschen für negative Gedankenmuster und die Neigung zu Grübeln und Gedankenkreisen. Achtsamkeit kann aus diesem Teufelskreis herausführen und seine Verfestigung verhindern. Mit dieser Hypothese begannen Segal, Williams und Teasdale (2008) ein achtsamkeitsbasiertes Programm zur Rückfallprävention bei Depression zu entwickeln. Ihre Hypothese wurde bestätigt und ihr Gruppenprogramm hat sich in vielen Studien als erfolgreich erwiesen. Die Autoren entwarfen das Programm auf verhaltenstherapeutischem Hintergrund und nannten es »Achtsamkeitsbasierte Kognitive Therapie« – »Mindfulness-Based Cognitive Therapy« oder MBCT *(siehe Exkurs »MBCT«, S. 47)*. Die traditionelle Kognitive Verhaltenstherapie geht davon aus, dass es notwendig und zielführend ist, die *Inhalte* des depressiven Denkens zu verändern. Im Gegensatz dazu postulierten Segal, Williams und Teasdale, dass es weniger um Inhalte, als vielmehr um eine *Änderung der Haltung* ginge, welche eine Person gegenüber ihren Gedanken, inneren Bildern und Erinnerungen einnimmt. Diese Haltungsänderung kann eine Aufschaukelung der Depressionsspirale verhindern. Sie entstammt der buddhistischen Psychologie und folgt einem Grundprinzip von Achtsamkeit.

Eine während des ganzen Trainings gepflegte Übung nennt sich *Body-Scan*. Diese Übung hat ihre Wurzeln in der Vipassana-Tradition und ist zentraler Baustein der meisten Achtsamkeits-Trainings. Sie soll daher im Folgenden auch in ihren Auswirkungen etwas ausführlicher dargestellt werden *(siehe Übung »Body-Scan«, S. 112)*.

In der MBCT wird der Body-Scan in der ersten Sitzung vermittelt und von da an möglichst täglich geübt. Bei dieser Übung werden die Fähigkeiten zur Körperwahrnehmung und zur Konzentration geschult. Dadurch können Befindlichkeitsveränderungen über körperliche Frühwarnsymptome besser und schneller wahrgenommen werden. Andererseits ermöglicht die Fokussierung auf konkrete Körperempfindungen im Hier und Jetzt, aus depressiven Gedankenkreisen auszusteigen. Die folgende Abbildung zeigt, wie sich das regelmäßige Training des Body-Scans auf die Selbstwahrnehmung des Körpers auswirkt, wie diese erweitert und intensiviert wird.

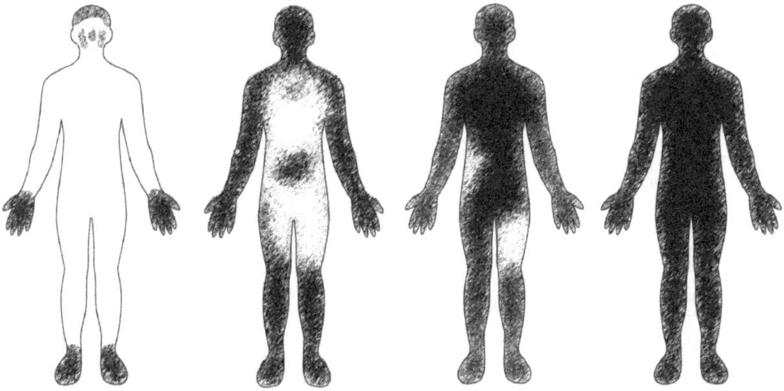

(Quelle: Cayoun, 2005, S. 5)

Hier wird sichtbar, wie sich jene Bereiche des Körpers erweitern, die wahrgenommen werden können. Nicht selten bleiben Bereiche des Körpers auch noch langfristig von der Wahrnehmung ausgespart. Dies geschieht manchmal dann, wenn sie mit schmerzhaften, traumatischen Erinnerungen verbunden sind. Im Body-Scan wird ohne Absicht akzeptierend beobachtet, wo und was gespürt oder auch nicht gespürt wird. Nacheinander erfolgt die Konzentration auf verschiedene Körperteile. Es geht somit um einen andauernden bewussten Wechsel zwischen Fokussieren, Wahrnehmen, wieder Loslassen und neu Fokussieren.

Exkurs:

Mindfulness-Based Cognitive Therapy (MBCT)

Die Achtsamkeitsbasierte Kognitive Therapie wurde von Segal, Williams und Teasdale (2008) zur Rückfallprophylaxe bei depressiven Störungen entwickelt. Sie basiert auf dem Mindfulness-Based Stress Reduction Programm, das um kognitiv-verhaltenstherapeutische Elemente erweitert wurde, die speziell auf depressive Patienten zugeschnitten sind.

Schwerpunktthemen in den acht Gruppensitzungen sind:

- »Der Autopilot«: Erkennen der Tendenz, im Autopilotenmodus zu leben.
- Umgang mit Hindernissen: Fokus auf den Körper richten lernen.
- Achtsames Atmen: Zentrierung und Sammlung.
- Body-Scan: Achtsame Wahrnehmung des Körpers.
- Im gegenwärtigen Augenblick verweilen lernen: Achtsam hören, sehen, atmen, gehen. Konzepte von Aversion und Anhaftung und von automatischen Gedanken kennenlernen.
- Zulassen und Akzeptanz: Haltung der Akzeptanz von Erfahrungen lernen, nicht bewerten, Selbstfürsorge.
- Gedanken sind keine Tatsachen: Umgang mit Gedanken.
- Wie kann ich am besten auf mich aufpassen? Umgang mit dem Rückfallrisiko, Warnsignale erkennen und Reaktionen auf der Verhaltensebene erarbeiten.
- Das Gelernte anwenden, um mit Gefühlen in der Zukunft besser umgehen zu können. Rückblick und Übung von Achtsamkeit nach dem Kursende.

Die Teilnehmer werden in den Kursen dazu angeleitet, an sechs Tagen der Woche jeweils mindestens 45 Minuten formale Achtsamkeitsübungen zu praktizieren. Entscheidend ist, Achtsamkeit – so gut es geht – kontinuierlich in Alltagssituationen zu integrieren. Der Transfer in den Alltag erfolgt auch über Routinetätigkeiten, welche die Teilnehmer auswählen und dann in achtsamer Haltung ausführen (vgl. Michalak et al., 2007).

Beispielhafte Studien zur Wirkung von MBCT bei depressiven Störungen: siehe Anhang.

Weiterführende Literatur: Segal et al. (2008), Williams et al. (2009), Meibert (2014).

Links:

Informationen zu MBCT, Kurse,Forschung.

- https://www.mbsr-verband.de/ (Deutschland)
- https://mbsr-mbct.at/ (Österreich)
- https://www.mindfulness.swiss/kurse/mbct/ (Schweiz)
- https://www.institut-fuer-achtsamkeit.de/leistungs spektrum/mbct/was-ist-mbct

MBCT an der Universität Oxford, Abteilung für Psychiatrie.

Informationen zu MBCT, Trainings, CDs (englisch).

- https://oxfordmindfulness.org/
- https://mbct.co.uk/

Achtsamkeit im Umgang mit Gefühlen

Die Frage, wie Gefühle, Gesundheit und Achtsamkeit zusammenhängen, stand schon im Brennpunkt der dritten »Mind and Life Konferenz« im Sommer 1991 in Dharamsala, in Indien. Die Diskussion des Dalai Lama mit führenden Wissenschaftlern verschiedener Fachgebiete fand ihre Fortsetzung bei der achten Konferenz 2000, in der es um die Überwindung von destruktiven Emotionen ging. Die Vorträge beider Konferenzen wurden von Daniel Goleman (1998, 2003) herausgegeben, einem Experten der buddhistischen Psychologie, der durch die Popularisierung der »emotionalen Intelligenz« bekannt wurde.

In den Diskussionen wurde deutlich, dass ein wesentlicher Baustein zu einem achtsamen und damit konstruktiven Umgang mit Gefühlen deren Akzeptanz ist. Dabei hilft die grundsätzliche Zuwendung zu Gefühlen und deren Entstehung und Funktion. Ihre lebenserhaltende Bedeutung hat sich im Laufe der Evolutionsgeschichte entwickelt und in der persönlichen Biografie bekommen sie ihre individuelle Prägung. Akzeptanz der primären Gefühle verhindert die Entstehung schwieriger sekundärer Gefühle, also jener Gefühle, die ihrerseits durch Gefühle ausgelöst werden. Wenn jemand den Auslöser und die Geschichte eines Gefühls kennt, gewinnt es für ihn einen Sinn. Er braucht sich beispielsweise nicht zu schämen oder sich schuldig zu fühlen. Akzeptanz, Wertschätzung und die Selbstvalidierung der Gefühle verhindern Prozesse der Selbstentwertung und damit einige Teufelskreise. Die Fähigkeit, Gefühle aus der Position des inneren Beobachters wahrzunehmen und detailliert zu beobachten, macht es – wie schon erläutert wurde – möglich, sich nicht mit ihnen zu identifizieren. Man kann in der Beobachtung der sich entwickelnden Auswirkungen verweilen. Auch die langsam wachsende Einsicht in die Wandelhaftigkeit der Gefühle hilft, sie besser zu tolerieren.

Gefühle wahrzunehmen, ihnen Raum zu geben und zu akzeptieren bedeutet keineswegs, ihre Ursachen oder Auslöser resignativ hinzunehmen. Im Gegenteil: Achtsamkeit hilft, durch frühes Gewahrwerden destruktive Handlungen zu verhindern. Achtsames Innehalten ermöglicht den Kontakt mit sich selbst und seinen Bedürfnissen. Ein angemessener und dadurch konstruktiver Ausdruck dieser Gefühle kann notwendige Veränderungen sogar wahrscheinlicher machen.

Regulation von Gefühlen in der Dialektisch-Behavioralen Therapie

Gefühle können Menschen so weit beherrschen, dass sie sich selbst verletzen oder sich das Leben nehmen. Die inzwischen weltbekannte Verhaltenstherapeutin Marsha Linehan arbeitete mit Frauen, die Suizidversuche hinter sich hatten. Sie entwickelte ein auf Achtsamkeit beruhendes Gruppenprogramm, in dem die Regulation von Gefühlen einen wesentlichen Baustein darstellt. Den Teilnehmerinnen wird die Funktion von Gefühlen erklärt und mittels Selbstbeobachtung und Gruppen-Diskussionen werden deren Auswirkungen bewusst gemacht. Über das Training von Achtsamkeit lernen die Teilnehmerinnen ihre

Gefühle wahrzunehmen. Sie entwickeln die Fertigkeit, Gefühle zu beobachten und immer genauer beschreiben zu können. Dabei wird auch das ausdrückliche Benennen jedes einzelnen Gefühls geübt. Neben der bewussten Zuwendung zu allen gegenwärtigen Gefühlen werden in dem Gruppenprogramm auch ungewohnte positive Gefühle kultiviert. Dazu werden Strategien erarbeitet, die positive Gefühlszustände hervorrufen können. Es wird auch geübt, schmerzliche Gefühle nach ihrer achtsamen Wahrnehmung wieder loszulassen, indem man die Aufmerksamkeit bewusst auf Elemente der positiven Zustände, wie z.B. die Empfindung eines Lächelns im Gesicht, lenkt.

Exkurs:

Dialektisch-Behaviorale Therapie (DBT)

Die Dialektisch-Behaviorale Therapie wurde Anfang der 1980er Jahre in den USA von Marsha Linehan zunächst als ein ambulantes Therapieverfahren zur Behandlung von chronisch suizidalen Patientinnen entwickelt. Es wurde bald klar, dass es sich dabei hauptsächlich um Frauen mit Borderline-Störungen handelte. Linehan sieht das zentrale Problem in einer Störung ihrer Emotionsregulation: Sie reagieren sehr schnell emotional, die Reaktion ist intensiv und lang anhaltend und es fällt ihnen überhaupt schwer, Emotionen zu modulieren.

Nachdem sich rein kognitiv-behaviorale Verfahren als wenig wirksam erwiesen, entwickelte Linehan den komplexen Therapieansatz der DBT. Er beruht auf der Grundidee der Dialektik: Es gibt kein Richtig oder Falsch, sondern verschiedene Positionen, die in Hinblick auf die Erreichung bestimmter Ziele beleuchtet werden. Der Therapeut pendelt beispielsweise zwischen den Polen von Akzeptanz und Veränderung mit dem Ziel, eine entwicklungsfördernde Atmosphäre entstehen zu lassen. Andere Polaritäten sind Vernunft und Gefühl oder Tun und Sein.

Für Therapeuten besteht eine wesentliche Aufgabe darin, eine validierende Grundhaltung zu bewahren. Validierung ist eine achtsame, nicht bewertende, aber wertschätzende Wahrnehmung der Patientin. Jede achtsame Wahrnehmung eines Anderen ist gleichzeitig Wertschätzung.

Ein wesentlicher Baustein der DBT ist das »Skills-Training«. Es umfasst vier Module, wobei Achtsamkeit in allen Modulen integriert ist: (1) Innere Achtsamkeit, (2) Training der interpersonellen Wirksamkeit, (3) Training der Emotionsregulierung, (4) Stresstoleranz.

Der Nutzen der Anwendung von Achtsamkeit bei Borderline-Patienten wird klar, wenn man weiß, dass sie die meiste Zeit des Tages mit sorgenvollen, selbstabwertenden, kritischen, negativen und Katastrophen ausmalenden Gedanken beschäftigt sind. Sie verlieren sich in der negativen Bewertung von Situationen, Emotionen, Gedanken und sich selbst. Die ansteigende Spannung führt zu dysfunktionalen Lösungsversuchen wie Selbstverletzungen.

Im Modul »Innere Achtsamkeit« werden in den Therapie-Gruppen folgende Fertigkeiten vermittelt:

Was tue ich?

1. Wahrnehmen: mit den 5 Sinnen, aber auch das Wahrnehmen von Gedanken und Gefühlen ist gemeint, ohne zu flüchten und ohne sie festzuhalten.
2. Beschreiben: Worte für das von Moment zu Moment Wahrgenommene finden, für das »was ist«, für die »Fakten«.
3. Teilnehmen: Voll bei einer Sache sein und sich dabei nicht ablenken lassen.

Wie tue ich das?

1. Nicht beurteilend: Die »Wirklichkeit« ist, wie sie ist, und das hat Ursachen. Daher ist das Wahrgenommene weder als schlecht noch als gut zu bewerten. Die Dinge sind sach-

lich und neutral so zu beschreiben, wie sie wirklich sind. Es gilt auch zu hören, wie sie von anderen beschrieben werden. Nicht bewerten bedeutet aber nicht, beispielsweise jedes Verhalten anderer gutzuheißen oder in der Folge keine Konsequenzen daraus zu ziehen.

2. Konzentriert: fokussiert bleiben bzw. Ablenkungen wie Bewertungen frühzeitig bemerken und wieder zum Augenblick zurückkommen.
3. Wirkungsvoll: tun, was möglich ist und was auch funktioniert. Sinn und Ziele einer Handlung im Auge behalten.

Es gibt nur einen Fehler, den ein Patient machen kann: aufzuhören zu üben. Achtsamkeitsübungen sind allerdings nur bis zu einem gewissen Spannungszustand möglich. Die Regulation in höheren Spannungszuständen wird im Modul »Stresstoleranz« vermittelt. Dabei wird die Aufmerksamkeit auf starke äußere Reize gelenkt, etwa das Riechen von Salmiak.

Achtsamkeit ist in der DBT eng verknüpft mit dem Prinzip der *»radikalen Akzeptanz«*. So wird jede Achtsamkeitsübung zugleich auch zu einer Übung von Akzeptanz dessen, was ist. Auf eine gedankliche oder reale Ablehnung und einen Kampf gegen die Realität wird verzichtet. Es geht darum, sich der Erfahrung zu öffnen, genau so, wie sie in jedem Moment ist.

In der Gruppe gibt es eine Vielzahl von Übungen der *»Fünf-Sinne-Achtsamkeit«:*

- Sehen: Eine Person beschreibt ein Bild, das die anderen nicht sehen können und nach ihren Anweisungen malen sollen; oder durch ein Loch in einem schwarzen Karton schauen und nur den sichtbaren Ausschnitt beschreiben. Damit wird die Perspektive des »Inneren Beobachters« verdeutlicht.

- Hören: dem Klang einer Klangschale folgen; eine Glocke läuten jeweils beim Hören einer Bewertung; »Geräusch-Memory« mit Filmdosen, die mit verschiedenen Dingen gefüllt sind, etwa mit Sand oder Reis.
- Riechen: an Kaffeebohnen riechen; in der Natur Gerüche wahrnehmen.
- Schmecken: Brausetablette lutschen; Tee trinken.
- Fühlen: einen Stein ertasten; barfuss über Gras gehen.

Beispielhafte Studien zur Wirksamkeit von DBT bei Borderline-Störungen: siehe Anhang.
Weiterführende Literatur: Linehan (1996a, 1996b), Huppertz (2003), Lammers & Stiglmayr (2004), McKay et al. (2008), Sendera & Sendera (2016).
Links:
DBVT-Dachverband Deutschland, Schweiz, Österreich. *Informationen zu DBT.*
▶ https://www.dachverband-dbt.de/
DBT-Trainingscenter. *Training, Tools* (englisch).
▶ https://behavioraltech.org
Selbsthilfe. *Selbsthilfeseite mit Anleitungen* (englisch).
▶ https://dbtselfhelp.com/

Achtsamkeit bei Angst

Bei Gefühlen wird die untrennbare Verwobenheit von mentalen und körperlichen Vorgängen deutlich. Wenn beängstigende innere Bilder auftauchen, führen diese auf der körperlichen Ebene zu Herzklopfen, Kurzatmigkeit, Zittern und vielen anderen, noch feineren Körperempfindungen. Die Wahrnehmung dieser körperlichen Veränderungen führt wiederum zu Erinnerungen und Gedanken, die ebenfalls mit Bedrohung, vielleicht mit Ohnmacht und Ausgeliefertsein verbunden sind. Diese verstärken ihrerseits wieder die Angst. In einem *Angstzyklus* können verschiedene Regelkreise zu einer gegenseitigen Aufschaukelung führen.

Achtsamkeit kann zu einer Durchbrechung dieser Zyklen beitragen, indem sie diese in ihre einzelnen Elemente zerlegt. Die körperlichen Qualitäten von Angst wie Kurzatmigkeit und Zittern, innere Bilder und innere Monologe können jeweils einzeln in den Fokus der Aufmerksamkeit genommen und beobachtet werden. Dieses Verweilen in der Beobachterposition verhindert, dass man ganz in den Bann der inneren Bilder oder der körperlichen Empfindungen gezogen wird. Die Angst verliert ihren überwältigenden Charakter.

Den Gegenpol zu dieser Vorgehensweise bildet der Weg, einen anderen Fokus zu wählen. Die sogenannte 5-4-3-2-1-Methode *(siehe Übung »5-4-3-2-1-Methode«, S. 118)* nutzt dieses Prinzip, indem man die Aufmerksamkeit bewusst zwischen neutralen oder positiv besetzten Objekten der Außenwelt hin und her pendeln lässt. Dies geschieht auf drei Sinneskanälen: 5 Dinge sehen, 5 Dinge hören, 5 Dinge spüren, danach 4 Dinge spüren, 4 Dinge hören u.s.w. bis zu einem Ding, das man sieht, einem das man hört und einem das man spürt.

Gefühle aus Sicht der buddhistischen Psychologie

Ob etwas heilsam oder nicht heilsam, konstruktiv oder destruktiv ist, wird im Buddhismus daran gemessen, ob es zu Glück oder Leiden führt, d.h. ob Anderen oder einem selbst Schaden zugefügt wird. Auf dem buddhistischen Übungsweg erkennt der Anfänger die Destruktivität von Emotionen im Nachhinein, wenn sie schon zu Handlungen geführt haben. Auf der nächsten Stufe erfolgt die Auseinandersetzung mit Emotionen, während sie entstehen, in der Phase der Bewertung des Auslösers, der Gedanken oder der Handlungsimpulse. Mit einiger Übung gelingt es, Emotionen und Gedanken auch wieder loszulassen. Nach langer Praxis ist es möglich, gegenüber Emotionen so gerüstet zu sein, dass sie ihre Macht erst gar nicht entwickeln können. Unheilsame Gefühle entstehen nicht mehr.

Mit destruktiven Emotionen beschäftigen sich Matthieu Ricard in seinem Vortrag und die nachfolgenden Diskussionen mit dem Dalai Lama auf der »Mind and Life Konferenz« im Jahre 2000. Der Franzose Ricard (2007) hat jahrzehntelange Schulung in tibetischen Klöstern hinter sich, dolmetscht für den Dalai Lama und schreibt Bücher. Etwa ein Jahr nach dieser Konferenz stellte er sich für mehrere wissenschaftliche Versuche zur Verfügung. Dabei wurden einige der aufgeworfenen Fragen untersucht.

In Berkeley galt ein Experiment der Erforschung einer normalerweise reflexhaft ausgelösten und somit automatischen Reaktion: der sogenannten Schreckreaktion. Der auslösende Reiz war ein gewaltiger Knall, wie von einem Pistolenschuss oder einem nah am Ohr explodierenden Feuerwerkskörper. Mittels Video wurden Muskelzuckungen im Gesicht aufgezeichnet, die Herzfrequenz, der Blutdruck und die Schweißsekretion wurden registriert. Während der Experimente praktizierte Matthieu Ricard zwei unterschiedliche Meditationstechniken: einen Zustand der Offenheit und einen der Konzentration. Er selbst beschrieb dabei sein Erleben folgendermaßen: »Als ich in den *offenen Zustand* ging, kam mir das Explosionsgeräusch leiser vor, so als sei ich distanziert von den Empfindungen, so als hörte ich das Geräusch aus der Ferne. ... Wenn man richtig in diesem Zustand bleiben kann, kommt einem der Knall neutral vor, wie wenn ein Vogel vorbei fliegt.« Seine Gesichtsmuskeln zeigten im offenen Zustand nicht die geringste Erregung, was in der vorangegangenen Versuchsreihe niemandem gelungen war. Die physiologischen Werte zeigten durchaus typische Veränderungen (Goleman, 2003, S. 44).

Bei meditativer *Konzentration* auf ein Objekt trat das Gegenteil der normalen automatischen Reaktion ein: Blutdruck und Herzfrequenz sanken. Die Gesichtsmuskeln zeigten eine geringe Reaktion. Ungewöhnlich war allerdings, dass er die Augenbrauen nach oben zog, bei allen anderen Versuchspersonen gingen sie nach unten.

Die Messung der Schreckreaktion eines Menschen lässt Rückschlüsse auf die Intensität seiner Gefühle zu, somit darauf, wie stark er aus seinem inneren Gleichgewicht kommt. Diese »einspitzige« Konzentration hatte einen abschirmenden Effekt gegenüber dem intensiven äußeren Reiz. Matthieu Ricard konnte in bemerkenswertem Maße Gelassenheit und Gleichmut bewahren, trübende Emotionen waren nicht aufgetreten. Er konnte mit diesen und anderen Versuchen seine auf der Konferenz gemachten Aussagen untermauern. Jahrelange Meditationspraxis zeigt Auswirkungen. Meditationserfahrene reagieren in einer belastenden Situation anders als Anfänger. Dies konnte auch in einer deutschen Studie nachgewiesen werden, in der ebenfalls Schreckreaktionen untersucht wurden (Zeidler, 2007).

Kultivierung von Mitgefühl

Ein zentraler Bestandteil des achtsamen Entwicklungsweges ist die Kultivierung von Mitgefühl. Dabei wird nicht zwischen Mitgefühl für andere Menschen und dem Mitgefühl mit sich selbst unterschieden. Der Dalai Lama betont, dass sich der tibetische Ausdruck für Fürsorglichkeit oder Mitgefühl, *tsewa,* sowohl auf Andere als auch auf die eigene Person bezieht. Er enthält als Nebenbedeutung den Wunsch: »Möge ich frei sein von Leid und frei von den Ursachen des Leids«. »Mitgefühl ist im Grunde mehr als nur ein Gefühl für andere – Empathie – es ist vielmehr eine Anteil nehmende, tief empfundene Fürsorge, ein Wunsch, etwas zu tun, um das Leid des Menschen zu lindern, unabhängig davon, ob man selbst oder ein anderer das betroffene Wesen ist. Es gilt auch für Tiere« (Goleman, 2003, S. 107).

Güte und Mitgefühl werden geübt, indem man seine Aufmerksamkeit bewusst auf jene Facetten der Realität richtet, die von sich aus Mitgefühl und Güte erregen. Mitgefühl entsteht dann von selbst. Es ist auch nicht das Ergebnis des Versuchs oder der Anstrengung, mitfühlend sein zu wollen, so wie man nicht erzwingen kann, spontan zu sein.

Der Dalai Lama meint dazu: »Mitgefühl kann etwa dadurch geweckt werden, dass man an leidende Menschen denkt. Wenn man Mitgefühl empfindet, wird der Geist zwar ein wenig beunruhigt, aber das bleibt an der Oberfläche. Im Inneren herrscht ein Gefühl der Zuversicht, und daher gibt es auf einer tieferen Ebene keine Beunruhigung. Durch ein solches durch Nachdenken erwecktes Mitgefühl wird der Geist ruhig« (Goleman, 2003, S. 237).

In diese Richtung weist auch eine Untersuchung mit Matthieu Ricard (Goleman 2003, S. 49). Dazu wurden ihm zwei Filme vorgeführt, die für Experimente in der Emotionsforschung hergestellt worden waren. Im ersten Film scheint ein Chirurg mit Säge und Skalpell einen Arm zu amputieren. In Wirklichkeit bereitet er allerdings einen Armstumpf für die Versorgung mit einer Prothese vor. Es fließt viel Blut, man sieht ausschließlich den Arm, nicht jedoch den Menschen, der operiert wird. Die während der Betrachtung des Films aufgetretenen physiologischen Veränderungen bei Matthieu Ricard waren nicht weiter auffällig. Er berichtete, an buddhistische Lehren über die Vergänglichkeit erinnert worden zu sein. Er habe an die unappetitlichen Aspekte des menschlichen Körpers gedacht, die sich unter einem anziehenden Äußeren verstecken.

Der zweite Film zeigt einen Mann mit schweren Verbrennungen bei einer sehr schmerzhaften Prozedur. Man sieht, wie Ärzte ihm die verbrannte Haut in Streifen vom Körper ziehen. Auf diesen Film reagierte der Mönch ganz anders. Wenn er die ganze Person sieht, empfinde er Mitgefühl. Er dachte an das menschliche Leid, wie man es lindern kann, empfand Fürsorge und Anteilnahme und eine nicht unangenehme starke Trauer. Die Auswertung der physiologischen Messwerte zeigte tiefe *Entspannung*.

Matthieu Ricard meint, dass es im Buddhismus darum gehe, »vier Dinge zu entwickeln: Liebe, Gleichmut, Mitgefühl und Freude. Die symbiotische Beziehung zwischen ihnen wird man, auch wenn man sie anfangs nicht sieht, im Laufe der Übungen erkennen. Wenn man Güte übt, kann es zum Beispiel geschehen, dass die Anhänglichkeit wächst; in diesem Fall geht man dazu über, Gleichmut zu üben. Wenn man über längere Zeit Gleichmut übt, besteht die Gefahr, dass man irgendwann in Gleichgültigkeit versinkt; in diesem Fall wechselt man zur Übung des Mitgefühls für die Leidenden. Bei Anfängern besteht die Gefahr, dass man in Depression versinkt, wenn man sich die Leiden der Welt übermäßig bewusst macht. In diesem Fall geht man dazu über, sich über einen positiven Aspekt des Glücks anderer zu freuen. Beim praktischen Üben kommen alle diese Dinge zusammen« (Goleman, 2003, S. 244).

Die klassische Übung zur Kultivierung von Mitgefühl ist die »Metta-Meditation« *(siehe Übung »Liebende Güte«-Meditation, S. 119)*.

Tun und Sein

»Wer ist dieser Mann?«, wird in einem Politiker-Portrait in einer deutschen Wochenzeitung gefragt. Dabei geht es auch um dessen innere Haltung. »… er ist ein Macher« charakterisiert ihn ein Kollege. »Und das kann durchaus eine Haltung sein. In Zeiten wie diesen«; schreibt die Kommentatorin über diesen Ausdruck des Zeitgeists (Rückert, 2009).

Hast Du dein Zimmer aufgeräumt? Hast Du deine Hausaufgaben gemacht? Welchen Abschluss haben Sie erworben? Was machen Sie im Urlaub? Die westliche Welt ist vom »Machen« durchdrungen. »Was machst du?«, fragt auch in Loriots Parodie die Ehefrau ihren Ehemann. Mit seiner Antwort – »einfach sitzen« – kann sie nichts anfangen und bohrt so lange nach, bis er seine Ruhe verliert. Wir werden für unser Tun gelobt, für Nichts-Tun bestraft. Wir sind nicht nur von früh bis spät beschäftigt, sondern definieren uns oft über unser Tun und über unsere Arbeit.

Diesem Modus des Tuns steht als Gegenpol ein Modus des Seins gegenüber. In der Praxis der Achtsamkeit, speziell in formalen Sitzmeditationen, wird dieses Sein betont und geübt. Wie schwer es allerdings ist, aus dem Hamsterrad des Tuns auszusteigen, weiß wahrscheinlich jeder, der sich im westlichen Alltag vorgenommen hat, auch nur eine halbe Stunde täglich nichts zu tun, einfach nur zu sitzen, einfach nur zu sein. Still sitzen allein genügt nicht, um in diesen Sein-Modus umzuschalten. Still sitzen kann zwar helfen, zur inneren Ruhe zu kommen, es bedeutet aber nicht unbedingt, wirklich gegenwärtig zu sein. Dabei kann die Gewahrwerdung des Körpers helfen.

Den Unterschied können zwei Übungsanleitungen deutlich machen. Die erste Anleitung lautet, so schnell wie möglich von eins bis hundert zu zählen. Die zweite Anleitung heißt: Beobachten Sie Ihren Atem und zählen Sie Ihre Atemzüge. Im ersten Fall sind wir rein mental mit der Tätigkeit des Zählens beschäftigt, ein »Zähl-Automat« ist eingeschaltet. Im zweiten Fall hält uns der Fokus der Atembeobachtung auch bei unserem Körper und in der Gegenwart. Der »Innere Beobachter« erwacht, und mit ihm bewusstes Gewahrsein.

So wie bewegungsloses Sitzen nicht mit dem Sein-Modus gleichzusetzen ist, so sind Bewegungen, Handlungen, alle Tätigkeiten und sogar Arbeit nicht unbedingt Ausdruck eines Modus des Tuns. Auch sie können im Sein-Modus ausgeführt werden. Wenn wir zum Beispiel achtsam gehen und der innere Beobachter wach ist, wenn wir unsere Bewegungen, den Kontakt mit dem Boden, die Umgebung, das Gegenwärtige wahrnehmen, wird unser Gehen zu einer Meditation, zur *Geh-*

Meditation. Wir gehen dabei nicht, um ein entferntes Ziel zu erreichen, wir kommen bei jedem Schritt an, in der Gegenwart, in unserem Körper, in unserem Bewusstsein. »Wir kommen bei jedem Schritt nach Hause«, sagt Thich Nhat Hanh.

Wir können in Achtsamkeit sitzen, wir können achtsam stehen und gehen. Wir können alles, was wir tun, in Achtsamkeit verrichten. Wir können am Morgen achtsam die Zähne putzen, das Frühstück achtsam genießen, im Auto achtsam den Zündschlüssel umdrehen und beim Hochstarten des Computers den Atem beobachten.

Achtsamkeit ist somit der Gegenpol zum automatischen Funktionieren und Handeln im Alltagsbewusstsein. Achtsamkeit ist ein Weg, in Handlungen Bewusstheit zu bringen. Umgekehrt kann auch jede Tätigkeit dazu genutzt werden, einzelne Komponenten der Achtsamkeit zu üben.

Auch Sprechen gehört wesentlich zu unserem Tun. Worte können ebenso wie Taten für uns selbst und andere heilsam, aber auch belastend und destruktiv sein. Zum Umgang mit Wut gibt Thich Nhat Hanh klare Empfehlungen (2007).

Im September 2001, zwei Wochen nach dem Anschlag auf das World Trade Center, spricht er in New York über seine eigene Wut:

> »Meine lieben Freunde, ich möchte Euch erzählen, wie ich übe, wenn ich wütend werde. Während des Krieges in Vietnam gab es viel Ungerechtigkeit und viele tausend Menschen wurden getötet, darunter auch Freunde und Schüler von mir. Eines Tages hörte ich, dass die Stadt Ben Tre mit dreihunderttausend Einwohnern von der amerikanischen Luftwaffe bombardiert worden war. Dies geschah, weil einige Guerillakämpfer in die Stadt kamen, um amerikanische Flugzeuge zu beschießen. Die Kämpfer hatten aber keinen Erfolg und verließen gleich wieder die Stadt. Diese wurde jedoch zerstört. Jener Militär, der dafür verantwortlich war, erklärte später, er hätte Ben Tre zerstören müssen, um es zu retten. Ich war sehr wütend.

Aber zu dieser Zeit hatte ich schon einige Praxis und zwar sehr gründlich. Ich sagte kein einziges Wort und handelte nicht. Ich wusste, dass es nicht weise ist, aus einem Gefühl der Wut heraus zu handeln oder zu sprechen. Das kann viel zerstören. Ich kümmerte mich um mich selbst, nahm meine Wut wahr und umarmte sie. Ich schaute tief in die Natur meines Leidens.

In der buddhistischen Tradition haben wir die Praxis des achtsamen Atmens und des achtsamen Gehens, um die Energie der Achtsamkeit zu erzeugen. Und genau mit dieser Energie der Achtsamkeit können wir unsere Wut wahrnehmen, umarmen und transformieren« (Thich Nhat Hanh, 2001, Übersetzung der Autoren).

Achtsamkeit in Prophylaxe und Früherkennung von Burnout

Menschen mit Burnout zeigen Symptome, die in vielerlei Hinsicht das Gegenteil dessen sind, was Achtsamkeit bedeutet und bewirkt. Statt innerer Ruhe herrschen Unruhe und Getriebenheit, gepaart mit Erschöpfung. Klarblick weicht einer verzerrten Wahrnehmung und einem eingeengten Denken. Auch Vermeidung und Verleugnung verhindern Einsicht. Statt sich mit den Anforderungen oder den eigenen Grenzen auseinanderzusetzen, kommt es zur Flucht in Aktivitäten oder zu süchtigem Verhalten. Ablenkung und Betäubung helfen, nichts mehr zu spüren. Statt die eigenen Bedürfnisse wahrzunehmen und im Kontakt mit Anderen zu sein, kommt es zu Isolierung und Entfremdung von sich selbst und anderen. Statt Gleichmut und Gelassenheit wechseln einander die Überschwemmung mit Gefühlen und Gefühllosigkeit ab. Statt Mitgefühl breitet sich Mitgefühls-Müdigkeit oder Leere aus. Im englischen Sprachraum gibt es dazu einen Fachbegriff: »Compassion-Fatigue« (Figley, 1995). Die Forderung, eine halbe Stunde Atem-Beobachtung zu üben, würde einen

Menschen in einem solchen Burnout-Stadium allerdings komplett überfordern. Konzentration ist nahezu unmöglich. Er braucht professionelle Hilfe, um aus seinem Teufelskreis herauszukommen.

In der Erholungsphase, noch mehr aber in der Früherkennung und der Prophylaxe von Burnout, kann Achtsamkeit hingegen in vielerlei Hinsicht hilfreich sein (Harrer, 2013). Ein einfaches Modell sieht die Ursache dieses »Ausbrennens« in einem Missverhältnis zwischen den Anforderungen, die sich einem Menschen stellen, und den Ressourcen, die er für deren Bewältigung zur Verfügung hat. Daraus ergeben sich zwei Ansatzpunkte: auf der einen Seite, sich von Anforderungen abzugrenzen, und auf der anderen Seite, Ressourcen zu aktivieren oder neu zu schaffen.

Abgrenzung von Anforderungen

Burnout-gefährdet sind insbesondere jene Menschen, die sich beruflich in hohem Maße engagieren und ihre Rollen sehr ernst nehmen. Bedrohlich kann es dann werden, wenn sie diese wichtiger nehmen als sich selbst oder sich voll mit der beruflichen Rolle identifizieren. Hier hilft das Erwachen des »Inneren Beobachters«, um sich in seinen unterschiedlichen Rollen differenzierter wahrzunehmen. Der innere Beobachter kann sich auch bewusst der Persönlichkeit und ihren ureigensten Bedürfnissen zuwenden. Die Kraft des Gewahrseins verhilft zur *Disidentifikation,* auch von Rollen.

Besonders in helfenden Berufen finden sich häufig Menschen, deren Antennen darauf ausgerichtet zu sein scheinen, anderen Menschen die Wünsche und Bedürfnisse von den Augen abzulesen. Die Antennen für die *eigenen* Gefühle und Bedürfnisse sind dagegen nicht selten unterentwickelt. Achtsamkeit führt über die Wahrnehmung von Gefühlen und Bedürfnissen dazu, frühzeitig zu erkennen, wenn die eigenen Grenzen überschritten werden.

Für Menschen in helfenden Berufen ist es häufig auch

schwierig, sich nicht mit den leidenden Menschen zu identifizieren, denen man begegnet. Oft verschwimmen die Grenzen zwischen Mitfühlen und Mitleiden, man vergisst sich selbst. Dann kann man sich mittels Achtsamkeit an sich selbst erinnern, indem man den eigenen Körper wieder bewusst wahrnimmt, sich wieder spürt, und somit zu sich selbst zurückkommt. Für den beruflichen Alltag kann es auch sehr förderlich sein, bewusst den Fokus der Aufmerksamkeit zwischen sich selbst und dem Gegenüber zu teilen.

Aktivierung von Ressourcen

Um Ressourcen überhaupt wahrzunehmen, muss man die Aufmerksamkeit darauf fokussieren können. Gegenwärtigkeit hilft dann dabei, Nährendes wirklich aufzunehmen. Und die Übung von Achtsamkeit unterstützt beides. Zentrale Ressourcen bei der Bewältigung von Belastungen sind Gelassenheit, Gleichmut und die Fähigkeit, zwischendurch immer wieder zur Ruhe zu kommen. Achtsamkeit kultiviert diese Ressourcen zusammen mit Mitgefühl und Liebender Güte. So fördert eine fortgeschrittene Achtsamkeitspraxis inneren Frieden gerade in Zeiten starken Leids.

Auch die Kunst, sich auf das Wesentliche zu konzentrieren, schützt vor Überforderung – was in der Achtsamkeitspraxis besonders geschult wird. Diese erleichternde und unterstützende Kraft der Achtsamkeit wird in Michael Endes Roman »Momo« (1988, S. 36) beleuchtet: Darin wird Beppo der Straßenkehrer danach gefragt, wie er es schaffe, mit seinem kleinen Besen eine sehr lange Straße zu kehren, ohne zu verzweifeln. Er verrät Momo sein Geheimnis: »Schritt – Atemzug – Besenstrich. Schritt – Atemzug – Besenstrich« – seine Strategie der Konzentration und der Fokussierung auf die augenblickliche Bewegung und seinen Atem.

Exkurs:

Mindfulness-Based Stress Reduction (MBSR)

Das »Mindfulness-Based Stress Reduction Program« wurde von Dr. Jon Kabat-Zinn im US-Bundesstaat Massachusetts seit den späten 1970er Jahren entwickelt. Der ehemalige Molekularbiologe hatte selbst langjährige Erfahrungen mit buddhistischer Meditation – zunächst als Zen-Schüler und später in der Vipassana Tradition – und mit der Praxis des Hatha-Yoga. Als er damals die Krankenhausadministration überzeugen konnte, ergänzend zur regulären Behandlung von Schmerzpatienten ein Trainingsprogramm anzubieten, das auf Achtsamkeitsmeditation und Yoga basiert, war der Grundstein für die heute äußerst renommierte Stress-Reduction-Clinic gelegt. Das MBSR-Programm wird inzwischen auf der ganzen Welt angeboten. In zahlreichen Studien konnte die Wirksamkeit bei unterschiedlichen Patientengruppen nachgewiesen werden.

Studien zur Wirksamkeit von MBSR: siehe Anhang

Ein »klassischer« MBSR-Kurs ist ein intensives, achtwöchiges Trainingsprogramm mit wöchentlichen 2 1/2stündigen Gruppensitzungen und einem ganztägigen Schweige-Retreat etwa in der 6. Woche. Drei Arten von formalen Übungen bilden den Kern des Programms:

- Traditionelle Sitzmeditation.
- Sanfte und achtsam ausgeführte Yoga-Übungen.
- Body-Scan. Dabei wird der Körper mit wohlwollender Aufmerksamkeit systematisch von innen »abgetastet«.

Bei allen drei Formen spielt der Atem für die Verankerung der Aufmerksamkeit in der Gegenwart eine zentrale Rolle.

Zusätzlich werden Informationen über Erkenntnisse der Stressforschung, der kognitiven Psychologie und der Kommunikationswissenschaft vermittelt. Neben der täglichen formalen Praxis an sechs Tagen in der Woche zielt das Training darauf ab, Achtsamkeit im täglichen Leben zu kultivieren und in den Alltag zu integrieren.

Studien zur Wirksamkeit von MBSR in verschiedenen Anwendungsbereichen: siehe Anhang.

Weiterführende Literatur: Kabat-Zinn (1998, 1999, 2006a, 2006b), Lehrhaupt (2011).

Links:

MBSR-MBCT-Verband. *Informationen zu MBSR und MBCT, Kurse, Forschung.*

▶ https://www.mbsr-verband.de/

MBSR-MBCT Vereinigung Österreich. *MBSR- und MBCT-Kurse in Österreich.*

▶ https://www.mbsr-mbct.at/

MBSR-Verband Schweiz. *MBSR- und MBCT-Kurse in der Schweiz, Grundlagen.*

▶ https://www.mindfulness.swiss/

Lehrhaupt, L. *Institut für Achtsamkeit. Ausbildungen zum MBSR- und MBCT-Kursleiter.*

▶ https://www.institut-fuer-achtsamkeit.de/

Arbor Seminare zu Achtsamkeit. *Kurse zum MBSR-Lehrer.*

▶ https://www.arbor-seminare.de

Center for Mindfulness in Medicine, Health Care, and Society. *Informationen aus dem »Ursprung von MBSR« (englisch).*

▶ https://www.ummhealth.org/center-mindfulness

Achtsamkeit in der Bewältigung von Schmerzen

Da Schmerzen zumeist signalisieren, dass im Körper etwas nicht in Ordnung ist, möchte man ihre Ursache wissen und sie dann möglichst schnell wieder loswerden. Oft lässt sich allerdings die Ursache nicht beseitigen. Schmerztherapie ist oft mit Nebenwirkungen verbunden und kann gerade chronische Schmerzen häufig nicht vollständig lindern. Dann muss man lernen, mit dem Schmerz zu leben. Auch hier bietet Achtsamkeit einige Ansatzpunkte.

So wurde an der Universität von Montreal die Wahrnehmung von einem durch Hitze verursachten Schmerz bei 13 Personen untersucht, die alle mehr als 1000 Stunden Erfahrung in Zen-Meditation hatten (Grant & Rainville, 2009). Um einen Schmerz auszulösen, brauchte es bei den Meditationserfahrenen in einem achtsamen Zustand signifikant höhere Temperaturen als im Alltagsbewusstsein. Auch war bei der Kontrollgruppe die Schmerzempfindlichkeit deutlich höher. Die höhere Schmerztoleranz hing bei den Meditierenden sowohl mit der Meditationserfahrung als auch mit einer geringeren Atemfrequenz zusammen. Die größere Schmerztoleranz war mit höheren Werten auf den Selbsteinschätzungs-Skalen »Beobachten« und »Nicht-Reagieren« gepaart.

Dieses »Beobachten« und »Nicht-Reagieren« ist das Gegenteil von dem, was normalerweise bei Schmerzen passiert. Man kämpft automatisch dagegen an, und um weniger zu spüren, beißt man die Zähne zusammen, verkrampft man sich und atmet kaum mehr. Ein anderer Weg der Bewältigung ist, sich abzulenken. Heftige Schmerzen können eine solche Macht über Menschen bekommen und sie so sehr beherrschen, dass sie das Gefühl haben, nur noch aus Schmerz zu bestehen.

Achtsamkeit eröffnet andere Möglichkeiten: Das Erwachen des inneren Beobachters, eine Disidentifikation ermöglicht, den Schmerz aus einer gewissen Distanz heraus wahrzunehmen. Wenn dies in einer Haltung von Gleichmut geschieht, verliert der Schmerz seine Macht. Shinzen Young (2004) betont die Unterscheidung zwischen den Fakten der körperlichen Empfindung von Schmerz und subjektivem Leiden. Schmerz führe dadurch zu Leiden, dass man ihn ablehnt, sich gegen ihn wehrt und ihn – oft vergeblich – weg haben will. Je größer der Widerstand ist, mit dem man gegen ihn ankämpft, desto größer wird das Leiden. Mathematisch ausgedrückt: wenn der Widerstand gegen Null geht, entsteht auch kein Leiden. Was bleibt, ist die reine, »faktische« Empfindung des Schmerzes.

Um wirklich hinschauen und gelassen beobachten zu können, ist es hilfreich, das überwältigende Gesamtpaket in seine einzelnen Komponenten zu zerlegen. Wie fühlt sich der Schmerz genau an? Wo ist der Maximalpunkt? Wenn er eine Farbe hätte, welche wäre das? Wie ist seine Ausdehnung? Wie sind die Übergänge zu den schmerzfreien Bereichen? Mit welchen Vorstellungen und inneren Bildern ist er verbunden und mit welchen Gedanken? Wie fühlt sich der übrige Körper an? Wo ist dieser angespannt, wo aber auch entspannt und wohlig? Dieser Weg führt über die Konzentration zu verschiedenen Facetten der Beobachtung, zum Hinspüren und wieder Loslassen.

Man kann sich darüber hinaus auf die Suche nach Ruhe und Positivem auf den Ebenen von Körper, inneren Bildern und Gedanken machen: Wo im Körper ist Entspannung zu finden? Welche Teile des inneren Bildschirms zeigen positive Bilder oder einfach nur Licht? Wann gibt es Pausen zwischen den Gedanken? Auch eine Fokussierung auf Wandel oder auf Liebende Güte und Mitgefühl mit sich selbst verändert die innere Haltung gegenüber dem Schmerz.

Achtsamkeit bei Krebs

Krebs ist eine häufige Erkrankung mit vielen Gesichtern. Je nach Krebsart, Verlaufsform und Krankheitsphase stellen sich unterschiedlichste Herausforderungen an die Betroffenen, ihre Angehörigen und Behandler. Anhand vom Krankheitsbild Krebs kann beispielhaft aufgezeigt werden, wie Achtsamkeit auf verschiedenen Wegen wirksam wird: bei akuter Bedrohung, beim Leben mit den Einschränkungen durch chronische Krankheit und deren Therapie, aber auch bei der Bewältigung von Abschiednehmen, Sterben und Tod.

Die Diagnose einer Krebserkrankung wird oft wie ein »Sturz aus der normalen Wirklichkeit« (Gerdes, 1984) erlebt. Das Vertrauen in den eigenen Körper, die Sicherheit des Weiterlebens, Zukunftspläne sind in Frage gestellt. Die Menschen sind wie in Trance, am inneren Bildschirm tauchen Horrorszenarien auf oder sie klammern sich hoffnungsvoll an die Therapie, egal wie realistisch das ist. Im Schock geht der Bezug zur Wirklichkeit und der Kontakt zu anderen Menschen verloren, man ist allein. Für viele Menschen bedeutet die Krebserkrankung ein ohnmächtiges Hin- und Her-Geworfen-Werden zwischen Hoffen und Bangen. Beides bezieht sich auf die Zukunft. Dagegen haben Menschen, die ihre Krebserkrankung gut bewältigen, oft speziell *eine* Komponente von Achtsamkeit verinnerlicht: Präsenz, Gegenwärtigkeit und die Fokussierung der Aufmerksamkeit darauf, was im Augenblick ist. Durch den Verlust einer (vermeintlich) sicheren Zukunft gelingt es gar nicht wenigen Patienten – meist in einer späteren Krankheitsphase – sich in neuer Weise der Gegenwart zuzuwenden. Im Außen nehmen sie die Umwelt, die Natur, andere Menschen intensiver war, im Innen tauchen darüber Freude und Dankbarkeit auf. Gerade bei Zukunftsangst kann die Praxis der Achtsamkeit dazu verhelfen, sich in der Gegenwart einzufinden. Mit einiger Übung wird es immer leichter, unproduktive Beschäftigung mit der Zukunft oder der Krankheit los zu lassen, Freude am Leben sogar besonders intensiv zu empfinden und damit die Lebensqualität zu erhöhen.

Auch Ruhefokussierung ist ein Gegenmittel zu Angst und Anspannung. Der Body-Scan führt bei Menschen mit körperlichen Problemen dazu, dass sie nicht ausschließlich auf ihre »Problemzonen« fokussiert bleiben oder den Körper gar nicht spüren wollen. Immer mehr werden auch jene Körperteile wahrgenommen, die wohl und gesund sind. Auf diese Weise wirkt der Body-Scan heilsam auf ein gestörtes Körperbild. Die dabei hervorgerufenen Entspannungszustände geben ein Gefühl für die eigenen Fähigkeiten und fördern das psychische Gleichgewicht. Regelmäßige Entspannung kann außerdem die Funktion des Immunsystems verbessern, was sich auch auf den Krankheitsverlauf auswirken kann. Vertrauen in die Körperfunktionen kann wieder wachsen.

Eine Krebserkrankung bringt vieles in unser Leben, was wir nicht wollen. Sie ist mit realen Einschränkungen verbunden, mit belastender Diagnostik und Therapie und mit Gefühlen wie Angst, Ohnmacht, Hilflosigkeit, Wut und Trauer. Sie kann sogar zum Tod führen. Menschen haben ganz verschiedene und höchst persönliche Stile, mit diesem Leid umzugehen, Stile, die sich automatisch und von der Not geprägt einstellen. Man kann kämpfen und dann diesen Kampf gewinnen oder verlieren. Man kann erstarren und resignieren. Man kann verleugnen und Teile der Realität ausblenden. Man kann aber auch – und das ist der Weg der Achtsamkeit – darum ringen, die Dinge so zu akzeptieren, wie sie sind. Das ist die nächste heilsame Achtsamkeits-Komponente: Akzeptanz.

Akzeptanz ist auch in diesem Zusammenhang nicht gleichbedeutend mit Fatalismus oder Resignation! Sie bedeutet auch nicht, dass man etwas gut heißt, wie es ist. Akzeptanz kennzeichnet vielmehr den Verzicht auf eine Bewertung – weder positiv noch negativ – und den Verzicht auf den Kampf gegen den Zustand im gegenwärtigen Moment. Dabei liegt die Betonung allein auf dem Zeitaspekt des Augenblicks. Akzeptanz einer Krebserkrankung bedeutet somit keineswegs, auf eine wirksame Therapie zu verzichten.

Das *Gelassenheitsgebet* des deutsch-amerikanischen Theologen Reinhold Niebuhr verdeutlicht diese Einstellung:

> »Lieber Gott, gib mir den Mut und die Kraft zu verändern, was ich verändern kann. Gib mir die Gelassenheit, zu ertragen, was ich nicht verändern kann. Und gib mir die Weisheit, das eine vom anderen zu unterscheiden.«

Akzeptanz bedeutet somit, den jeweiligen Augenblick so zu akzeptieren, wie er ist, und nicht Energie dafür zu vergeuden, gegen etwas anzukämpfen oder etwas abzulehnen, was man *in diesem Moment* nicht verändern kann.

Diese Polarität zwischen Kampf und Hingabe spiegelt auch der Titel eines Buches des amerikanischen Philosophen Ken Wilber: »Mut und Gnade« (1996). Es erzählt die Geschichte seiner Frau, die auf der Hochzeitsreise einen Knoten in der Brust entdeckt, und was beide in den darauf folgenden fünf Jahren der Krebskrankheit bis zu ihrem Tod durchleben, durchleiden, erfahren und lernen. Der Begriff Gnade enthält die Qualität der Hingabe und des Vertrauens in etwas Größeres und Ewiges, mit dem Treya Wilber im Rahmen ihrer Meditationspraxis in Kontakt gekommen war. Das hielt sie aber nicht ab, alles zu tun, um geheilt zu werden. Sie zeigte Mut und vertraute auf Gnade.

Auch eine Fokussierung der Aufmerksamkeit auf Wandel macht im Rahmen einer Krebserkrankung Mut. Sich entgegen den empfohlenen Ablenkungs- und Vermeidungsstrategien gerade unangenehmen Dingen zuzuwenden führt oft zur Erfahrung der Diskrepanz zwischen den negativen Erwartungen und dem, was tatsächlich eintritt. Die Wandelbarkeit der Phänomene kann direkt beobachtet werden. Gerade bei unangenehmen Phänomenen ist dies sehr real und tröstlich. Dabei kann es auch gelingen, alles Werden und Vergehen als Teil des Lebens zu erkennen, zu erleben und anzunehmen und selbst den Tod in diese Einsicht einzuschließen.

Eine Fokussierung auf Liebende Güte und Mitgefühl kann allen Beteiligten helfen, Angehörigen, den Behandelnden und den Patienten selbst. Sie hilft Patienten, Mitgefühl mit sich selbst zu entwickeln, wohlwollend und liebevoll auf sich selbst zu blicken, speziell auf das, was man auch im Zusammenhang mit der Krankheit an sich ablehnt. Fokussierung auf Liebende Güte kann auch den Behandelnden und Angehörigen helfen, tiefen inneren Frieden zu finden (vgl. Harrer, 2022).

Eine Krankheit wie Krebs führt oft dazu, das Leben zu überdenken und Prioritäten neu zu setzen. Achtsame Selbstwahrnehmung kann bei der Suche nach Neuorientierung, nach einer Richtung für das neue Leben zu einem Kompass werden: wenn es gelingt, dem inneren Gefühl mehr zu vertrauen als den vielen wohl meinenden Ratschlägen. Man kann Verschiedenes ausprobieren, um dann selbst genau nachzuspüren, was einem guttut oder nicht. Achtsamkeit führt dazu, in Kontakt mit sich und den eigenen Bedürfnissen zu sein und sich selbst wichtiger zu nehmen.

Achtsamkeit in engen Beziehungen

Die eigene Präsenz ist das größte Geschenk, das ein Mensch einem anderen machen kann, meint Thich Nhat Hanh. Wenn sich diese Präsenz mit einem offenen, akzeptierenden Interesse verbindet, ist ein Fundament für eine glückliche Beziehung gelegt, die Raum für individuelle und gemeinsame Entwicklungen schafft. Wenn dann der innere Beobachter auch in Konfliktsituationen wach bleibt, kann der Standpunkt des Anderen nachvollzogen und eingefühlt werden, die Identifikation mit der eigenen Position wird vermieden. Gleichzeitig ist eine differenzierte Selbstwahrnehmung möglich, die neben dem Mitgefühl für den Anderen auch das für sich selbst vertieft.

Sich in Beziehungen um Achtsamkeit zu bemühen, kann ein Schlüsselfaktor für eine zufriedenere Partnerbeziehung sein (Burpee & Langer, 2005). Einige ihrer Komponenten machen die gute Wirkung verständlich:

Klarblick: die unvoreingenommene, offene und nichts aussparende Wahrnehmung des Anderen ermöglicht, ihn immer mehr so zu sehen, wie er wirklich ist. Durch dieses »Ich sehe dich« wachsen Liebe, Mitgefühl und Mitfreude. Als der, der »gesehen« wird, bietet diese Art der Wahrnehmung einen optimalen Entwicklungs-Raum. Den Anderen immer wieder erneut in der Haltung des »Anfängergeistes« zu betrachten, ist gerade in langjährigen Beziehungen eine Herausforderung. So kann es hilfreich sein, zu beobachten, wie sich durch automatisierte gegenseitige Erwartungen einengende Muster einschleifen und wie Partner einander in belastende Bewusstseinszustände versetzen. Aus solchen Verwicklungen aufzuwachen und damit wieder ein Stück Klarblick zu gewinnen, kann schwierige Beziehungssituationen auflösen (Weiss, 2007).

Gleichmut und *Gelassenheit* können gerade in schwierigen Zeiten der Beziehung und bei Meinungsverschiedenheiten die Eskalation eines Streits verhindern. Sie verhindern auch, einander unnötig zu verletzen und unnötig Leid zuzufügen. So wie Wut ansteckend sein kann, wirkt sich auch Gelassenheit auf einen Gesprächs- und Konfliktpartner aus.

Dies verdeutlicht ein Beispiel aus der Versuchsreihe mit Matthieu Ricard in dem der Mönch mit zwei Wissenschaftern über ein kontroverses Thema diskutierte (Goleman, 2003, S. 47). Als Gesprächspartner wurden einer der »liebenswürdigsten Professoren« aus dem Bekanntenkreis des Versuchsleiters und ein Professor mit einem aggressiven, auf Konfrontation zielenden Diskussionsstil ausgewählt. Während der Gespräche wurden bei allen drei Personen physiologische Werte gemessen und der Gesichtsausdruck auf Video aufgenommen. Die Physiologie von Matthieu Ricard blieb im Austausch mit beiden Partnern nahezu unverändert. Der Gesichtsausdruck war dagegen verschieden, beim liebenswürdigen Professor lächelte der Buddhist häufiger und simultaner als beim »schwierigen« Menschen. Während der gelassene Professor seine kontroversen Ansichten mit dem Mönch diskutierte, lächelten beide, hielten Blickkontakt und sprachen fließend.

Das war beim anderen Diskussionspartner nicht der Fall. Dessen Physiologie verriet von Anfang an eine hochgradige emotionale Erregung. Diese Erregung ließ jedoch im Laufe des viertelstündigen Disputs mit dem Mönch nach, indem dieser offensichtlich beruhigend auf ihn wirkte. Am Schluss meinte der sonst streitsüchtige Sparring-Partner spontan: »Ich konnte nicht auf Konfrontation gehen. Stets wurde mir lächelnd und mit Vernunft geantwortet; dem konnte ich mich nicht entziehen. Ich spürte so etwas wie einen Schatten oder eine Aura – und konnte nicht aggressiv sein.«

In die gleiche Richtung weist auch eine Untersuchung an Personen, die wegen Aggressionsausbrüchen immer wieder in psychiatrische Stationen aufgenommen werden mussten. Die einfache Anleitung, ganz bewusst die Aufmerksamkeit auf die Fußsohlen zu lenken, wenn sie in Aggression auslösenden Situationen sind, führte zu einer deutlichen Verringerung der Krankenhausaufenthalte (Singh et al., 2007b).

Doch auch im ganz »normalen« Alltag lassen sich kleine Achtsamkeitsübungen in Form bewusster Aufmerksamkeitslenkung einsetzen.

Sonja B., eine temperamentvolle Buchhändlerin, ist verzweifelt über häufige Streitereien mit ihrem Mann. Beide verletzen einander, nachher tut es ihnen leid, aber sie finden keinen alternativen Weg. Nachdem sie von der 5-4-3-2-1-Methode hört, beschließt sie, diese in Streitsituationen auszuprobieren. Sie übt zunächst, ihre Aufmerksamkeit bewusst auf Dinge der Umgebung – schauen und hören – und den eigenen Körper zu lenken. Als sich dann wieder ein Wortgefecht anzubahnen droht, gelingt es ihr, nicht einzusteigen und kein Öl mehr ins Feuer des Streits zu gießen. Diese Unterbrechung des gewohnten Musters verunsichert den Partner und macht ihn zunächst noch wütender. Bei der Klärung im einige Zeit später folgenden Gespräch ist er dankbar, dass die sonst unweigerlich folgenden Verletzungen unterblieben waren. Sie nimmt sich fest vor, auf diese Weise öfter aus destruktiven Teufelkreisen auszusteigen.

Die zumindest zeitweise Disidentifikation von Gefühlen, Gedanken, Bedürfnissen und dem eigenen Standpunkt ermöglicht es, die Welt und damit sich selbst auch ein Stück weit mit den Augen des Anderen zu sehen. Wir verlassen für eine Weile die eigene Perspektive und versuchen, die Welt aus der Perspektive des Anderen wahrzunehmen. Sobald beide Welten gleichberechtigt und in gegenseitigem Verständnis nebeneinander Platz finden, tritt häufig schon Entspannung ein, ohne dass sich an den Fakten etwas geändert hätte.

Präsenz, Offenheit und Akzeptanz führen zu einer Art des Zuhörens, die Michael Ende (1988, S. 17) so schildert:

> »Wirklich zuhören können nur ganz wenige Menschen. … Momo konnte so zuhören, dass dummen Leuten plötzlich sehr gescheite Gedanken kamen. Nicht etwa, weil sie etwas sagte oder fragte, was den anderen auf solche Gedanken brachte, nein, sie saß nur da und hörte einfach zu, mit aller Aufmerksamkeit und aller Anteilnahme. Dabei schaute sie den anderen mit ihren großen, dunklen Augen an, und der Betreffende fühlte, wie in ihm auf einmal Gedanken auftauchten, von denen er nie geahnt hatte, dass sie in ihm steckten.«

In dieser aktiv engagierten Qualität des Zuhörens ist auch eine verfeinerte Fähigkeit zur Wahrnehmung des Anderen verborgen. Diese wird speziell mit der Konzentrations-Komponente der Achtsamkeit geschult. In Beziehungen gibt eine differenzierte Wahrnehmung der Gefühle des Anderen wertvolle Hinweise auf dessen Bedürfnisse. Paul Ekman, ein international führender Forscher im Bereich des nonverbalen Verhaltens, hat sich intensiv mit dem Ausdruck von Emotionen in der menschlichen Mimik beschäftigt. Auf Videoaufnahmen konnte er ultrakurze, flüchtige Veränderungen in der Mimik nachweisen. Diese laufen unbewusst und daher unzensiert ab. Doch das *bewusste* Erkennen dieser »Mikroexpressionen« ermöglicht eine bessere Einfühlung in andere Menschen und damit ein besseres Verständnis.

Auch dieser Aspekt wurde in einem Versuch mit Matthieu Ricard untersucht. Dabei wurde festgestellt, dass das Erkennen dieser superschnellen mimischen Signale von Emotionen dem Mönch und einer anderen in Meditation erfahrenen Person deutlich besser gelang, als allen anderen 5000 getesteten Personen. Sie übertrafen Polizisten, Anwälte, Psychiater, Zollbeamte und Richter, und sogar Secret-Service-Agenten, jene Gruppe die sich zuvor als die genaueste erwiesen hatte (Goleman, 2003, S. 43).

Achtsamkeit mit Kindern und Jugendlichen

Achtsamkeit mit Kindern und Jugendlichen beinhaltet zwei Aspekte: Ihre Schulung im »Fach« Achtsamkeit und die Schulung der Achtsamkeit der Eltern und Pädagogen, um ihnen ihre erzieherischen Aufgaben zu erleichtern.

Die Achtsamkeitsforscher Myla und Jon Kabat-Zinn sind Eltern von drei Kindern. Sie haben zur Praxis der Achtsamkeit in der Familie gemeinsam ein Buch geschrieben, dessen Titel zugleich Programm ist: »Mit Kindern wachsen« (1998). Der englische Originaltitel »Everyday Blessings: The Inner Work of Mindful Parenting« setzt leicht andere Akzente: »Alltägliche Segnungen: die innere Arbeit achtsamen Eltern-Seins« (Übersetzung der Autoren). Der Geist des Buches und die Richtung, in die Achtsamkeitspraxis führen kann, werden in den Übungen deutlich, die das Paar den Eltern mit auf den Weg gibt. Einige charakteristische Anleitungen lauten sinngemäß:

- Versuchen Sie, jeden Tag zumindest einige Augenblicke lang, die Welt aus der Perspektive Ihres Kindes zu sehen (Einfühlung und Perspektivenwechsel).
- Machen Sie sich Ihre eigenen Erwartungen Ihren Kindern gegenüber bewusst. Fragen Sie sich, ob diese wirklich zu deren Besten sind. Nehmen Sie auch wahr, wie Sie diese Erwartungen vermitteln (Selbstwahrnehmung und Liebende Güte).

- Halten Sie inne, wenn Sie das Gefühl haben, Sie hätten sich verirrt. Erweitern Sie Ihren Blick aufs Ganze, die Situation, Ihr Kind, sich selbst und Ihre Familie. Manchmal ist es gut, einfach still zu bleiben (Innehalten und Erweiterung des Wahrnehmungshorizonts).
- Üben Sie sich im stillen Gegenwärtigsein. Hören Sie sich selbst sorgfältig zu (Innerer Beobachter).
- Lernen Sie, mit Anspannungen zu leben, ohne Ihr Gleichgewicht zu verlieren. Üben Sie das, indem Sie in jeden noch so schwierigen Augenblick ganz hinein gehen, ohne irgendetwas verändern zu wollen, ohne ein bestimmtes Ergebnis zu erwarten. Bringen Sie einfach Ihr volles Gewahrsein und Ihre Präsenz in diesen Augenblick hinein (Haltung von Akzeptanz und Präsenz).
- Das größte Geschenk, das Sie Ihrem Kind machen können, sind Sie selbst. Daher besteht ein Teil Ihrer Aufgabe als Mutter oder Vater darin, an Selbsterkenntnis und Gewahrsein zu wachsen (Entwicklungsperspektive).

Lehrerinnen und Lehrer gehören zu den prägenden Vorbildern unserer Kinder. Gleichzeitig ist der Beruf sehr stressbelastet und das Risiko, an Burnout zu erkranken, ist hoch. Der Nutzen der Achtsamkeit ist daher auch für diese Berufsgruppe groß. Die Alltagsbelastung verringert sich, wenn Pädagogen lernen, auf achtsame Weise in einer Klasse präsent zu sein und aus einer neuen inneren Haltung heraus auf Schüler einzugehen (Kaltwasser, 2018).

Exkurs:

Beispielhafte Studie mit Müttern behinderter Kinder

In einer Einzelfallstudie mit vier Müttern behinderter Kinder wurde in einem Zeitraum von über einem Jahr die Wirkung eines Achtsamkeitstrainings auf sie selbst und ihre Kinder untersucht. Innerhalb von 12 Wochen nahm jede von ihnen an 12 individuellen je zweistündigen Achtsamkeitstrainings teil. Die Mütter hatten Kinder im Alter von 4–6 Jahren mit einem Entwicklungs-Alter zwischen 8 und 32 Monaten. Alle Kinder hatten Geschwister und der Vater lebte im gemeinsamen Haushalt.

Das Achtsamkeitstraining führte sowohl bei den Müttern als auch bei den Kindern zu eindrucksvollen, positiven Veränderungen. Bei den behinderten Kindern wurde in Wochenabständen aggressives Verhalten gegenüber der Mutter und den Geschwistern zu Hause von beiden Elternteilen eingeschätzt. Im Vergleich zum Ausgangswert nahmen die aggressiven Verhaltensweisen deutlich ab. Bei allen vier Kindern setzte sich diese Entwicklung auch noch einige Wochen nach Ende des Achtsamkeitstrainings der Mutter fort. In einer Tagesstätte schätzten externe Beobachter das Verhalten der Kinder gegenüber ihren Geschwistern ein. Die Zahl positiver sozialer Interaktionen nahm zu.

Am Studienende erfolgte eine Selbsteinschätzung der Mütter. Alle waren wesentlich zufriedener mit sich selbst und mit ihren Interaktionen mit den Kindern. Der Stress nahm im Laufe des Jahres ab. In Interviews erzählten die Mütter, dass ihnen die Umsetzung des Gelernten dann schwer fiel, wenn ihnen die Disziplin für die formalen Achtsamkeitsübungen fehlte.

Das Achtsamkeitstraining habe sich grundsätzlich von allen Programmen unterschieden, die sie vorher besucht hatten. Die früheren Trainings seien auf Techniken oder Regeln im Umgang mit dem Kind fokussiert gewesen, was sie zum Teil als sehr anstrengend und einschränkend erlebten. Im Gegensatz dazu zielte dieses Training ausschließlich auf ihre eigene innere Arbeit ab, sie selbst hätten sich verändert. Diese Veränderungen hätten auch positive Wirkungen auf ihre Kinder und Partner gehabt. Sie hätten eine mehr ganzheitliche Sicht auf ihr Kind gewonnen und seien mehr in der Lage gewesen, auf eine ruhige und positive Weise spontan, ohne bewusst nachzudenken für ihre Kinder da zu sein (Singh et al., 2007a).

Das Üben mit den Kindern wird in einer Monographie von Vera Kaltwasser (2016), »Achtsamkeit in der Schule«, vorgestellt. Sie beschreibt konkrete Übungen, die in den Schulalltag eingebaut werden können. Die Schüler werden zur Verfeinerung der Körperwahrnehmung und zu Imaginationen angeregt. Dazu dienen beispielsweise Atem-Beobachtung auch in Verbindung mit Visualisierungen sowie die Übung des »Inneren Lächelns« und der »magische Rückzugsort«. Mittels Qi-Gong-Übungen werden »entspannte Wachheit« und »wache Entspanntheit« vermittelt. Die Begriffe des inneren Beobachters und des »Autopiloten« (Kabat-Zinn, 2006a) werden eingeführt und in der Übung der »Inneren Sortiermaschine« werden automatisch ablaufende Bewertungen bewusst gemacht. So wird neben der Vermittlung von Lesen, Schreiben, Rechnen und Faktenwissen noch ein weiteres Bildungsziel verfolgt: Selbstreflexion und emotionale Intelligenz, deren Verständnis sich nach Dan Goleman (1996) auch über Achtsamkeit erschließt.

Achtsamkeit und Gehirn

Die entscheidende Entdeckung der modernen Neurobiologie ist die »Neuroplastizität«: Abhängig von seinem Gebrauch verändern sich während der gesamten Lebenszeit ununterbrochen Struktur und Funktion des menschlichen Gehirns. Es besteht aus etwa 100 Milliarden Nervenzellen, von denen jede mit bis zu 10000 anderen Nervenzellen durch Synapsen verbunden ist. Es entsteht ein unvorstellbar komplexes Netzwerk, das im Laufe seiner Entwicklung ständig sowohl Zellen als auch Synapsen auf- und abbaut. Was nicht gebraucht wird, bildet sich zurück. Zugleich werden im Laufe des Lebens immer wieder neue Verbindungen geknüpft. Dabei verbinden sich Netzwerkanteile, die häufig gemeinsam aktiviert werden, immer stärker. Die »Verdrahtungsarchitektur« unseres Gehirns, die »Hardware«, verändert sich dabei ständig, vom Mutterleib bis zum Tod. Das Gehirn dient dazu, sich an die Umgebung anzupassen, im Speziellen auf andere Menschen. »Wired to connect« (Fishbane, 2007) – »verdrahtet, um Beziehung aufzunehmen« heißt ein Artikel, in dem auch Cozolino (2006) zitiert wird: »ein einzelnes Neuron oder ein einzelnes Gehirn existieren in der Natur nicht«. Die Gestaltung der Beziehung zu den Bezugspersonen beeinflusst die Gehirnarchitektur.

Man kann sich diese benutzungsabhängige Strukturbildung im Gehirn wie einen Trampelpfad vorstellen. Er entsteht, wenn ein Mensch durch eine Wiese mit höherem Gras geht. Er bahnt sich einen Weg, knickt Gräser, seine Fußtritte hinterlassen Spuren. Ein zweiter sieht die Spur, tritt in die Fußstapfen seines »Vorgängers«. Er drückt weitere Gräser auf den Boden, die Tritte bleiben sichtbar. Die Spur lädt weitere Menschen ein, den entstehenden Weg zu benutzen. Mit jedem, der ihn geht, wird er gangbarer und breiter. Es wird immer einladender, diesen neuen Weg zu wählen. Andere Wege wachsen zu, werden immer weniger benutzt, überwuchern und verschwinden. Schließlich wird der Pfad zu einem Weg und der wiederum zu einer Straße.

So verändert sich das Gehirn in seiner Struktur in Abhängigkeit vom Gebrauch. In Bereichen des Gehirns, die auf diese Weise vermehrt aktiviert werden, nehmen der Stoffwechsel, die elektrische Aktivität der Zellen und die Durchblutung zur Versorgung mit Energie zu. Diese drei Größen sind insbesondere deshalb von Bedeutung, weil sie gemessen werden können und Rückschlüsse auf die Funktion des Gehirns zulassen.

In den letzten Jahren konnte die Wirkung von Achtsamkeit auf Funktion und Struktur des Gehirns nachgewiesen werden. Dabei wurden einerseits vorübergehende Zustände des Gehirns untersucht, andererseits langfristige strukturelle Veränderungen. Beides hängt insofern miteinander zusammen, als die wiederholte Auslösung bestimmter Zustände und Aktivierungsmuster die Struktur beeinflusst.

Wenn Nervenzellen aktiviert werden und »feuern«, ändert sich an ihrer Oberfläche die elektrische Ladung. Wenn eine größere Zahl von Nervenzellen feuert, kann dies auf der Kopfhaut mittels Elektroden abgeleitet und im Elektroenzephalogramm (EEG) sichtbar gemacht werden. Von Bedeutung ist dabei, in welchen Gehirnregionen Aktivitäten gemessen werden, in welcher Frequenz diese Aktivitäten erfolgen und wie groß der Grad der Synchronisierung ist, also wie viele Nervenzellen zugleich im selben Rhythmus aktiv sind.

Ein gutes Beispiel ist eine Untersuchung von Richard Davidson (Goleman, 2003, S. 39), die er bei Matthieu Ricard, dem schon erwähnten tibetischen Mönch, ausführte. Im EEG steigerte sich bei der Liebenden Güte-Meditation dramatisch die Gamma-Aktivität im linken Gyrus frontalis medialis, einer Region, die mit positiven Emotionen in Zusammenhang gebracht wird. Bei dieser Übung scheint das Gehirn in einen Aktivierungszustand zu kommen, der in der Regel mit einer angenehmen Stimmung und einem erhöhten Wohlbefinden korreliert.

Sarah Lazar und Mitarbeiter (2005) untersuchten den Einfluss von Einsichtsmeditation auf die Gehirnstruktur. Personen mit langjähriger Meditationserfahrung zeigten im Durchschnitt eine dickere Hirnrinde in jenen Regionen, die mit Aufmerksamkeit, Körperempfindung und sensorischer Verarbeitung assoziiert sind: dem präfrontalen und dem rechten insulären Cortex. Teilnehmer mit Meditationserfahrung zeigten im Vergleich zur nicht meditierenden Kontrollgruppe in diesen Regionen keinen altersbedingten Abbau.

Es gibt somit klare Hinweise, dass durch die Praxis der Achtsamkeit das Gehirn sowohl in besonderer Weise aktiviert, als auch langfristig umgebaut wird. Die beobachteten Veränderungen stehen im Einklang mit den subjektiven Erfahrungen der Übenden *(siehe Anhang »Strukturelle und funktionelle Veränderungen im Gehirn, S. 300)*.

Neuronale Integration durch Achtsamkeit

Der amerikanische Psychiater Dan Siegel (2001, 2006a, 2007) betont die prägende Rolle von Beziehungserfahrungen für die Gehirnentwicklung und die damit verbundene psychische Entwicklung eines jeden Menschen. Die »Interpersonale Neurobiologie« versteht körperliches, psychisches und zwischenmenschliches Wohlbefinden als ein Ergebnis von Integrations-Prozessen. Mit Integration meint sie, dass die einzelnen, unterschiedlichen Teile des jeweiligen Gesamt-Systems – wie etwa Körperorgane, Anteile der Psyche, zwei Personen einer Dyade, Menschen in einer Familie oder Gruppe – gut miteinander in Verbindung stehen.

Achtsamkeit wirkt integrierend, indem sie die Beziehungen zwischen Teilen menschlicher Systeme verändert und fördert: die Beziehungen von Nervenzellen untereinander, indem sie während bestimmter Aktivierungsmuster Nervenzellen dazu stimuliert, Verbindungen zu knüpfen und zu stärken; die Selbstbeziehung, indem sie hilft, über Selbst-Einfühlung und

Selbst-Verständnis sich selbst der beste Freund zu sein; und sie verhilft zu mehr Verständnis und Einfühlung in Beziehungen.

Achtsamkeit zeigt in ihren Beziehungsaspekten große Überschneidungen mit dem, was die Bindungstheorie *(siehe Glossar »Bindungstheorie«, S. 266)* als »sichere Bindung« zwischen Eltern und Kind bezeichnet. Ihre Beziehungsaspekte finden sich auch als Elemente psychischer Gesundheit und sind in verschiedensten jahrtausendealten Weisheitslehren richtunggebend. Unter neurobiologischen Gesichtspunkten gibt es Zusammenhänge dieser Komponenten von Achtsamkeit mit den Funktionen des präfrontalen Cortex.

Dies könnte darauf schließen lassen, dass Achtsamkeitspraxis, sichere Bindung, psychische Gesundheit, Wohlbefinden und Weisheit auf der neuronalen Ebene ähnlichen Mechanismen der Integration unterliegen. Bei der folgenden Auflistung wird deutlich, dass viele Funktionen, welche im Rahmen der Achtsamkeitspraxis geübt werden, mit jenen übereinstimmen, die den präfrontalen Gehirnregionen zugeschrieben werden. In diese Richtung weisen auch Ergebnisse von neurophysiologischen Untersuchungen, die Veränderungen durch Achtsamkeit speziell in diesen Hirnregionen finden.

Die neun Funktionen der mittleren präfrontalen Regionen *(siehe Glossar »Präfrontale Regionen«, S. 271)* sind (Siegel, 2007, S. 418):

1. Regulation von Körperfunktionen im Sinne einer Balance von Aktivierung und Ruhe.
2. Abstimmung in der zwischenmenschlichen Kommunikation durch Resonanz.
3. Selbstregulation von Gefühlen als emotionale Balance zwischen Über- und Unteraktivierung. Dabei ist ein wechselseitiger Austausch mit dem limbischen System von Bedeutung.
4. Reaktions-Flexibilität als Fähigkeit, innehalten zu können

und nicht unmittelbar und automatisch auf Reize reagieren zu müssen.
5. Einfühlung in andere Menschen, indem – während des Kontaktes – im eigenen Körper Resonanzphänomene wahrgenommen werden.
6. Einsicht oder sich selbst kennendes Gewahrsein in der Verbindung von Vergangenheit, Gegenwart und Zukunft.
7. Angst-Modulation über Hemmung tieferer Zentren wie der Mandelkerne, die für die Einschätzung von Situationen hinsichtlich ihrer Gefährlichkeit verantwortlich sind.
8. Intuition verstanden als »Weisheit des Körpers« über die Wahrnehmung von Signalen aus dem Körper.
9. Steuerung von sozialem Verhalten.

Siegel (2007, S. 363–396) schreibt der Achtsamkeit eine neuronal integrierende Wirkung in neun Bereichen zu, in denen sie die psychische Gesundheit und Wohlbefinden fördert:

1. Integration des Bewusstseins: Man wird sich des Bewusst-Seins bewusst und bleibt für alles offen, was in seinem Feld auftaucht. Dadurch wird der Bewusstseins-Raum vollständiger.
2. Vertikale Integration: Über Spüren und Beobachten erhält der Körper einen intensiveren Zugang zum Bewusstsein, wodurch Körper und Geist verbunden werden.
3. Horizontale Integration: Die linke, für sprachliches und logisches Denken zuständige Hirnhemisphäre kooperiert mit der rechten für nonverbales, emotionales Erleben zuständigen, was in der Verbindung zu einem »bilateralen Bewusstsein« führt.
4. Integration der Erinnerung: Es wird zunehmend bewusst, wie jedes Erleben von Erinnerungen gefärbt ist, indem Elemente des impliziten Gedächtnisses *(siehe Exkurs »Implizites und explizites Gedächtnis«, S. 214)* auf frühere Erfahrungen zurückgeführt werden können. Man bekommt auch mehr

Zugang zu wichtigen Erinnerungen aus dem expliziten Gedächtnis.

5. Narrative Integration: Auf kohärente und Sinn schaffende Weise wird aus vielen Fäden die Geschichte des eigenen Lebens gewoben und erzählt.
6. Zustandsintegration: Die verschiedenen, ständig wechselnden Ich-Zustände werden bewusst wahrgenommen, anerkannt und akzeptiert. Die jeweiligen Zustände entsprechen spezifischen neuronalen Aktivierungsmustern *(siehe »Persönlichkeitsanteile – ein hilfreiches Modell der Innenwelt«,* *S. 133)*.
7. Zeitliche Integration: Man lebt mit dem Bewusstsein der Vergänglichkeit und gewinnt Gelassenheit im Umgang mit Unsicherheit, Nicht-kontrollieren-können und Tod.
8. Interpersonale Integration: Menschen stimmen sich aufeinander ein, um zu überleben und aufzublühen und als Voraussetzung, sich auf der Welt geerdet zu fühlen. Man wird zum besten Freund von sich selbst und bleibt zugleich in Beziehungen offen wahrnehmend.
9. »Transpirationale« Integration: In Übenden wächst das Gefühl, in allen Bereichen mehr vom Leben »durch-haucht« zu werden, von nichts wirklich getrennt, vielmehr Teil eines größeren Ganzen zu sein. Jeden Atemzug durchdringt etwas Größeres, das über die einzelne Person hinausgeht. Die lateinischen Wurzeln der Worte »spirare, spiritus« bedeuten hauchen, atmen, Geist, Seele, innerstes Wesen, Leben, Mut.

Der Weg der Bewusstseinsentwicklung

Wenn man es im menschlichen Leben als Aufgabe betrachtet, das Bewusstsein zu entwickeln und den Geist zu schulen, kann Achtsamkeit ganz wesentlich zu diesen Entwicklungs- und Reifungsprozessen beitragen. Wohin ein solcher Weg führt, hängt von individuellen und sozialen Gegebenheiten, aber auch vom kulturellen Hintergrund ab. Die in verschiedensten spirituellen Traditionen beschriebenen Entwicklungsstufen weisen erstaunliche Ähnlichkeiten auf. Wenn auch nur wenige westliche Menschen die höchsten Stufen erreichen, sollen zwei beispielhafte Darstellungen doch eine Idee davon geben, wohin jahrzehntelange, intensive Praxis führen kann:

Alan Wallace (2006) schildert in »Die Achtsamkeits-Revolution« einen tibetisch-buddhistischen Übungsweg, den Shamatha-Pfad. Die Shamatha-Praxis legt den Schwerpunkt auf Konzentration und das Verweilen der Aufmerksamkeit bei einem Objekt. Auf diesem Weg werden zehn Stufen unterschieden, die sich auf verschiedene »Zustände« beziehen.

Zur Bewältigung der ersten vier Stufen empfiehlt Wallace die Praxis der Atem-Achtsamkeit. Das Gewahrsein ruht dabei auf den mit der Atmung einhergehenden Empfindungen. Wenn der Geist auf Wanderschaft geht, wird er immer wieder zurückgeholt. Ab der fünften Stufe empfiehlt er die Methode »Den-Geist-in-seinem-natürlichen-Zustand-zur-Ruhe-bringen«. Dabei wird durch Innenfokussierung die Aufmerksamkeit auf Gedanken, Bilder und Emotionen gerichtet.

Ab der achten Stufe wird »Shamatha ohne ein Objekt« geübt, was bedeutet, sich seines Gewahrseins bewusst zu sein. Hier geht es nicht mehr um Stabilität und Schärfung der Achtsamkeit, sondern um die Entdeckung der dem Gewahrsein innewohnenden unbewegten Stille und lichtvollen Klarheit. Parallel zur Schulung der Konzentration werden die »Vier Qualitäten des Herzens« kultiviert: Liebende Güte, Mitgefühl, Mitfreude und Gleichmut. Durch diese Arbeit mit den Emotionen können Hindernisse vermieden werden, die das Streben nach konzentrierter Achtsamkeit behindern. Ab der fünften Stufe werden luzides Träumen und Traum-Yoga geübt, um Achtsamkeit auch in der Nacht aufrecht zu erhalten.

Exkurs:

Die Stufen auf dem Shamatha-Weg

Shamata ist ein (tibetisch) buddhistischer Weg zur Schulung von Konzentration und Achtsamkeit. Beispielhaft sollen die Stufen der Entwicklung der geistigen Fähigkeiten auf diesem Weg dargestellt werden, wie Alan Wallace (2006) sie in seinem Buch »Die Achtsamkeits-Revolution« beschreibt.

Auf der *ersten Stufe* erlernt man die Anweisungen zu Achtsamkeit und ist in der Lage, die Aufmerksamkeit bewusst auf ein inneres Objekt – wie den Atem – zu lenken. Normalerweise ist es jedoch nicht möglich, mit der Aufmerksamkeit auch nur einige Sekunden lang ohne Ablenkung darauf zu verweilen.

Auf der *zweiten Stufe* hat die Stabilität der Konzentration so weit zugenommen, dass man sich eine Weile – bis zu etwa einer Minute – auf ein Objekt konzentrieren kann. Wallace meint, dass die meisten Menschen ihr Leben schon als gewaltig verbessert ansehen würden, wenn sie so weit kommen. Diese Stufe kann auch von Personen erreicht werden, die ein geschäftiges Leben mit beruflichen und familiären Verpflichtungen führen, wenn sie dazu bereit sind, eine gewisse Zeit für eine tägliche Praxis zu reservieren. Sie kommen auf dieser Stufe schon mit Stress besser zurecht und die Qualität der Handlungen verbessert sich.

Auf *Stufe drei* wird das gewählte Objekt zwar noch immer kurzzeitig völlig vergessen, die Aufmerksamkeit kann aber schon längere Zeit darauf verweilen. Nach Ablenkungen wird die Konzentration schnell wieder hergestellt. Um diese Stufe zu erreichen, ist ein größeres Engagement notwendig. Wallace gibt dafür – inmitten eines aktiven Lebens – Zeiten von ein bis zwei Stunden täglich an.

Die *fortgeschrittenen Entwicklungsstufen* des Shamatha-Weges sind jenen Menschen zugänglich, die sich in einer förderlichen Umgebung Wochen oder Monate einer intensiven Praxis widmen. Jenseits der vierten Stufe ist ein Training in beruflichen Ausmaßen erforderlich, mit vollzeitlichem Praktizieren über Monate bis Jahre. Ab der neunten Stufe ist es dann allerdings mühelos möglich, mindestens 4 Stunden auf ein gewähltes Objekt fokussiert zu bleiben. Die Übungszeiten werden schrittweise gesteigert: zu Beginn des Trainings werden zuerst eine und später vier Sitzungen von 24 Minuten empfohlen – symbolisch jeweils eine Minute für jede Stunde des Tages. Eine solche Intensität des Trainings mag zunächst erschreckend und unvorstellbar wirken. Vielleicht relativiert sich dies, wenn man sich klarmacht, dass es auch Menschen gibt, die im sportlichen Bereich auf dem Weg zu Olympischen Spielen viele Jahre ihres Lebens intensivstem Training widmen.

Auf der *vierten Stufe* passiert es nicht mehr, dass man das gewählte Objekt vollkommen vergisst. Es gibt keinen Widerstand mehr gegen das Achtsamkeitstraining. Auf einer metaphorischen Ebene gleichen unfreiwillige Gedanken auf den ersten drei Stufen einem tosenden Wasserfall. Auf der vierten und *fünften Stufe* gleichen sie einem durch eine Felsenschlucht strömenden Fluss. Auf der *sechsten Stufe* ähneln sie einem gemächlich durch ein Tal fließenden Fluss. Auf der *siebten Stufe* ist der begrifflich denkende Geist still wie ein unbewegter Ozean ohne die kleinste Welle. Auf der *achten* und *neunten Stufe* ist der begrifflich denkende Geist still und unbewegt wie der Berg Meru, der König der Berge. Auf der *neunten Stufe* wird dies mühelos.

In der Beschreibung fortgeschrittener Stufen gibt es eine grundsätzliche Schwierigkeit. Der Bedeutungsinhalt vieler Begriffe kann immer nur auf dem Hintergrund jener individuellen Erfahrungen verstanden werden, die ein Mensch schon selbst gemacht hat. Vieles wird erst wirklich nachvollziehbar, wenn man selbst auf dieser Stufe angelangt ist. Dies ist auch der Grund, warum viele Meister auf die Frage nach der Natur ihrer Praxis sinngemäß geantwortet haben: »Komm und sieh selbst!«

Die amerikanische Zen-Meisterin Charlotte Joko Beck (1993) unterscheidet auf dem Zen-Weg sechs Stufen. Diese Stufen gehen über die Entwicklung spezieller Zustände hinaus. Sie beziehen sich mehr auf die Art und Weise in der Welt zu sein und in ihr zu leben. Dieser Pfad beginnt damit, zu bemerken, wie sehr man von seinen Gefühlen und Gedanken beherrscht wird.

Auf der *ersten Stufe* der Praxis wird man sich immer mehr seiner Gefühle und inneren Reaktionen bewusst. Die ersten Monate können schmerzhaft werden, wenn einem zunehmend klar wird, was man wirklich macht. Das erschreckt, führt aber auch zum Wunsch, diese Mechanismen zu unterbrechen und den Weg weiter zu gehen.

Die *zweite Stufe* beginnt meist im zweiten bis fünften Jahr der Praxis, wenn es möglich wird, speziell auch die emotionalen Erfahrungen in ihre einzelnen körperlichen und mentalen Komponenten zu zerlegen. Es entwickeln sich der Wunsch und die Fähigkeit, genauer hinzuschauen. Der Übergang von der ersten zur zweiten Stufe ist nach Joko Beck der schwierigste. Therapie kann dabei helfen, wenn sie das Gewahrsein stärkt.

Auf der *dritten Stufe* tauchen Momente ohne selbstzentrierte Gedanken auf, Augenblicke des reinen Gewahrseins. Nach vielen Jahren der Praxis wird es auf der *vierten Stufe* immer selbstverständlicher, in einem Zustand des »reinen Gewahrseins« zu leben, statt von Gedanken und Konzepten dominiert zu werden. Auf *Stufe fünf* lebt man 80 bis 90 Prozent seines Lebens in diesem Zustand. Mitgefühl und Wertschätzung des Lebens sind erstarkt. Theoretisch, meint Joko Beck, gebe es noch eine *sechste Stufe*: Die Stufe der Buddhaschaft.

Woran erkennt man Fortschritte in der Praxis?

Es gibt verschiedene Fragebögen *(Abkürzungen siehe anschließenden Exkurs)* zur Messung von Achtsamkeit. Baer und Kollegen (2006) haben fünf Facetten von Achtsamkeit herausgearbeitet, im Folgenden einige beispielhafte Fragen (übersetzt von den Autoren).

1. Nicht-Reagieren auf innere Erfahrung.
   - Ich nehme meine Gefühle wahr, ohne auf sie reagieren zu müssen.
   - In schwierigen Situationen kann ich innehalten.
   - Normalerweise, wenn ich belastende Gedanken habe, beobachte ich sie einfach und lasse sie wieder los.
2. Beobachten, Bemerken, Aufmerksamkeit gegenüber Empfindungen, Wahrnehmungen, Gedanken und Gefühlen.
   - Ich spüre in meinen Körper hinein, sei es beim Essen, Kochen, Putzen, Reden.
   - Ich nehme wahr, wie sich meine Gefühle im Körper ausdrücken.
   - Ich beobachte, wie sich meine Gefühle auf meine Gedanken und mein Verhalten auswirken.
3. Handeln mit Bewusstheit bzw. automatisch, Konzentration, Nicht-Ablenkbarkeit.
   - Ich lasse mich von meinen Gedanken und Gefühlen leicht wegtragen.

- Ich bin oft mit der Zukunft oder mit der Vergangenheit beschäftigt.
- Ich mache oft Dinge, ohne mit der Aufmerksamkeit dabei zu sein.

4. Benennen, beschreiben, etikettieren mit Worten.
   - Ich kann normalerweise gut beschreiben, wie ich mich im Moment fühle.
   - Es fällt mir leicht, Worte zu finden, um meine Gefühle zu beschreiben.
   - Körperempfindungen kann ich schwer beschreiben, weil ich nicht die richtigen Worte finde.
5. Nicht-Bewerten von Erfahrungen.
   - Ich kritisiere mich, wenn ich irrationale oder unangemessene Gefühle habe.
   - Ich denke, einige meiner Gefühle sind schlecht oder unangemessen und ich sollte sie nicht haben.
   - Ich bewerte, ob meine Gedanken gut oder schlecht sind.

Exkurs:

Messung von Achtsamkeit mittels Fragebögen

Zur Messung von Achtsamkeit wurden verschiedene Selbsteinschätzungs-Fragebögen entwickelt. Diese beziehen sich auf unterschiedliche, einander überlappende Konstrukte von Achtsamkeit.

Freiburger Fragebogen zur Achtsamkeit (FFA): Der Selbsteinschätzungsfragebogen bezieht sich in seinen 30 Fragen auf das Achtsamkeits-Konstrukt der Vipassana-Meditation mit den Charakteristika Aufmerksamkeit, Urteilslosigkeit, Gegenwärtigkeit, Nicht-Identifikation, Prozesshaftigkeit, Neutralität, Akzeptanz, Ganzheitlichkeit, Nicht-Oberflächlichkeit, Absichtslosigkeit, einsichtsvolles Verstehen, Anfängergeist und abnehmende Reaktivität.

Literatur: Buchheld (2000), Walach et al. (2004), Heidenreich et al. (2006). Englischsprachig: FMI: Freiburg Mindfulness Inventory (Buchheld et al., 2001).

Mindfulness Attention Awareness Scale (MAAS): Selbsteinschätzung der Tendenz, im Alltag aufmerksam und sich der gegenwärtigen Erfahrung gewahr zu sein. Die 15 Fragen beziehen sich auf ein Ein-Faktoren-Konstrukt von Achtsamkeit.
Literatur: Brown & Ryan (2003); eine deutsche Adaptation liegt vor (Kobarg, 2007).

Kentucky Inventory of Mindfulness Skills (KIMS): 39 Fragen zur Selbsteinschätzung von vier Elementen: Beobachten, Beschreiben, bewusstes Handeln, Akzeptieren ohne zu beurteilen. Das Instrument basiert im Wesentlichen auf dem Achtsamkeits-Konzept der DBT und bezieht sich auf Achtsamkeit im Alltag und auf Menschen ohne Meditationserfahrung.
Literatur: Baer et al. (2004).

Toronto Mindfulness Scale (TMS): Eindimensionales Konstrukt, das Achtsamkeit in 10 Fragen als »state« nach Meditationen erfasst.
Literatur: Lau et al. (2006).

Five Facet Mindfulness Questionnaire (FFMQ): Aus fünf anderen Fragebögen (MAAS, FMI, KIMS, CAMS, MQ) wurden fünf Facetten von Achtsamkeit erarbeitet: (1) Nicht-Reagieren auf innere Erfahrung. (2) Beobachten, Bemerken, Aufmerksamkeit gegenüber Empfindungen, Wahrnehmungen, Gedanken und Gefühlen. (3) Automatisches Handeln vs. bewusstes Handeln, Konzentration, Nicht-Ablenkbarkeit. (4) Benennen, Beschreiben, Etikettieren mit Worten. (5) Nicht-Bewerten von Erfahrungen. Beispiele von Fragen siehe oben.
Literatur: Baer et al. (2006), Baer et al. (2008).

Philadelphia Mindfulness Scale (PHLMS): Zweidimensionales Konstrukt: Gewahrsein des gegenwärtigen Moments und Akzeptanz.
Literatur: Cardaciotto et al. (2008).

Comprehensive Inventory of Mindfulness Experiences (CHIME): Fragebogen zur Selbsteinschätzung mit 37 Items, die acht Subskalen zugeordnet sind: (1) Gewahrsein gegenüber inneren Erfahrungen, (2) Gewahrsein gegenüber äußeren Erfahrungen, (3) bewusstes Handeln, Gegenwärtigkeit, (4) annehmende, nicht-urteilende, mitfühlende Haltung, (5) nicht-reaktive, dezentrierte Orientierung, (6) offene, nicht-vermeidende Haltung, (7) Relativierung, (8) einsichtsvolles Verstehen.

Literatur: Bergomi et al. (2014).

Paul Grossman (2008) setzt sich kritisch mit der Frage auseinander, inwieweit die westlichen Versuche, Achtsamkeit zu konzeptualisieren, zu operationalisieren und zu messen überhaupt dem buddhistischen Konzept von Achtsamkeit gerecht werden können bzw. die Gefahr besteht, Achtsamkeit zu trivialisieren.

Weitere Literatur: Baer (2013), Grossman & Van Dam (2013).

Im Alltag könnte Erfahrung in der Praxis der Achtsamkeit zu folgenden Aussagen führen (Wengenroth, 2008, S. 155–156):

- »Ich bemerke Veränderungen in meinem Körper, wenn sie eintreten.«
- »Ich kann gut in Worte fassen, was ich fühle.«
- »Ich verliere mich nicht oft in Grübeleien oder Tagträumen. Ich kritisiere mich nicht, wenn ich unsinnige oder unangemessene Gedanken habe.«
- »Ich knabbere nur selten irgendwelches Zeug, ohne mir bewusst zu sein, was ich da gerade esse.«
- »Es kommt nicht oder nur selten vor, dass ich irgendwo bin und nicht mehr weiß, wie ich da hingekommen bin oder was ich dort wollte.«

- »Ich bin nur selten so gedankenverloren, dass ich nicht bemerke, was um mich herum geschieht.«
- »Ich nehme den Geruch und den Geschmack von Lebensmitteln sehr deutlich wahr.«
- »Ich gehe gut mit mir um, auch wenn ich Fehler mache oder etwas schief geht.«
- »Auch in schwierigen Zeiten erlebe ich Augenblicke inneren Friedens.«
- »Ich habe Geduld mit mir und anderen.«
- »Manchmal merke ich, wie ich mir selbst das Leben schwer mache, und dann kann ich darüber schmunzeln.«
- »Ich merke es schnell, wenn meine Stimmung sich verändert.«
- »Ich kann mir meine Gefühle anschauen, ohne mich in ihnen zu verlieren.«
- »Es kommt nicht oft vor, dass die Zeit einfach so verrinnt, ohne dass ich bei der Sache bin.«
- »Wenn ich etwas tue, bin ich meist mit vollem Herzen dabei.«

Praxis der Achtsamkeit

Übung als einziger Weg

Die meisten Menschen sind sich darüber bewusst, wie wertvoll ein gesunder, ausdauernder, kräftiger und beweglicher Körper ist. Sie wissen auch, dass man dafür etwas tun muss, was wiederum von einigen in die Tat umgesetzt wird. Sie nehmen sich dreimal in der Woche 45 Minuten Zeit für Ausdauertraining und machen Krafttraining in einem Fitness-Studio. Viele Menschen lieben es, sich zu bewegen, sich zu spüren, und haben Freude am Sport, nicht selten ist er ein wichtiger Teil ihres Lebens. Einige betreiben Leistungssport, einige wenige trainieren für Weltmeisterschaften oder Olympische Spiele.

Langsam werden sich Menschen auch bewusst, dass es sinnvoll ist, den Geist zu trainieren. Gehirn-Jogging wird salonfähig. Auch hier können Kraft, Ausdauer und Flexibilität gesteigert werden. Krafttraining bedeutet, die Fähigkeit zur Konzentration zu steigern, und damit auch Wahrnehmung und Einfühlungsvermögen zu verfeinern. Ausdauertraining heißt, die Stabilität dieser Fähigkeiten zu üben. Intensivstes Ausdauertraining kann beispielsweise dazu führen, mehrere Stunden lang mit der Aufmerksamkeit bei einem Objekt verweilen zu können. Auf sportlicher Ebene würde dies etwa einem Europameisterschafts-Niveau entsprechen. Training der Flexibilität bedeutet, die Aufmerksamkeit auf das richten zu können, was wichtig ist, aber auch, mit dem Zoom-Objektiv der Aufmerksamkeit zwischen Mikroperspektive und Panoramasicht variieren zu können.

Es ist klar, dass ein einmaliges Hanteltraining dem Muskel zwar einen Wachstumsanreiz bietet, dass es aber zur Kraft-Entwicklung viele Wiederholungen über einen längeren Zeitraum braucht. Man weiß auch, dass zur Erhaltung der Kraft weiteres Training nötig ist. Dies gilt auch für die Nervenverbindungen im Gehirn, die Sätze »cells which fire together, wire together« (Zellen, die gemeinsam feuern, verdrahten sich) und »use it or loose it« (verwende sie oder verliere sie) wurden schon erwähnt. So kann man in der Geistesschulung Analogien sehen zu regelmäßigen Besuchen im Fitnessstudio, zur Bewegung im Alltag und für spezielle Trainingslager: Formale Praxis, informelle Praxis und Retreats.

Entschluss zur Regelmäßigkeit

Wenn die Praxis der Achtsamkeit Auswirkungen haben soll, ist Regelmäßigkeit notwendig. Um dies zu erreichen, ist es sinnvoll, ganz bewusst einen klaren Entschluss zu fassen und sich wirklich Zeit dafür frei zu halten. Die Motivation für diesen Entschluss und dessen Umsetzung kann vielfältige Wurzeln haben. Veränderungsdruck entsteht durch Leiden und durch

Krisen. Es kann aber auch ein Sog sein, eine Vision, die unserer Praxis Bedeutung, Wert und Wichtigkeit gibt und uns anzieht.

Dieser Entschluss betrifft drei Arten von Praxis: (1) Man kann sich für eine regelmäßige, formale Praxis entscheiden, beispielsweise sechs Mal in der Woche eine halbe Stunde zu sitzen und Atembeobachtung zu üben. (2) Man kann sich auch zu einer informellen Praxis entscheiden. Dies bedeutet, Tätigkeiten des Alltags bewusst achtsam auszuführen. Ein konkreter Entschluss könnte lauten: eine Woche lang achtsames morgendliches Zähneputzen oder Duschen. (3) Dieser Entschluss betrifft das Vorhaben, sich ein- oder zweimal im Jahr ein Wochenende, zehn Tage oder auch länger zu einem Retreat zurückzuziehen. Dabei widmet man sich an einem ruhigen Ort, etwa einem Kloster, unter Anleitung und zumeist in der Gruppe ausschließlich der Übung. Diese drei Arten der Praxis sind nicht alternativ zu sehen, sondern sie ergänzen und befruchten einander, indem sie unterschiedliche Lernerfahrungen bieten.

Spielerische Haltung

Bei aller Ernsthaftigkeit, Konsequenz und Disziplin im Entschluss zur Praxis und in ihrer täglichen Umsetzung, gilt es doch auch, den Gegenpol, das Spielerische und Leichte nicht aus dem Auge zu verlieren. Die Übung von Achtsamkeit kann als ein lebenslanges Entwicklungs- und Forschungsprojekt gesehen werden, dem man mit Offenheit und Neugier, mit Anfängergeist und Humor entgegentritt.

Verbissenheit und Verkrampfung verhindern Achtsamkeit. Der Ausweg besteht darin, diese selbst zum Gegenstand der Beobachtung zu machen. Man bemerkt dann bald, wenn man mit einer Übung, einem Weg oder einem Ziel stark identifiziert ist. Der innere Beobachter sollte auch hier wieder wachsam sein. Disidentifikation ermöglicht, sich selbst auch bei einem verkrampften Ringen wohlwollend zu betrachten.

Übungen sollen auch nicht zum Selbstzweck werden. Sie sind eher mit einem Floß zu vergleichen, das ermöglicht, einen Fluss zu überqueren. Am anderen Ufer angelangt, lässt man das Floß zurück und geht weiter. Für die Überfahrt am nächsten Fluss bedarf es eines neuen Floßes.

Die Entwicklung von Achtsamkeit braucht Übung, viele Wiederholungen und damit Zeit. Es gilt, sich nicht mit überhöhten Erwartungen und Ansprüchen zu überfordern und damit Enttäuschungen vorzuprogrammieren. Wenn man bemerkt, dass man sich zu viel vorgenommen hat, ist es sinnvoll, sich auf das zu beschränken, was wirklich möglich ist. So ist es besser, sich fünf Minuten am Tag Zeit zu nehmen, als ganz darauf zu verzichten.

Meistens bedarf es – speziell am Beginn der Praxis – einer gewissen Überwindung und Anstrengung, sich zu den Übungen zu motivieren. Während der Übung ist allerdings eine zu große Anstrengung kontraproduktiv. Hier ist eine Herangehensweise im Anfängergeist zu empfehlen, etwa mit der Frage: »Wie verläuft die Übung wohl heute?« Zwischenzeitlich kann man sich fragen: »Wo hat meine Praxis schon Auswirkungen?« Achtsamkeit sollte unser Leben und Erleben weiter machen und nicht enger.

Es ist auch gut, sich immer wieder zu fragen, ob die Form der Praxis noch angemessen ist. Man kann sie modifizieren, wenn sie sich nicht mehr bewährt. Man muss auch nicht alles alleine schaffen, manchmal braucht man Anleitung und Unterstützung. Das kann ein spiritueller Lehrer oder ein diesbezüglich erfahrener Psychotherapeut sein.

Formale Praxis

Auswahl der Übungen

In den buddhistischen Traditionen werden klassischerweise zwei Übungswege unterschieden. Einer übt primär die Konzentration, der andere zielt auf Einsicht. Beide Ziele sind eng miteinander verknüpft, beide Wege führen zur Schulung von Konzentration, Klarblick und Gleichmut.

Die basale Anleitung zur Schulung der Konzentration lautet: Wählen Sie ein Objekt und verweilen Sie mit Ihrer Aufmerksamkeit bei diesem Objekt. Immer wenn Sie bemerken, dass Ihre Aufmerksamkeit vom Objekt weggewandert ist, bringen Sie sie sanft zum Objekt zurück.

Die basale Anleitung zur Schulung des Klarblicks bzw. der Einsicht im Sinne der Vipassana-Meditation lautet: Sitzen Sie still, schenken Sie die offene Aufmerksamkeit allem, was ist, von Augenblick zu Augenblick, mit Gleichmut, das heißt mit keinem Anhaften oder keiner Ablehnung gegenüber dem, was auftaucht, und keinem Versuch es zu verändern.

Viele Übungen kombinieren beide Ziele. Die meisten Anleitungen beinhalten auch mehrere Phasen. Zunächst kann man in offener Haltung bemerken, was da ist, ob es noch etwas braucht, um die Übung beginnen zu können, beispielsweise die Körperhaltung zu verändern. Es folgt eine Phase der Konzentration, zum Beispiel einige Atemzüge lang auf den Atem, was zu einer Entspannung des Körpers und zu einer Beruhigung des Geistes führt. Wenn eine gewisse Ruhe eingetreten ist und man in der Beobachtung gegenwärtiger Phänomene angekommen ist, kann der Fokus bei Bedarf verändert werden, in Richtung innen, außen, Ruhe, Wandel oder Liebende Güte. Man kann sich auch wieder allem gegenüber öffnen, was auftaucht.

Die Auswahl einer Übung sollte nach drei Kriterien erfolgen. Sie kann auf der einen Seite durchaus persönlichen Vorlieben und Interessen entsprechen, soll andererseits auch berücksichtigen, was zur Erreichung der individuellen Ziele notwendig und bewährt ist. Sie soll sich auch am Gegebenen, Naheliegenden und Möglichen orientieren.

Es ist empfehlenswert, zu experimentieren, Unterschiedliches auszuprobieren und Erfahrungen mit verschiedenen Übungen zu machen. Wenn man eine für sich passende Übung gefunden hat, sollte man diese vertiefen, indem man sie über einen längeren Zeitraum übt. Um Konstanz nicht zur

Starre werden zu lassen, ist Flexibilität gefragt. Je nach speziellem Ziel der Übung, Tagesverfassung oder der momentanen Situation können unterschiedliche Übungen und Variationen jener Übung, die im Zentrum der Praxis steht, angemessen und geeignet sein.

Der passende Rahmen

Ort: Die menschliche Neigung, dass wiederholt ausgeführte Handlungen zu Gewohnheiten werden, kann man auch für gute Gewohnheiten nutzen. Wenn es gelingt, über einige Zeit Rhythmus und Konstanz in die Praxis zu bringen, wird sie bald zu einem selbstverständlichen Teil des Lebens. Ein Faktor dieser Konstanz ist der Ort der Praxis. Optimal ist ein ungestörter und geschützter Platz im Lebensraum, der zu diesem Zweck auch individuell gestaltet sein kann. Er sollte zumindest mit einer passenden Sitzgelegenheit ausgestattet sein.

Zeitpunkt und Dauer: Das größte Hindernis einer regelmäßigen formalen Praxis besteht zumeist darin, sich dafür Zeit zu nehmen und einen geeigneten Zeitpunkt zu finden. Rhythmus und Regelmäßigkeit sind auch hier – wenn möglich – sinnvoll. Jeden Tag zur gleichen Zeit zu üben, bewährt sich. Für viele Menschen ist es hilfreich, die Praxis zeitlich an ein Ereignis zu koppeln, das an jedem Tag eintritt. An Arbeitstagen kann dies nach dem Aufstehen am Morgen, am Ende der Mittagspause oder nach dem Heimkommen am Abend sein.

Zur Frage der Dauer der täglichen Praxis finden sich unterschiedliche Empfehlungen. Charles Tart meint dazu, im Westen, wo alle so gestresst und in Eile sind, sei es schon gut, sich 20 Minuten ruhig hinzusetzen, um Geist und Körper zur Ruhe zu bringen. Wallace (2006, S. 31) bezieht sich auf ein traditionelles Training bei dem zu Beginn vier Übungssitzungen von jeweils 24 Minuten empfohlen werden, was insgesamt ein Sechstel von einem ganzen Tag und einer Nacht ausmacht. Auf jeden Fall sind 5 Minuten besser, als nicht zu sitzen.

Es ist empfehlenswert, sich eine bestimmte Übungszeit vorzunehmen, die am Beginn der Meditationspraxis durchaus auch kürzer sein kann, zum Beispiel 15 Minuten oder zweimal am Tag 5 oder 10 Minuten. Es ist dabei sinnvoll, sich nicht zu überfordern und sich Ziele zu stecken, die in der Folge auch über einen längeren Zeitraum erreicht werden können. Man kann sich auch zwei- oder dreimal in der Woche mindestens 20 Minuten für formale Praxis Zeit nehmen. Um nicht darauf achten zu müssen, wie viel Zeit schon verstrichen ist, sind äußere Zeitgeber empfehlenswert. Dies können Uhren mit Weckfunktion sein oder kleine Timer, wie sie in der Küche oder zur Messung der Parkzeit verwendet werden. Es gibt auch edle Ausführungen und inzwischen auch eine Unmenge an Apps, die den Ablauf der Zeit mit sanften Klängen anzeigen.

Ritualisierte Rahmung: Nicht ohne Grund sind meditative Übungen in den meisten Traditionen in Rituale eingebettet. Rituale können verstanden werden als äußere Handlungen, die innere Prozesse verdeutlichen und ihnen spezielle Bedeutung und Gewicht verleihen. Dazu gehört die Markierung und bewusste Gestaltung von Anfang und Ende einer Übung. Zur Vorbereitung könnte gehören, eine Kerze anzuzünden, den Beginn der Übung könnte der Ton einer Klangschale anzeigen. In der Zen-Tradition enden Übungen mit einer Verbeugung. Diese Handlungen haben natürlich nur dann Sinn, wenn sie auch individuell mit einer symbolischen Bedeutung verknüpft sind. Bei aller Klarheit über das Ende der formalen Übung empfiehlt sich ein sanfter, achtsamer Übergang in den Alltag. Im Sinne der »Morgenübung« *(siehe Übung »Morgenübung: spüren, hören, schauen«, S. 117)* kann man die Aufmerksamkeit teilen und neben dem Atem auch noch bewusstes Hören und Sehen dazunehmen. Damit gelingt es leichter, etwas vom Geist der Übung weiterwirken zu lassen. Die achtsame innere Haltung würde dann eben nicht einfach mit Ablauf der formalen Übungszeit enden.

Körperhaltung

Aufrechte Körperhaltung: Beim klassischen Üben im Sitzen wird eine aufrechte Haltung empfohlen. Dabei kann auch die Vorstellung hilfreich sein, eine Haltung einzunehmen, die Würde ausdrückt. Man kann sich auch einen Faden vorstellen, der am Scheitel nach oben zieht und den Oberkörper und den Kopf aufrichtet. In diesem Bild ist auch das Spannungsfeld zwischen Himmel und Erde enthalten, in dem sich der Mensch befindet.

Das Körpergewicht wird über die beiden Sitzhöcker auf die Unterlage übertragen. Diese sollte so fest sein, dass die Sitzhöcker deutlich spürbar sind, ohne zu schmerzen. Es empfiehlt sich ein Sitzkissen oder ein Stuhl mit gerader Rückenlehne.

Es gibt auch Hinweise bezüglich der Haltung der Hände, wobei eine Vielzahl von Mudras beschrieben wird, die unterschiedliche Auswirkungen auf den Energiefluss haben. Shinzen Young meint dazu, man könne entweder eine Wissenschaft daraus machen oder aber sie in keiner Weise wichtig nehmen. Ein achtsamer Zugang wäre, die individuellen Auswirkungen unterschiedlicher Haltungen zu beobachten und zu erforschen.

Es gibt natürlich auch Übungen, für die eine liegende Haltung empfohlen wird, wie beim Body-Scan. Im Liegen ist jedoch die Gefahr größer, müde zu werden und einzuschlafen.

Bewegungslosigkeit: Konzentration fällt leichter, wenn es weniger Ablenkungen gibt. Geistige Stille stellt sich leichter ein, wenn der Körper ruhig ist. So ist es beim klassischen Sitzen hilfreich, wirklich still zu sitzen, das heißt sich möglichst gar nicht zu bewegen. Allerdings bemerkt man oft erst mit zunehmender Achtsamkeit, dass es noch kleine Veränderungen in der Körperhaltung braucht, um bequemer zu sitzen. So kann man etwa die ersten beiden Minuten der Übung dazu verwenden, in diesem Sinne mehr anzukommen. Im weiteren Verlauf liegt der Fokus dann auf der Beobachtung von Bewegungsimpulsen. Wenn beispielsweise ein Jucken auftaucht, kann man den Impuls beobachten, sich zu kratzen, ohne ihm allerdings nachzugeben. Nach einer Weile bemerkt man dann, dass das Jucken von selbst wieder verschwindet. Wie alle Anleitungen soll auch diese nicht zu einem Dogma werden und sich selbstschädigend auswirken. Der Versuch, einen Hustenreiz oder ein Niesen zu unterdrücken, kann die innere Stille mehr stören, als diesen Impulsen nachzugeben.

Augen: Übungsanleitungen unterscheiden sich auch dadurch, ob die Augen geschlossen oder offen und worauf sie gerichtet sein sollen. Die Anleitung zur Vipassana-Meditation könnte lauten: »Sie können ihre Augen geschlossen haben oder sie halb offen und entspannt auf einem Punkt auf dem Boden in einigem Abstand vor sich ruhen lassen.« Für viele Menschen ist es einfacher, die volle Aufmerksamkeit nach innen zu richten und innere Achtsamkeit zu entwickeln, wenn die Augen geschlossen sind. Wenn allerdings die Gefahr besteht, müde zu werden, kann das Üben mit halboffenen oder offenen Augen das Einschlafen verhindern.

In einigen Übungen wird nach den Phasen des Spürens und des Hörens mit geschlossenen Augen der visuelle Sinneskanal bewusst dazugenommen. Dazu werden die Augen geöffnet. Ziel dieser Übung ist es, bewusst das Teilen der Aufmerksamkeit zu üben, zugleich Innen und Außen zu fokussieren. Wenn man ansonsten immer nur mit geschlossenen Augen übt, fällt dies meist schwer. Wenn Achtsamkeit in den Alltag integriert werden soll, ist es sinnvoll, den Zugang zu innerer Achtsamkeit auch mit offenen Augen zu üben.

Retreats: Rückzug zu intensiver Praxis

Unter Retreat versteht man einen zeitlich befristeten Ausstieg aus dem Alltag, um sich ausschließlich und intensiv der Übung zu widmen. Solche Zeiten des Rückzugs werden in allen spirituellen Traditionen gepflegt und reichen von den Einkehrtagen und Exerzitien über 10-Tages-Vipassana-Retreats bis zu dreimonatigen oder dreijährigen Intensiv-Retreats.

Die Vorteile und Möglichkeiten solcher Zeiten des Rückzugs sind offensichtlich. Man kommt leichter zur Ruhe, wenn die Anforderungen und Ablenkungen des Alltags wegfallen. In der Regel trägt auch die Wahl eines ruhigen und schönen Ortes dazu bei. Es gibt zumeist Anleitungen eines erfahrenen Lehrers, eine klare Tagesstruktur und die Unterstützung durch die gemeinsame Praxis in der Gruppe. In der Regel herrscht zwischen den Übungen Schweigen, so dass man zwar gemeinsam übt, sich aber doch auf sich selbst konzentrieren kann. Die Möglichkeit der Reflexion der Erfahrungen besteht in Einzelgesprächen mit dem Lehrer oder in angeleiteten und strukturierten Gruppengesprächen.

Dieses Zurückgeworfen-Sein auf sich selbst, ohne die alltäglichen Möglichkeiten, sich abzulenken, stellt natürlich eine große Herausforderung dar. Joko Beck spricht sogar von einer künstlich herbeigeführten Krise. Allerdings sind zur Transformation oft Krisen notwendig.

Rosemary und Steve Weissman (1994) geben in »Der Weg der Achtsamkeit« einen Einblick in ein solches Retreat. Das Buch enthält alle Vorträge und Anleitungen, die das Ehepaar Weissman im Wat Khao Tham in Thailand während eines Zehn-Tage-Vipassana-Kurses gegeben hat. Die Vorträge beschäftigen sich unter anderem mit Mitgefühl und Liebender Güte, Gleichmut und den fünf Hindernissen. Die Anleitungen betreffen Sitzmeditation, Steh- und Geh-Meditation und Anleitungen für bestimmte Tätigkeiten im Kloster-Alltag.

Einen »Tag der Achtsamkeit« kann man als Minimalform eines Retreats verstehen. Ein solcher ist auch Bestandteil des MBSR-Programms *(siehe Übung »Tag der Achtsamkeit«, S. 121).*

Umgang mit Hindernissen: Keine Zeit zu üben und vergessen zu üben

Eines der größten Hindernisse für ein regelmäßiges Achtsamkeitstraining besteht darin, dass wir keine Zeit dafür finden. Zum Teil mag dies in der Schwierigkeit begründet liegen, aus der Alltagsroutine, aus dem Hamsterrad auszusteigen. Wir haben meist auch andere Prioritäten. Wie kann es nun gelingen, unsere Prioritäten, die mit unseren Werten zusammenhängen, zu verändern? Alan Wallace (2008, S. 56) meint, der erste Schritt aus diesem unendlich erschöpfenden Trott bestehe darin, nach einer Vision von echtem Glück zu streben, das sich aus unseren eigenen, weitgehend unangezapften inneren Ressourcen speist.

Wenn wir durch Übung Ruhe gefunden haben und positive Auswirkungen bemerken, nimmt unsere Motivation zu. Wir gewöhnen uns an neue Routinen, die Praxis wird selbstverständlicher, innerhalb der Übungen wird das stille Sitzen, das Konzentrieren und Beobachten leichter. Unser Körper gewöhnt sich an die Haltung, der Geist lernt und nach einer Weile fängt man an, die Praxis zu genießen und sie zu vermissen, wenn man nicht üben kann.

Ein einmalig grundsätzlich gefasster Entschluss ist ein wichtiger Schritt. Wenn Verbindlichkeit uns selbst gegenüber wichtig ist, halten wir uns an das, was wir uns vorgenommen haben. Im Terminkalender kann man im Rahmen der Wochenübersicht, die Zeit der Übung als »Zeit für mich« einplanen. Am Ende der Woche kann man zurückblicken, inwieweit der Zeitplan bezüglich Praxis eingehalten wurde. Dies ermöglicht Erfolgserlebnisse oder aber eine Anpassung der Zeiten an das, was möglich ist. Sinnvoll scheint, sich nicht immer wieder mehr vorzunehmen, als umgesetzt werden kann. Dadurch wird Frustration vermieden und somit auch die daraus folgende Haltung: »Es ist ohnehin egal!«

Die Verbindlichkeit erhöht sich auch, wenn man sich mit anderen Menschen gemeinsam vornimmt, regelmäßig zu üben, und dafür auch Zeiten vereinbart. In Gruppenprogrammen wie MBSR verpflichtet man sich zu einem hohen Aufwand an Zeit (45 Minuten, sechsmal in der Woche) und zu einer hohen Verbindlichkeit. Gruppe und Leitung sind wohl ebenso Faktoren, die dazu beitragen, dass diese Anforderungen in erstaunlich hohem Maß erfüllt werden, wie die zeitliche Befristung auf acht Wochen. Dass anschließend viele der Teilnehmer weiter regelmäßig üben, kann man den positiven, mit der Praxis gemachten Erfahrungen zuschreiben.

Die Möglichkeit, sich durch ausgewählte Anker an die Übung von Achtsamkeit im Alltag zu erinnern, wurde schon beschrieben. Es sind auch Apps erhältlich, die in einstellbaren Zeiträumen daran erinnern, für ein paar Augenblicke achtsam innezuhalten.

Informelle Praxis: Übung im Alltag

Informelle Praxis integriert Achtsamkeit in den Alltag. Wiederkehrende Handlungen, die Teil der Alltagsroutine sind, werden bewusst beabsichtigt in Achtsamkeit ausgeführt. In der Sprache des Zen ausgedrückt geht es darum, auf achtsame Weise »Wasser vom Brunnen zu holen und Holz zu hacken«. In der modernen Welt können dies Tätigkeiten sein wie Zähne putzen, duschen, Geschirr oder Hände waschen und Auto fahren. Achtsames Gehen oder achtsames Stehen kann praktizieren, wer vor einer Supermarktkasse wartet oder wer vom Auto einige Schritte zu einem Kunden geht. Entscheidend ist dabei der Ausstieg aus dem Alltagsbewusstsein. Die ganze Aufmerksamkeit gilt der Gegenwart, der Handlung, dem Körper. Der innere Beobachter ist wach. In der Regel verlangsamen sich in Achtsamkeit ausgeführte Handlungen. Dabei verändert sich auch die Qualität der Handlung. Umgekehrt hilft die bewusste Verlangsamung einer Tätigkeit beim Ausstieg aus Automatismen.

In vielen Achtsamkeits-Trainingsprogrammen wählen die Teilnehmer jeweils für eine Woche eine bestimmte Tätigkeit aus, die sie jedes Mal in Achtsamkeit ausführen. Jede Woche kommt eine neue Handlung hinzu, so dass man mit der Zeit ein flexibles Repertoire erwirbt. Immer mehr Alltagsroutinen werden immer selbstverständlicher zur Übung.

Übergänge von formaler zu informellen Praxis bilden kleine Übungen des Innehaltens, wie der »dreiminütige Atemraum« *(siehe Übung »Der dreiminütige Atemraum«, S. 109)*. Die Achtsamkeitsglocke in Plum Village wurde schon erwähnt. Wenn sie ertönt, halten alle in ihren Tätigkeiten inne, gehen bewusst für einige Augenblicke in innere Achtsamkeit. Thich Nhat Hanh hat in Plum Village auch eingeführt, das Läuten des Telefons als Erinnerung an Achtsamkeit zu nutzen und den Weg zum Telefonapparat in Achtsamkeit zurückzulegen. Der Anrufer auf der anderen Seite weiß um diese Tradition. Er kann seinerseits das längere Läuten dafür nutzen, um einige Male bewusst ein- und auszuatmen. In diesem Sinne können auch die Klingeltöne von Handys – entgegen ihrer sonstigen Wirkung – als Erinnerungshilfen zur Förderung von Achtsamkeit genutzt werden. Statt automatisch zum Handy zu greifen, könnte man einen Augenblick innehalten und bewusst einen Atemzug nehmen. »Sagt nicht, Ihr habt keine Zeit dazu«, meint Thich Nhat Hanh in einem Vortrag.

Die größte Schwierigkeit besteht im Alltag zumeist darin, dass wir vergessen, zu üben. Wir können die Übungszeiten in unserem Terminkalender vermerken. Eine Erinnerungshilfe kann auch sein, äußere Dinge oder Situationen mit einer Bedeutung zu koppeln. Sie mögen daran erinnern, achtsam zu sein. Solche Anker sind beispielsweise das Drehen des Zündschlüssels im Auto, das Hochfahren des Computers am Arbeitsplatz, das Gehen durch eine Türe oder ein Bild in unserem Schlafzimmer, das wir sehen, wenn wir einschlafen und aufwachen. Immer wenn wir des Ankers gewahr werden, erinnern wir uns zu üben, wie wir es uns vorgenommen haben.

Übungen

Klassische Atembeobachtung

Zeitbedarf: 5, 10, 20, 24, 25 oder 45 Minuten.

Anmerkung: Der natürliche Fluss des Atems ist das klassische und bedeutsamste Objekt der Beobachtung. Der Atem ist aus mehreren Gründen ein guter Fokus. Er ist, solange wir leben und wo immer wir sind, verfügbar. Es fällt auch leichter, etwas wahrzunehmen, das sich verändert als etwas Statisches. Ein- und Ausatmen wird auf vielerlei Weise spürbar. Atmen geschieht an der Grenze zwischen Innen und Außen, im Atemzyklus gibt es Aufnehmen und Abgeben. Der Fluss des Atems ist Bewegung, jeweils am Ende des Einatmens und des Ausatmens gibt es Augenblicke der Stille. Jedes dieser Elemente kann in den Fokus genommen werden: Fokus auf Wandel, Fokus auf Ruhe, Fokus auf Aufnehmen, Fokus auf Abgeben und Loslassen.

- Setzen Sie sich auf einen Stuhl oder den Boden, so dass Sie gut ausbalanciert und einigermaßen bequem eine Weile still sitzen können. Wählen Sie einen ruhigen Raum.
- Richten Sie sich auf und nehmen Sie eine Position ein, die – als Hilfsvorstellung – Würde ausdrückt. Man kann sich auch vorstellen, ein Faden am Scheitel würde Ihren Kopf nach oben ziehen.
- Schließen Sie die Augen, oder wenn Sie dazu neigen, schläfrig zu werden, richten Sie Ihren Blick auf einen Punkt etwa zwei Meter vor Ihnen auf dem Boden.
- Spüren Sie, wo Ihr Körper Kontakt mit der Unterlage hat, wo er getragen und unterstützt wird. Nehmen Sie wahr, wie sich das anfühlt.
- Werden Sie sich Ihres Atems bewusst, wo sich Ihr Körper im Atemrhythmus bewegt, und wie genau, in der Brust und im Bauchraum.
- Wenn der Atemstrom in den Körper fließt und wieder her-

aus, lenken Sie Ihre Aufmerksamkeit auf die sich stetig verändernden Empfindungen in Ihrer Bauchdecke. Bleiben Sie mit der Aufmerksamkeit während des Einatmens und des Ausatmens dabei, von einem Atemzug zum nächsten. Spüren Sie das Heben und Senken der Bauchdecke.

- Erlauben Sie Ihrem Körper, einfach in seinem Rhythmus zu atmen. Sie brauchen nichts zu verändern oder zu kontrollieren, beobachten Sie einfach die Empfindungen, von einem Moment zum nächsten.
- Sobald Sie bemerken, dass Gedanken auftauchen, lenken Sie Ihre Aufmerksamkeit einfach wieder zurück zur Bewegung der Bauchdecke. Tun Sie das immer und immer wieder. Wenn Sie tausend Mal abschweifen, bringen Sie Ihre Aufmerksamkeit tausend und ein Mal wieder zurück. Das ist der ganz normale Prozess und hilft, Ihre Fähigkeit zur Achtsamkeit zu entwickeln.
- Haben Sie Geduld mit sich selbst. Wenn Sie sich selbst kritisch bewerten, bemerken Sie dies und lenken dann die Aufmerksamkeit wieder zurück zum Atem.
- Beenden Sie die Übung, indem Sie Ihre Aufmerksamkeit wieder auf den ganzen Körper ausweiten und auf den Raum, in dem Sie sitzen.
- Öffnen Sie die Augen oder lassen Sie Ihren Blick im Raum herumschweifen und seien Sie bereit und wach für das, was als nächstes auf Sie zukommt.

Anmerkungen zum Fokus: Die zwei klassischen Anleitungen lauten, sich entweder auf den Bauch zu konzentrieren, wie er sich hebt und senkt, oder auf die Nase, wo die Luft kühl einströmt und warm wieder ausströmt. Auch hier hat jeder Fokus unterschiedliche Auswirkungen. Charles Tart (2001, S. 50) empfiehlt die Konzentration auf die Bewegungen des Bauches. Diese Lenkung der Aufmerksamkeit auf den Bauch sei für Menschen im Westen deshalb sinnvoll, weil sie ohnehin dazu neigen würden, mehr im Kopf zu leben.

Atemzüge zählen

Zeitbedarf: Sie können die Übung im Alltag integriert einige Atemzüge lang machen. Sie kann aber auch zu einer formalen Praxis werden, indem Sie am Beginn etwa 5 Minuten üben und den Zeitraum dann stufenweise auf bis zu 10, 30 oder 45 Minuten ausdehnen.

Zweck und Anwendung: Es ist insbesondere dann sinnvoll, die Atemzüge zu zählen, wenn es Ihnen schwerfällt, mit der Aufmerksamkeit beim Atmen zu bleiben, weil sich immer wieder ablenkende Gedanken einstellen. Dann ist der Geist gleichsam mit Zählen beschäftigt, was die Aufmerksamkeit beim gewählten Objekt, dem Atem, hält, beziehungsweise es schneller bewusst wird, wenn sie abschweift.

- Im Sitzen oder beim Gehen, immer wenn Sie einatmen, nehmen Sie dies ganz bewusst wahr. Sie können dabei auch innerlich folgende Worte sprechen oder denken: »Ich atme ein – eins«. Wenn Sie ausatmen, dann nehmen Sie auch das ganz bewusst wahr: »Ich atme aus – eins«.
- Nehmen Sie wahr, wie sich beim Atmen Ihre Bauchdecke hebt und senkt.
- Wenn Sie mit dem zweiten Einatmen beginnen, seien Sie sich bewusst: »Ich atme ein – zwei.« Wenn Sie langsam ausatmen, seien Sie sich bewusst: »Ich atme aus – zwei.«
- Machen Sie so weiter bis zehn. Wenn Sie bei zehn angekommen sind, beginnen Sie wieder mit eins.
- Immer wenn Sie bemerken, dass Sie aufgehört haben zu zählen oder bei einer höheren Zahl als zehn angekommen sind, beginnen Sie wieder mit eins.

Der »dreiminütige Atemraum«

Zeitbedarf: Etwa 3 Minuten, aber auch länger.
Zweck: Als Minimal-Variante einer formalen Achtsamkeitsübung im Alltag einsetzbar.
Quelle: MBCT (Williams et al., 2009, S. 231).

1. Bewusst werden: Nehmen Sie sich bewusst vor, aus dem Alltagsbewusstsein auszusteigen und wenden Sie sich der gegenwärtigen Erfahrung zu, den Gedanken (ev. benennen), Gefühlen (auch unangenehmen) und Empfindungen (auch Anspannung).
2. Sich sammeln: Lenken Sie Ihre Aufmerksamkeit auf den Atem und bleiben Sie einige Atemzüge dabei.
3. Ausweiten: Weiten Sie Ihr Gewahrseinsfeld, indem Sie die Wahrnehmung Ihres Atmens und Ihres Körpers als Ganzes als Anker nutzen. Öffnen Sie sich allem gegenüber, was im Augenblick da ist.

»Benennen« oder »Etikettieren«

Zweck: Förderung (1) der Geistesgegenwart, denn es kann nur benannt werden, was gegenwärtig da ist und auch beobachtet wird. Es erfordert (2) eine Beobachter-Haltung und hilft (3) zur Disidentifikation, da das Finden eines Namens (4) Abstand zum beobachteten Objekt schafft. Benennen regt (5) zur Identifikation mit dem Beobachter an, eben mit dem Benennenden. Dies führt (6) zu Gleichmut. Neben der Geistesgegenwart fördert das Benennen (7) auch Klarblick indem wir uns gedanklich klarmachen, was im Moment vorgeht, womit unsere Aufmerksamkeit beschäftigt ist. Man kann die Technik des Etikettierens (8) auch zur Erforschung des eigenen »geistigen Funktionierens« nutzen. Man kann beispielsweise eine Zeit lang Gedanken dahingehend etikettieren, ob sie Vergangenheit, Gegenwart oder Zukunft betreffen. Indem man individuell passende Worte findet, erwirbt man (9) ein Vokabular für das innere Erleben.

Grobstruktur: Das beobachtete Objekt wird gleichsam mit einem Etikett versehen, mit einem Wort benannt. Man könnte benennen: »angenehm« mit dem Impuls zu ergreifen, »unangenehm« mit dem Impuls zu vermeiden, oder »neutral«.

Hinweis: Wenn es allerdings gelingt, mit der Aufmerksamkeit über längere Zeit unabgelenkt bei einem Objekt zu verweilen, erübrigt sich das Etikettieren. Es könnte dann zu einer unnötigen Ablenkung werden. Dann genügt es, einfach nur mehr zu bemerken, was es ist oder was passiert, ohne es mit einem Wort zu etikettieren. Die Klarheit darüber was in jedem Augenblick geschieht, sollte nicht verlorengehen.

Anmerkungen zu den »Etiketten«: In Anlehnung an Shinzen Young (2013) könnten die Etiketten je nach Fokus lauten: Gedanke, Bild, Gefühl beim Fokus innen; hören, sehen, spüren beim Fokus außen; Ruhe (keine Gedanken), leer, grau, licht (kein inneres Bild), friedlich (kein Gefühl), still (keine Geräusche), dunkel (nicht sehen), entspannt (keine Empfindungen) beim Fokus Ruhe; fließen, verschwinden, weiten, verengen beim Fokus Wandel.

- Finden Sie eine angenehme Körperhaltung. Schließen Sie die Augen. Erlauben Sie Ihrem Körper, von der Unterlage getragen zu werden. Nehmen Sie den Kontakt mit der Unterlage wahr.
- Erlauben Sie allem, das im Feld Ihres Gewahrseins auftaucht, zu kommen und auch wieder zu gehen: inneren Bildern, Erinnerungen, Gedanken, Gefühlen, Körperempfindungen, Geräuschen, was auch immer.
- Wenden Sie sich jenem zu, das im Feld Ihrer Erfahrung in den Vordergrund rückt. Machen Sie es sich bewusst und geben Sie der Erfahrung einen Namen, ein Etikett wie z.B. denken, erinnern, hören, fühlen, ohne auf den Inhalt einzugehen.

Fließbandübung

Zweck: Diese Übung ist eine Variante des Benennens, verknüpft mit der Visualisierung eines Fließbandes. Diese Vorstellung kann beim Loslassen der Objekte helfen.

Quelle: DBT Modul »Innere Achtsamkeit«: »Was-Fertigkeiten: Beschreiben«. (Linehan, 1996b, S. 83; Sendera & Sendera, 2007).

- Stellen Sie sich Ihren Geist/Ihren Verstand als Fließband vor.
- Ihre Gedanken, Körperempfindungen und/oder Gefühle laufen nun auf diesem Fließband an Ihnen vorbei. Sobald ein Gedanke, eine Empfindung oder ein Gefühl auftaucht, geben Sie ihm ein Etikett, indem Sie innerlich zu sich sagen »Gedanke«, »Empfindung« oder »Gefühl«.
- Nehmen Sie ihn vom Fließband herunter und geben Sie ihn in die entsprechende Schachtel: in jene für Gedanken, Körperempfindungen, Gefühle, Handlungsimpulse etc.

Body-Scan

Zeitbedarf: 10–45 Minuten; im MBSR-Programm einmal am Tag.
Zweck: Übung von achtsamer Körperwahrnehmung, ausgedehnt auf den ganzen Körper. Übung der Fokussierung von Aufmerksamkeit und Konzentration und dem Wieder-Loslassen.
Quelle: MBSR-Programm (Kabat-Zinn, 2006a, S. 96–97).
Empfehlung: Zum Erlernen der Übung erweist sich oft die Unterstützung durch einen Tonträger mit der aufgesprochenen Übung als hilfreich (z.B. Kabat-Zinn, 1999).

- Legen Sie sich auf den Rücken und achten Sie darauf, während der ganzen Übung möglichst wach zu bleiben.
- Schließen Sie die Augen, außer wenn Sie dazu neigen, einzuschlafen, dann ist es besser, wenn sie offen bleiben.
- Während der ganzen Übung geht es nicht darum, etwas zu verändern oder zu erreichen. Es geht darum, einfach zu beobachten, was ist und es von Augenblick zu Augenblick so anzunehmen, wie es ist.
- Beobachten Sie Ihren Atem, wie sich Ihre Bauchdecke hebt und senkt, ganz von selbst, ohne dass Sie etwas tun müssen. Einfach beobachten: ein und aus und Pause.
- Nehmen Sie sich Zeit, den ganzen Körper wahrzunehmen als ein von Ihrer Haut umhülltes Ganzes.

- Lenken Sie Ihre Aufmerksamkeit auf die Zehen des linken Fußes. Beobachten Sie, was Sie in den Zehen wahrnehmen können: Temperatur, Berührung (wenn Sie zugedeckt sind), ein Kribbeln, die Stellung der Gelenke, etwas anderes oder vielleicht auch gar nichts. Das ist auch in Ordnung, eben ganz bewusst nichts zu spüren. Für manche Menschen ist die Vorstellung hilfreich, den Atem dorthin zu lenken, gleichsam in die Zehen zu atmen, und wieder aus ihnen heraus, die Vorstellung, wie der Atem durch die Nase einströmt, ein feiner Hauch, in die Lungen, weiter in den Bauchraum, ins linke Bein bis in die Zehen und wieder zurück.
- Gehen Sie für kurze Zeit mit der Aufmerksamkeit wieder zu Ihrer Atmung. Dann wenden Sie sich Ihren Fußsohlen zu, der Ferse, dem Knöchel. Und während Sie auch in diese Körperteile bewusst hinein- und wieder herausatmen, nehmen Sie alle Empfindungen wahr. Registrieren Sie sie und lassen Sie sie dann sogleich wieder los. Und fahren Sie dann mit der Übung fort.
- Sobald Sie merken, dass Gedanken auftauchen, holen Sie Ihre Aufmerksamkeit zum Atem und zur jeweiligen Körperregion zurück.
- Tasten Sie sich innerlich auf diese Art und Weise durch das linke Bein aufwärts, dann von den Zehen des rechten Fußes über das rechte Bein, den Rumpf, von den Fingern der linken Hand zur linken Schulter, von den Fingern der rechten Hand zur rechten Schulter, vom Hals über den Kopf bis zum Scheitel.
- Die Aufmerksamkeit bleibt währenddessen auf den Atem und die verschiedenen Empfindungen in den unterschiedlichen Körperregionen gerichtet. Atmen Sie bewusst dorthin und wieder heraus. Lassen Sie Empfindungen und Gedanken auch immer wieder bewusst los.

Achtsames Stehen

Zeitbedarf: Als formale Praxis 5–10 Minuten. Sie können die Übung auch in Ihren Alltag einbauen und Zeiten dafür nutzen, in denen Sie stehen müssen, um zu warten. Dabei sind schon einige Sekunden, die Sie in Richtung mehr Achtsamkeit führen, wertvoll.
Anwendung: Diese Übung können Sie als »formale«, aber auch als »informelle Praxis« anwenden.
Anmerkung: Achten Sie während der Übung darauf, wie sich mit der Hinwendung zu immer feineren, kleineren Bewegungen Ihre Wahrnehmungsfähigkeit verändert und wie Sie immer kleinere Bewegungen wahrnehmen können.
Quelle: Die Übung hat ihren Ursprung in der ersten der »Vier Verankerungen der Achtsamkeit«: dem Körper. In der Formulierung werden Erfahrungen aus der Körperpsychotherapie genutzt.

- Stellen Sie sich aufrecht hin, die beiden Füße etwa handbreit auseinander und nehmen Sie sich Zeit, Ihren Körper bewusst wahrzunehmen.
- Empfinden Sie den Kontakt der beiden Fußsohlen und Zehen mit dem Boden. Ist das Gewicht auf die ganze Fußsohle gleichmäßig verteilt oder stehen Sie mehr auf den Fersen oder dem Vorfuß? Ist das Gewicht auf beide Beine gleichmäßig verteilt oder trägt ein Bein mehr?
- Wie können sich die Füße auf dem Boden niederlassen und von ihm getragen werden? Wie übertragen die Sprunggelenke das Gewicht der Unterschenkel auf die Füße. Sind die Knie durchgestreckt oder locker und leicht gebeugt?
- Beobachten Sie, wie Unterschenkel, Oberschenkel und die Gesäßmuskulatur ganz von selbst winzige Korrekturen vornehmen, um den Körper aufrecht zu halten.
- Beobachten Sie, wie sich abhängig von der Lage des Schwerpunktes, das Gewicht ganz unterschiedlich auf die beiden Beine, die Fußsohlen und den Boden überträgt.

- Wie ruht das Becken auf den Beinen, wie der Rumpf auf dem Becken?
- Sind die Schultern angespannt oder wie weit fallen sie nach vorne?
- Spüren Sie, wie der Kopf vom Hals und dem Körper darunter getragen wird?
- Spüren Sie die kleinen Bewegungen, mit denen der ganze Körper ununterbrochen schwingt. Wie ist die Richtung dieser Bewegungen, vorn – hinten, rechts – links oder eher kreisförmig?
- Was verändert sich im Körper, wenn Sie ihm Ihre ganze Aufmerksamkeit schenken?

Achtsames Gehen

Zeitbedarf: Als formale Praxis 5 Minuten zwischen den Phasen von Sitzmeditation, aber auch eigenständig 10–30 Minuten.
Zweck: Mit der ganzen Aufmerksamkeit von Moment zu Moment beim Gehen und Atmen zu sein. Gedanken werden dann bei der Fülle der Wahrnehmungen kaum Platz finden. Wenn sie doch auftauchen, lenken Sie die Aufmerksamkeit wieder auf die Körperempfindungen.
Ort: Für die formale Praxis des achtsamen Gehens suchen Sie einen Weg, der möglichst wenige Gelegenheiten zur Ablenkung bietet. Da Sie nirgendwohin gehen, genügt ein Weg, der Ihnen die Möglichkeit gibt, zehn Schritte in die eine Richtung und zehn Schritte wieder zurück zu gehen.
Tempo: Grundsätzlich ist jedes Tempo möglich, es bewährt sich aber, die Bewegungsabläufe möglichst zu verlangsamen.
Achtsames Gehen als informelle Praxis: Neben dem achtsamen Gehen als formale Übung ist es auch möglich, achtsames Gehen in den Alltag einzubauen, gerade wenn Sie sich getrieben und gehetzt fühlen, den Schritt zu verlangsamen und die Bewegungsabläufe ganz bewusst wahrzunehmen.

- Beobachten Sie, welche Empfindungen in Ihrem Körper beim Gehen und Atmen auftauchen und was in Ihrem Geist vorgeht.
- Nehmen Sie wahr, was genau beim Gehen mit Ihrem Körper geschieht: Wie die Fußsohle des vorderen Fußes in Kontakt mit dem Boden kommt, spüren Sie, wie das Körpergewicht vom einen auf den anderen Fuß verlagert wird, wie genau sich der hintere Fuß vom Boden löst, wie das ganze Körpergewicht dann verteilt ist, wie sich der hintere Fuß nach vorne bewegt, wie er aufsetzt und so weiter.
- Sie können mit dem gesamten Spektrum der Empfindungen im Körper, die mit dem Gehen verbunden sind, in Kontakt sein, mit der Erfahrung der nahtlosen Integration all dieser Aspekte zur Kontinuität des Gehens, so langsam es auch sein mag.

Gehen und Atmen verbinden

Anmerkung: Wenn Sie anfangs Schwierigkeiten haben, sich mehr als ein paar Schritte nur auf Bewegung und Atem zu konzentrieren, ist das ganz normal für Anfänger. Mit zunehmender Übung werden Sie bemerken, dass Sie immer länger in der Lage sind, mit der Aufmerksamkeit dabei zu bleiben.

- Wenn Sie mit den Empfindungen des Gehens in bewusstem Kontakt sind, können Sie zugleich beobachten, wie Sie atmen. Sie können die beiden Rhythmen wahrnehmen und sie auf Ihre Weise miteinander verbinden.

Achtsames Gehen für Fortgeschrittene

- Sie können Ihre Aufmerksamkeit auf das Zusammenspiel von »Geist« und Bewegung richten, wie ganz selbstverständlich und automatisch ein Impuls entsteht, den Prozess des Gehens durch das Anheben eines Fußes einzuleiten. Werden Sie sich des Anhebens des Fußes gewahr und davor des Impulses zum Anheben.

- Sie können Ihre Aufmerksamkeit auch auf die Hände richten. Was machen Sie mit den Händen, während Sie gehen? Sie können die Arme einfach mitschwingen lassen, eine Position am Rücken finden oder sie vor dem Brustbein verschränken. Lassen Sie Ihre Hände eine Position finden, in der sie in Ruhe und Frieden sein können, Teil des gesamten Körpers und der Erfahrung des gehenden Körpers.
- Sie können das Feld Ihres Gewahrseins auch ausweiten und neben Gehen und Atmen auch den Kontakt mit der Erde wahrnehmen, zugleich auch von Augenblick zu Augenblick die Umwelt mit Ihren Sinnen wahrnehmen: sehen, hören, riechen und spüren, etwa die Luft auf Ihrer Haut oder die Temperatur.

Morgenübung: spüren, hören, schauen

Zeitbedarf: Etwa 5 Minuten, aber auch »Langform« oder »Kurzform« möglich.
Zweck: Übung von geteilter Aufmerksamkeit, im Sinne von Körperwahrnehmung und gleichzeitiger Wahrnehmung der Außenwelt; Übung von »Selbsterinnern«.
Anmerkung: Die Übung hat den Namen »Morgenübung«, weil empfohlen wird, sie gleich nach dem Aufwachen am Morgen zu praktizieren. Sie prägt dann die Einstellung und innere Haltung für den ganzen Tag.
Quelle: »Die innere Kunst der Achtsamkeit« (Tart, 1996, S. 80–87), aus der Tradition von Gurdjieff.

- Setzen Sie sich aufrecht auf einen Stuhl, die Füße auf dem Boden, die beiden Handflächen auf den Oberschenkeln ruhend.
- Zunächst spüren: nacheinander den rechten Fuß, den Kontakt mit dem Boden, den rechten Unterschenkel, den rechten Oberschenkel, den Kontakt mit der Hand, die rechte Hand, Unterarm, Ellbogen, rechten Oberarm, durch den Oberkörper zur linken Seite, Schulter, Oberarm, Ellbogen,

Unterarm, Hand, den Kontakt mit dem Oberschenkel, linken Oberschenkel, Unterschenkel, Fuß. Dann beide Beine und beide Arme gleichzeitig spüren, dazu dann

- Hören: Geräusche, Töne und die Stille dazwischen und dahinter. Dann gleichzeitig spüren und hören und
- Schauen: mit dem Blick eines neugierigen Kindes, nicht fixieren, das heißt, dabei nicht nur auf einen Punkt schauen, sondern den Blick herumschweifen lassen.
- Spüren und hören: im Körper sein, die Empfindungen in Armen und Beinen spüren. Außerdem gleichzeitig hören, aktiv hören auf die von Moment zu Moment vorhandenen Klänge, Geräusche und aktiv auf die Gegenstände schauen, wahrnehmen wie ein wissbegieriges Kind, so als ob Sie die Dinge zum ersten Mal sehen.
- Spüren und hören und schauen: Es geht darum, bewusst achtsam für den Moment zu sein, indem Sie fühlen und spüren und tatsächlich hinhören und sich umschauen und gleichzeitig die kleine Willensanstrengung auf sich nehmen, die es braucht, um die Aufmerksamkeit absichtlich geteilt zu halten. Dies ist ganz wichtig. Nie soll die gesamte Aufmerksamkeit nur ins Hören oder nur ins Sehen gehen, sie soll geteilt bleiben. Bleiben Sie in Verbindung mit den Empfindungen im Körper, in Armen und Beinen und schauen und hören Sie aktiv.

5-4-3-2-1-Methode

Zeitbedarf: In der Kurzversion eine bis mehrere Minuten, intensiviert auch länger. Manchmal genügen auch weniger Schritte.
Zweck: Bewusste Fokussierung auf das Hier und Jetzt; Stabilisierungsübung; zur Reorientierung aus Albträumen, zum Ausstieg aus Gedankenkreisen, als Einschlafhilfe.
Quelle: Ursprünglich »Betty Erickson-Induktion« zur Aufmerksamkeitslenkung als Selbsthypnose-Technik; sie ist eine Achtsamkeitsübung, wenn sie konzentriert und langsam durchgeführt wird.

- Konzentrieren Sie sich zunächst nacheinander auf 5 Dinge, die Sie in Ihrer direkten Umgebung gerade sehen können, und zählen Sie diese laut oder in Gedanken auf.
- Bemerken Sie dann 5 Dinge, die Sie hören können, und zählen Sie diese laut oder in Gedanken auf.
- Bemerken Sie schließlich 5 Dinge, die Sie fühlen können, und zählen Sie diese laut oder in Gedanken auf, zum Beispiel die Temperatur, den Kontakt Ihres Körpers zur Erde, die Stellung der Körperteile zueinander etc. Zählen Sie bitte diese Dinge laut oder in Gedanken auf und benennen Sie diese.
- 4 mal: »Ich sehe ...!« – 4 mal: »Ich höre ...!« – 4 mal: »Ich spüre ...!«
- 3 mal: »Ich sehe ...!« – 3 mal: »Ich höre ...!« – 3 mal: »Ich spüre ...!«
- 2 mal: »Ich sehe ...!« – 2 mal: »Ich höre ...!« – 2 mal: »Ich spüre ...!«
- 1 mal: »Ich sehe ...!« – 1 mal: »Ich höre ...!« – 1 mal: »Ich spüre ...!«

Der letzte Schritt kann mehrere Male wiederholt werden.

- Beobachten Sie die Wirkung der Übung auf Ihren Körper, auf Gefühle und Gedanken.

»Liebende Güte«-Meditation

Zeitbedarf und Ort: Am Anfang an einem ruhigen Ort etwa 15–20 Minuten, später überall, etwa im Verkehrsstau oder im Flugzeug.

Zweck: Kultivierung eines Zustandes von Liebender Güte. »Wenn Sie diese Praxis im Stillen unter anderen Menschen durchführen, werden Sie sich auf wunderbare Weise mit ihnen verbunden fühlen. (...) Sie beruhigt Ihren Geist und sorgt dafür, dass die Verbindung zu Ihrem Herzen nicht abreißt.« (Kornfield, 2008, S. 559).

Quellen: Klassische Übung aus dem Buddhismus (Metta-Sutta

und Visudhimagga IX). Text in Anlehnung an Kabat-Zinn (2006b, S. 294–300).

- Setzen Sie sich aufrecht hin und nehmen Sie sich Zeit, Ihren Atem zu beobachten, wie Sie ein- und ausatmen.
- Erinnern Sie sich an einen Menschen, der Sie bedingungslos geliebt hat. Wenn Ihnen niemand einfällt, stellen Sie sich einfach einen Menschen oder ein Wesen vor, von dem Sie genau so geliebt werden, wie Sie sind.
- Nehmen Sie wahr, wie sich das anfühlt, in der Gegenwart dieses Menschen oder Wesens zu sein, wie Sie diese Liebe beim Einatmen aufnehmen, wie Sie dieses Feld der Liebe wahrnehmen, wo Sie das in Ihrem Körper spüren und wie.
- Stellen Sie sich dann vor, das Objekt, aber zugleich auch selbst die Quelle von Liebe zu sein. Spüren Sie Ihr Herz und wie Sie langsam dieses Feld der Liebenden Güte ausdehnen. Vielleicht können Sie sich vorstellen, wie dieses Feld bei jedem Ausatmen immer weiter und größer wird. Und wenn Sie bereit sind, können Sie diese Liebe jemandem schicken, den Sie selbst lieben oder gerne mögen.
- (Abschließend) Nehmen Sie sich selbst als Zentrum dieses Feldes wahr. Schenken Sie sich selbst noch einmal ganz ausdrücklich Ihre Liebe, spüren Sie das Feld um sich, in dem Sie selbst baden, und dann in sich selbst, in Ihrem Herzen.

Optionale Erweiterung: Ausdehnung des Feldes

- Schenken Sie dann diese Liebe Menschen, denen Sie neutral gegenüber stehen, Nachbarn, Menschen, deren Dienste Sie im täglichen Leben in Anspruch nehmen. Nehmen Sie sie in Ihr Feld der Liebenden Güte auf, wünschen Sie ihnen Gutes.
- Formel, die Sie – wenn sie für Sie passend ist – innerlich sprechen können:
  - Möge sie oder er, mögen sie sicher und geborgen sein und frei von innerer und äußerer Not.

- Möge sie, möge er, mögen sie glücklich und zufrieden sein.
- Möge sie, möge er, mögen sie soweit nur irgend möglich gesund und heil sein.
- Möge sie, möge er, mögen sie die Leichtigkeit des Wohlbefindens erfahren.

- Sie können auch jemanden, der leidet oder krank ist, diese Liebende Güte senden, sie oder ihn an Ihrem Feld teilhaben lassen.
- Wenn es Ihnen möglich ist, können Sie Ihr Feld der Liebenden Güte auch auf jemanden ausdehnen, mit dem Sie in der Vergangenheit unangenehme, schmerzliche oder problematische Erfahrungen gemacht haben. Das soll nicht bedeuten, dass Sie gut finden oder vergeben, wenn Ihnen etwas angetan wurde, sondern nur, dass Sie auch diesem Menschen Wohlwollen und gute Wünsche schicken.
- Sie können dann das Feld der Liebenden Güte so weit ausdehnen, dass es Ihre Nachbarn und Ihr Wohngebiet umfängt, Ihre Gemeinde und das ganze Land, ... den Kontinent, unseren gesamten Planeten, ... das gesamte Universum. Es kann unsere Haustiere umfangen, alle Tiere, alle Pflanzen, alles Leben, alle fühlenden Wesen.
- Kehren Sie dann wieder zu sich selbst als Zentrum dieses Feldes zurück, als Teil des Ganzen. Schenken Sie abschließend sich selbst noch einmal ganz ausdrücklich Ihre Liebe, spüren Sie das Feld um sich, in dem Sie selbst baden und dann in sich selbst, in Ihrem Herzen.

Tag der Achtsamkeit

Zweck: »Mini-Retreat« zur intensiven Übung.

Ort: Zu Hause oder an einem schönen anderen Ort.

Quellen: »Das Wunder der Achtsamkeit« (Thich Nhat Hanh, 1988, S. 116). Ein »Tag der Achtsamkeit« in der Gruppe ist auch Teil des MBSR-Programms (Kabat-Zinn, 2006a, S. 121–124); »Zeit für mich« (Boorstein, 2000).

Tag der Achtsamkeit für sich zu Hause

- Suchen Sie sich einen Tag in der Woche aus, an dem Sie nicht arbeiten müssen und keine Verabredungen treffen, d.h. für sich sein können.
- Verrichten Sie an diesem Tag nur einfache Tätigkeiten, wie sauber machen, kochen, Wäsche waschen oder Staub wischen.
- Wenn Sie Ihre Wohnung oder Ihr Zimmer in Ordnung gebracht haben, nehmen Sie in aller Ruhe und Langsamkeit ein Bad.
- Bereiten Sie einen Tee und trinken Sie ihn achtsam.
- Sie können sich Zeit nehmen für Ihre formale Meditationspraxis.
- Sie können Bücher über Meditation lesen, einen Vortrag zu diesem Thema oder Musik hören oder an einen lieben Menschen schreiben.
- Spaziergänge mit achtsamem Gehen und Atembeobachtung. Machen Sie im Laufe des Tages zwei bis drei Spaziergänge von je einer halben bis dreiviertel Stunde.
- Am Abend können Sie sich eine leichte Mahlzeit zubereiten und sie achtsam genießen.
- Vor dem Schlafengehen widmen Sie sich noch einmal etwa eine Stunde im Sitzen Ihrer formalen Praxis.
- An diesem Tag sollte jede Bewegung wenigstens doppelt so langsam erfolgen, wie gewöhnlich.

Retreat: Zeit für mich

7.00	Aufstehen, Anziehen, Sitzen bis zum Frühstück
7.30	Frühstück
8.15	Sitzen
9.15	Gehen
10.00	Sitzen
11.00	Gehen
12.00	Mittagessen
14.00	Sitzen

15.00 Gehen
16.00 Sitzen
16.30 Sitzen
17.00 Abendessen
18.00 Lesen oder Dharmatalk zum Thema Meditation
19.00 Gehen
20.00 Sitzen (ev. »Liebende Güte«-Meditation)
21.00 Späte Teezeit

Tag der Achtsamkeit in der Gruppe (Beispielhafter Ablauf einer Gruppe von Thich Nhat Hanh)

9.00 Begrüßung, stille Meditation
10.15 Gemeinsames Ritual
10.45 Achtsames Tee-Trinken
11.30 Dharma-Vortrag
12.30 Mittagessen (gemeinsam und für eine Zeit schweigend)
13.30 Gehmeditation im Freien
14.45 Dharma-Gespräche (Austausch von Erfahrungen, Fragen etc.)
15.45 Abschlussmeditation
16:15 Ende

TEIL II

Achtsamkeit im Umgang mit der Innenwelt

Aktives Erforschen der Innenwelt und Selbstführung

Alle Versuche, primär aus östlichen, buddhistischen Traditionen kommende Achtsamkeits-Übungen im westlichen Leben anzuwenden, begegnen einer großen Herausforderung: Der kulturell fast gegensätzlichen Ausrichtung, mit der Innenwelt umzugehen. Dieser Unterschied lässt sich in Begriffen der Gestaltpsychologie erklären: Jede bewusste Wahrnehmung entsteht durch den Kontrast zwischen einer Figur und dem Hintergrund, vor dem sie erscheint. Westlich geprägte Menschen haben eine deutliche Neigung, die Figur, also das, was sich im Vordergrund ihrer Wahrnehmung, z.B. eines Bildes, zeigt, zu erfassen. Personen aus östlichen Kulturkreisen tendieren dazu, den Hintergrund im Verhältnis stärker zu beachten (Chua et al., 2005). Diese Ausrichtung spiegelt sich auch in den meisten Varianten von Achtsamkeits-Übungen wider: Beim Wahrnehmen eines Phänomens wird dieses schnell wieder losgelassen und man wendet sich wieder dem Hintergrund zu, aus dem es entstanden ist.

Nun gibt es für Menschen der westlich geprägten Moderne wohl zwei Hauptgründe, sich mit der eigenen Innenwelt zu beschäftigen: Die Neugier, sich selbst besser kennen zu lernen, oder eine Unzufriedenheit damit, wie man mit sich und seinem Leben zurechtkommt. In beiden Fällen wird das Objekt des Interesses in den Vordergrund genommen. Hinzu kommt, dass der Westen eher handlungsorientiert ist, man will an das, was man sich über den Weg in die Innenwelt verspricht, schneller herankommen, es besser verstehen und oft auch in eine gewünschte, bessere Richtung verändern.

Diese Neigung, mit den Phänomenen, die sich in der Innenwelt zeigen, aktiv umzugehen, wird aber – zumindest von der Tendenz her – bei den meisten östlich geprägten Ansätzen vermieden. Denn gerade für Anfänger ist eine der zentralen

Anweisungen, bei Ablenkungen zum Objekt der ursprünglichen Ausrichtung, z.B. dem Atem, zurückzukehren. Zum Training der Qualitäten von Klarheit, Gleichmut, Gelassenheit und Konzentration ist das unbestritten sinnvoll. Gleichzeitig sind aber Aspekte des eigenen Lebens, die man gerne verändern möchte, gerade ein Ausgangspunkt dafür, sich mit Achtsamkeit zu beschäftigen. Warum also nicht aktiv die Neigung nutzen, bei etwas zu verweilen, wenn sich etwas zeigt, das man näher verstehen oder verändern will?

Das Wissen darüber, dass eine regelmäßige Praxis von Achtsamkeit mittelfristig positive Auswirkungen hat, ist oft nicht motivierend genug, damit zu beginnen oder sie beizubehalten. Den damit verbundenen Zeitaufwand in einen vollen Alltag zu integrieren, ist mindestens genauso schwierig wie bei einem regelmäßigen körperlichen Fitnesstraining. Auch wenn viele Menschen sich nach mehr Gelassenheit sehnen, geben sie bald wieder auf, wenn die positiven Auswirkungen des Trainings nicht so schnell oder deutlich eintreten wie erhofft.

Erfahrungen der letzten Jahrzehnte (vgl. Welwood, 2000; Wilber, 2001a, 2001b, 2001c, 2006; Wilber et al., 2008) zeigen außerdem, dass ein alleiniges Achtsamkeitstraining oder ein meditativer Weg für viele »Westler« nicht nur zu lange dauert, um Alltagsherausforderungen in Beruf und Familie besser zu meistern. Dieser Weg wird manchmal auch dahingehend missverstanden, wichtigen sozialen Lebensaufgaben auszuweichen. So scheint zumindest für westlich geprägte Menschen die Verknüpfung von Achtsamkeit mit psychologisch fundierten Vorgehensweisen für spirituelle und weltliche Ziele ein sinnvoller und wirkungsvoller Weg zu sein.

Entscheidend ist dabei die Erkenntnis, dass es hilfreich ist, mit jenen Aspekten der eigenen Psyche aktiv in Beziehung zu treten, die man verstehen oder die man weiterentwickeln möchte. Die Bedeutung der Achtsamkeit soll hier nicht auf eine westlich adaptierte Methode zur Persönlichkeitsentwicklung reduziert werden (vgl. Welwood, 2000). Trotzdem soll sie bewusst mit der westlichen Tendenz kombiniert werden, das was man bemerkt, auch »begreifen« und »erfassen« zu wollen. Vor diesem Hintergrund erscheint es sinnvoll, aus beiden Herangehensweisen, der Achtsamkeit und psychotherapeutisch geprägten Selbsthilfe-Wegen, etwas zu kreieren, das für die persönliche Weiterentwicklung noch effektiver zu sein verspricht als jeder Weg für sich.

Im Folgenden soll daher ein Ansatz vorgestellt werden, der die Qualitäten von Achtsamkeit nutzt und sie mit einem zielorientierten, psychodynamisch geprägten Vorgehen verknüpft.

Selbstführung aus der Beobachterperspektive

Beim Üben von Achtsamkeit stößt man auf wiederkehrende Phänomene seines Geistes, die stören oder die hinderlich erscheinen. Ungeduld zum Beispiel oder das ständige, sorgenvolle Nachdenken über vergangene oder künftige Aktivitäten. Der Versuch, diese Gedanken lediglich wahrzunehmen, zu benennen und dann zum Atem zurückzukehren, ist für manche Menschen so wenig aktiv gestaltend, dass sie die Achtsamkeit wieder aufgeben. Die in diesem Abschnitt vorgestellten Ansätze, an der eigenen Persönlichkeit zu arbeiten, gehen über ein reines Achtsamkeitstraining hinaus. Mit einer eher aktiven und hinterfragenden Herangehensweise strebt man persönlich wünschenswerte Entwicklungen direkter an. Für diesen zielorientierten Umgang mit der eigenen Innenwelt wird im Folgenden der Begriff »Selbstführung« gewählt. Er soll auf einen Zustand hinweisen, in dem aus einer höheren, integrativen Perspektive ein bedeutsames Maß an Wahrnehmung, Fürsorge und Führung für die unterschiedlichen Anteile der Psyche ausgehen kann. »Selbstführung« spielt neben der leicht nachvollziehbaren Bedeutung »Ich selbst übernehme Verantwortung und Führung für mein Tun« auf wichtige Fragen an: Gibt es überhaupt einen Anteil oder eine Qualität in mir, von der eine solche Führung ausgehen kann? Oder funktioniere ich sowieso weitgehend automatisch? Und in welchem Zustand bin ich in der Lage, die verschiedenen Facetten meiner Persönlichkeit für ein übergeordnetes Wohl sinnvoll zu beeinflussen?

Dabei bekommt die aus der klassischen Achtsamkeit bekannte Perspektive des inneren Beobachters, die dort passiv bleibt, eine zusätzliche Qualität: Jene dem Leben innewohnende ursprüngliche Kraft, nach einer integrierten, ganzheitlich organischen Entwicklung zu streben (Kauffman, 1995). Diese Tendenz entspricht vielleicht auch dem, was Carl Rogers »Aktualisierung« bzw. »Selbstaktualisierung« (1951) genannt hat. »Aktualisierung« betont die Fähigkeit des Organismus, sich im Rahmen seiner Möglichkeiten durch ständige Neuanpassung an äußere Bedingungen selbstorganisiert entwickeln zu können. Für den Menschen ist als besondere Leistung seines Organismus bedeutsam, ein »Selbst« entwickeln zu können. Diese »Selbstaktualisierung« lässt ihn sich seiner eigenen Erfahrungen, Gefühle und Handlungen bewusst gewahr werden. Auch hier stehen daher psychische Autonomie und Selbstständigkeit im Zentrum. Diese können allerdings immer nur entsprechend den inneren und äußeren Bedingungen realisiert werden.

Wichtige Pioniere systemisch und eher spirituell orientierter Therapieformen, wie Roberto Assagioli (1982, 1992) oder Richard Schwartz (1997), haben dann bemerkt, dass aus dem Mitgefühl, das aus der übergeordnet-beobachtenden Perspektive entsteht, auch ein mitfühlendes Handeln möglich ist und gepflegt werden kann.

Die annehmende Haltung des Beobachters

Zentral ist dabei die mit Achtsamkeit verbundene, annehmende Haltung gegenüber allem, was in der Innenwelt auftaucht. Dieser Gleichmut sich selbst gegenüber ist jedoch alles andere als selbstverständlich. Gerade wenn man sich mit eigenen Schwierigkeiten, persönlichen Grenzen, unangenehmen Gefühlszuständen oder automatischen Reaktionen auseinandersetzt, neigt man dazu, sich kritisch zu betrachten. Dazu ein Fallbeispiel:

Frau Birgit K. kann nicht gut mit sich allein sein. Wenn sie am Abend nach Hause kommt, spürt sie regelmäßig den Anflug von innerer Leere und Trostlosigkeit. In ihrer Einsamkeit fühlt sie sich dumpf und rastlos zugleich. Sie versucht, sich abzulenken, durch Fernsehen, Essen, Naschen, Trinken. Oft schon in diesem Zustand, spätestens aber am nächsten Morgen, ärgert sie sich darüber, dass sie diesen unangenehmen Gefühlen so ausgeliefert ist. Noch mehr stört es sie aber, dass sie von ihnen so beherrscht wird, dass sie sich nur mit dem ungesunden Ess- und Trinkverhalten betäuben kann. Sie fragt sich dann, wieso sie es in solchen Momenten nicht schafft, sich aufzuraffen und etwas Sinnvolles zu unternehmen.

Diese Selbstkritik führt jedoch zu keiner Veränderung, sondern zum Gegenteil dessen, was sie anstrebt: Sie erhöht die innere Spannung und das Gefühl von Unzulänglichkeit, Frau K. fühlt sich noch unfähiger. Dies wiederum verstärkt die Impulse, sich mit Essen, Trinken und Fernsehen zu betäuben.

Ein häufiger Grund, solche unangenehmen Zustände nicht genauer zu betrachten, ist die Befürchtung, dass sie noch schlimmer werden, wenn man sie bewusster wahrnimmt. Um von schmerzhaften Gefühlen wie z.B. Trauer, Enttäuschung, Einsamkeit nicht noch mehr vereinnahmt oder gar überwältigt zu werden, versucht man, so gut es geht, sie zu verdrängen, zu bekämpfen oder zu kontrollieren. Man will Belastendes meist nicht wahrhaben, wertet Gefühle ab oder lenkt sich ab. Der gegenteilige Weg, sich dem Unangenehmen bewusst zuzuwenden und dafür sogar achtsamer zu werden, ist für die meisten Menschen eher ungewohnt und fremd.

Eine neugierig annehmende Haltung gegenüber schwierigen inneren Zuständen zu finden, ist wohl die größte Hürde auf dem Weg zur Selbstführung. Denn Ausgangspunkte zur Selbstführung sind ja gerade jene Aspekte der eigenen Person, mit denen man nicht zufrieden ist und auf die man eher kritisch blickt. Man will sie verändern. Das ist nicht leicht in Einklang zu bringen mit einer offenen, interessierten Haltung. Oft leidet man so unter bestimmten Gewohnheiten, Eigenschaften, Gefühlszuständen oder Gedanken, dass man bei ihrem Auftauchen sofort versucht, sie zu verändern oder sie so schnell wie möglich wieder loszuwerden. Unabhängig davon, ob das gelingt oder nicht, diese Impulse erhöhen fast immer die Intensität des an die Oberfläche drängenden Gefühls, etwa so, wie sich der Auftrieb erhöht, wenn man einen schwimmenden Ball unter Wasser drückt.

Unvoreingenommene Offenheit und Neugier sind jedoch eine wesentliche Voraussetzung dafür, die Hintergründe und Facetten der eigenen Persönlichkeit feiner wahrzunehmen und zu erforschen. Hier spielt das Training der Achtsamkeit und die Schulung des »Beobachters« eine entscheidende Rolle. Wer geübt ist, auftauchende Gedanken, Impulse oder Körperempfindungen während der Achtsamkeits-Übung aus einer annehmenden, gleichmütigen Haltung wahrzunehmen, kann sie mit etwas Abstand beobachten. Und er tut sich leichter, diese Geisteshaltung auch auf solche eher unangenehmen Zustände im Alltag zu übertragen.

Mit dieser Haltung könnte sich Birgit K., während solche unangenehmen Zustände auftauchen, innerlich fragen: »Was für eine Art von Nervosität oder Einsamkeit ist das eigentlich?«, »Was schwingt da noch mit, was kann ich noch wahrnehmen?«

Auch im Anschluss an impulsive Reaktionen zum Beispiel, über die man sich im Nachhinein ärgert, kann man für eine kurze Weile achtsam werden und genauer hinspüren: »Was genau empfinde ich bei diesen Worten? Was ist da in mir getroffen?«

Mit der interessierten, neugierigen Grundhaltung des Beobachters erhöht sich die Chance, Neues über sich zu erfahren. Und mit mehr Informationen über störende Aspekte kann man oft schon besser damit umgehen. Bemerkenswert ist, dass sich Gefühle und aufdrängende Gedanken meist beruhigen, wenn sie auf diese Weise wahr- und ernstgenommen werden.

Persönlichkeitsanteile – ein hilfreiches Modell der Innenwelt

Für das Beobachten und Annehmen dessen, was in der Innenwelt geschieht, stellt die Vielschichtigkeit und Komplexität der menschlichen Psyche eine große Herausforderung dar. Bei einer solchen Erkundung ist es von unschätzbarem Wert, eine brauchbare Orientierungshilfe gleichsam als Landkarte zur Hand zu haben. Dabei haben sich insbesondere Modelle bewährt, die die Kenntnisse moderner Systemtheorien nutzen. Ein wesentliches Merkmal von sich selbst organisierenden Systemen, wie dem Menschen, ist, dass sie aus Komponenten bestehen, die eine gewisse Eigenständigkeit besitzen, aber integriert zusammenarbeiten.

Exkurs:

Der Mensch als ein sich selbst organisierendes lebendiges System

Aus moderner systemischer Sicht wird der Mensch als ein »sich selbst organisierendes lebendiges System« verstanden. Die Theorien dazu machen deutlich, dass sich das ganze Universum sowie seine Subsysteme auf ähnliche Weise organisieren und versuchen, sich fortwährend an ihre jeweilige, sich verändernde Umwelt anzupassen.

Bedeutsame Charakteristika dieser Systeme sind:

- Jedes dieser Systeme – sei es eine Zelle, ein Mensch, eine Gruppe, eine Nationalökonomie oder unser Planet – ist sowohl ein Ganzes (Holon, Agens) als zugleich auch Teil und damit Subsystem eines Netzwerks vieler Holons, die alle zur gleichen Zeit handeln. Jedes Holon handelt einerseits aus sich heraus und reagiert andererseits auf das, was die anderen Teile tun. Das macht verständlich, dass die Zukunft weder für den einzelnen Teil noch für das Ganze festgelegt sein kann.
- So ist die Kontrolle über ein System auf die verschiedenen Subsysteme (Holons) verteilt. Ihr Verhalten erwächst aus ihrer Kooperation und dem Wettbewerb untereinander. Das Verhalten und die interne Organisation eines Systems ist das Ergebnis unendlich vieler »Entscheidungen«, die von allen teilnehmenden Subsystemen laufend getroffen werden. Man kann sich das zum Beispiel beim Wirtschaftssystem eines Landes vorstellen oder bei Evolutionsprozessen. Auf den Menschen bezogen bedeutet das: in Wechselwirkung mit seiner Umwelt, seinen Mitmenschen beeinflussen in jedem Moment alle seine Subsysteme – wie Organe, Nerven- und Immunsystem oder Persönlichkeitsanteile – wie sich das Leben weiter entfaltet.
- Die sogenannten »Komplexen Adaptiven Systeme« haben viele Organisationsebenen, wobei die Agenzien einer tieferen Ebene jeweils als Bausteine für die Agenzien auf einer höheren Ebene dienen. Daraus ergibt sich eine Hierarchie der Ebenen, die Wilber (2001b) »Holarchie« nennt. Ein Zellkern ist Bestandteil einer Zelle, die zusammen mit anderen ein Organ bildet. Dieses wiederum ist Teil eines Menschen, der zu einer Familie gehört, die ein Subsystem einer Gemeinde darstellt.

- Diese Systeme revidieren und ordnen ihre Bausteine aufgrund laufend neuer Erfahrungen ständig um. Es herrschen fortwährend Bewegung und Veränderung, während die Agenzien zueinander in Beziehung treten, sich informieren und lernen. So sterben etwa Zellen ab und werden neu gebildet; Menschen begegnen einander, bilden Paare, Familien und Arbeitsgruppen; Unternehmen lernen, fusionieren oder differenzieren sich.
- Komplexe adaptive Systeme antizipieren die Zukunft. Sie sind so organisiert, dass sie die Umgebung implizit »kennen«, basierend auf meist nicht bewussten internen Modellen, die die Außenwelt »voraussagen«. Diese Modelle werden ebenfalls ständig neu geordnet, getestet und verbessert. So lernen die Systeme aus ihren Erfahrungen.
- Diese Systeme erreichen niemals ein Gleichgewichtsstadium. Stattdessen schaffen unaufhörliche Bewegung, Wechsel, Sterben, Entwicklung und Rearrangieren ständig neue Situationen mit neuen Nischen und neuen Möglichkeiten, aber niemals mit einem »optimalen« Zustand.

Weiterführende Literatur: Jantsch (1982), Bateson (1987), Nicolis & Prigogine (1989), Waldrop (1993), Gell-Mann (1994), Holland (1995), Kauffman (1995), Wilber (2001b), Kriz (1999, 2004), Haken & Schiepek (2010).

In diesem Sinne eignen sich zur Selbstführung jene Ansätze, die sich auf abgrenzbare Persönlichkeitsanteile beziehen – eine Perspektive auf die eigene Persönlichkeit, die anschaulich und intuitiv nachvollziehbar ist. Vielen Menschen ist vertraut, im Alltag von inneren Anteilen oder Stimmen zu sprechen, die unterschiedliche, oft auch kontroverse Sichtweisen gegenüber kleinen Alltags- oder größeren Lebensfragen haben. Das drückt sich beispielsweise bei einer Entscheidung aus, wenn man noch hin und her gerissen ist: »Ein Teil von mir würde gerne zusagen, ein anderer zögert noch.« Oder nach einer Provokation: »Da kam mal wieder der Zyniker in mir durch. Aber das ist eine Seite in mir, die ich überhaupt nicht mag!«

Carl Gustav Jung verankerte den Begriff »Komplex« in der Psychologie. Er meinte damit eine Gesamtheit von Gefühlen, Gedanken und Vorstellungen, etwas, das »die Tendenz hat, eine kleine eigene Persönlichkeit zu bilden ... er benimmt sich wie eine Teilpersönlichkeit« (Jung, 1935). Weniger bekannt als Jung, aber für ein modernes Verständnis der menschlichen Psyche ebenso wegweisend ist Roberto Assagioli (1982, 1992) und seine bereits seit 1910 entwickelte Psychosynthese. Er und sein Schüler Ferrucci (2005) haben eine Sichtweise herausgearbeitet, mit der auch psychologische Laien sehr gut umgehen können. Erst in den letzten Jahrzehnten wurden wieder ähnliche Teilemodelle (vgl. Übersicht bei Hesse, 2003) entwickelt. Bekannt sind unter anderem der »Voice Dialog« (Stone & Stone, 1994), die Transaktionsanalyse (Berne, 1975), das »ego-states«-Modell (Watkins & Watkins, 2003), die »innere Familienkonferenz« (Schmidt, 1989) und die »Internal Family Systems Therapy« (Schwartz & Sweezy, 2022). In der Erwachsenenbildung und in Management-Trainings ist vor allem das Modell des »Inneren Teams« (Schulz von Thun, 1998) verbreitet.

Persönlichkeitsanteile entwickeln sich als Folge der individuellen Lebens- und Lerngeschichte. Schon als Kind lernt man, auf seine ganz persönliche Weise, auf bestimmte Situationen vorbereitet zu sein und das »richtige« Verhalten parat zu haben.

Gerrit L., eine 37-jährige Zahntechnikerin, war in der Umgebung eines ländlichen Hotelbetriebs aufgewachsen, in dem die Eltern von morgens früh bis abends spät tätig waren. Das persönliche Leben war kaum vom beruflichen zu unterscheiden. Auch Frau L. war schon als Kind eingespannt und hatte umfangreiche Verantwortungen. Dazu gehörte, dass sie zu allen Zeiten ansprechbar sein und zur Verfügung stehen musste. In diesem Umfeld entwickelte sie einen Zustand, in dem sie ihre eigenen Bedürfnisse hintan stellt – sie sogar ganz verliert – und nur darauf achtet, was andere brauchen. Diesen Zustand nennt sie die »Dienerin«. Gleichzeitig entwickelte sie damals aber auch ein Geheimleben, einen inneren, vor anderen verborgenen Zustand, den sie die »Revoluzzerin« nennt. Dieser Zustand/Teil möchte sich allem verweigern und kapselt sich gegen echte Begegnungen ab – vertraut niemandem. In ihrer Ehe kommt es aber immer wieder vor, dass sich dieser Persönlichkeitsanteil plötzlich und mit enormer Wucht zeigt. Dies geschieht meist dann, wenn sie wieder einmal zu lange und zu extrem im Zustand der Dienerin gewesen ist.

Persönlichkeitsanteile sind nicht mit sozialen Rollen gleichzusetzen, wie z.B. Ehefrau oder Bruder, Vorgesetzter oder Lehrer. Häufig ist es allerdings so, dass sich bestimmte Teile in gewissen Rollen besonders zuhause fühlen, etwa ein »Welterklärer« in der Rolle des Vaters, des Ehemanns, des Lehrers oder Beraters und eine »Fürsorgliche« in der Rolle der Mutter oder der Krankenschwester. Ein Persönlichkeitsanteil ist auch nicht einfach nur ein Gefühl, Wut ist nicht automatisch ein wütender Teil. Denn Wut kennen viele Teile, deren Aggressivität fühlt sich allerdings jeweils verschieden an: Ein »Trotzkopf« erlebt seine Wut anders als ein »Unbeherrschter« oder ein cholerisches »Teufelchen«. Die Ungeduld, die sich im Ärger eines effektiven »Machers« gegenüber Menschen zeigt, die bis ins letzte Detail noch diskutieren müssen, fällt anders aus als der Zorn eines »Gerechtigkeitskämpfers«.

Die verschiedenen Persönlichkeitsanteile beinhalten für einen Menschen typische Zustände, die sich selbst organisieren und immer wieder automatisch auftreten. Das klingt theoretisch, wird aber verständlich, wenn man sich vergegenwärtigt, dass der ganze Mensch immer so »ist« wie der Teil, der gerade aktiviert ist. Wenn man sich in einem solchen Teil beziehungsweise Zustand befindet, verknüpfen sich die eigenen Gefühle, Sichtweisen, Gedanken, Erinnerungen, Körperempfindungen und Impulse zu einer ganzen Gestalt.

Karsten P. ist ein junger Manager in Führungsposition, der manchmal oberlehrerhaft und besserwisserisch wird. Er nennt diesen Zustand »Welterklärer«. Wenn er aktiviert ist, wird Herr P. angespannt, spricht lauter und schneller und seine Gedanken drehen sich darum, wie er den anderen sein Wissen vermitteln kann. Er ist dabei manchmal euphorisch, wenn er ganz begeistert bei den Sachinhalten ist, und manchmal gereizt, wenn er etwas zum wiederholten Mal erklären muss. In diesem Zustand erinnert er sich auch an andere Situationen, in denen er besser Bescheid wusste als andere, oder er im Recht war und andere ihm nicht glaubten. Dies ist ein vollkommen anderes Erleben, als wenn er im »Gutmensch«-Zustand ist, in dem er eher entspannt auf andere Menschen schaut und aufmerksam und einfühlsam zuhört.

Jeder Teil ist insofern ein relativ eigenständig lebendiges Wesen, als es seine Grenzen und Interessen schützt. Dieses wird besonders bei Wechselwirkungen mit anderen Menschen deutlich: Reagiert zum Beispiel ein Gesprächspartner auf Herrn P. ablehnend oder abwertend, dann neigt der »Welterklärer« ganz automatisch dazu, noch vehementer zu argumentieren. Dieses Muster tritt in ähnlichen Situationen immer wieder auf. Solche Teile haben oft in jahrelanger Erfahrung gelernt, bei bestimmten Bedingungen oder Umständen auf eine spezifische Weise zu reagieren und sich einzusetzen.

Diese Zustände als eigenständige Persönlichkeitsanteile zu betrachten und nicht einfach nur als Gefühle oder Charaktereigenschaften, macht den Umgang mit ihnen anschaulicher und greifbarer. Dabei ist es hilfreich, den Teilen der Persönlichkeit, die häufig das Verhalten steuern, beschreibende Namen zu geben. Mit einem Teil in Verbindung zu treten ist leichter und konkreter, wenn man ihn wie einen Menschen beim Namen nennt. »Ah ja, da meldet sich wieder mein Zyniker!«, oder: »Mein Antreiber setzt mich gerade unter Spannung.« Einen Zustand, dem man einen Namen gegeben hat, kann man im Alltag besser wiedererkennen. Das kann insbesondere in Situationen hilfreich sein, in denen man unter Druck gerät und Reaktionen sehr rasch und hoch automatisiert ablaufen.

Friederike B. ist Ärztin und mit einem Arzt verheiratet, hat 3 Kinder (17, 14, 12) und mit Praxis und Familie einen sehr ausgefüllten Alltag. Selbst als Kind in einer großen Familie mit offener Tür und ausgeprägter Gastfreundschaft aufgewachsen, fällt es ihr heute oft schwer, sich abzugrenzen. Eine typische Herausforderung stellt ein Telefongespräch dar, in dem ihre Mutter sehr kurzfristig einen Besuch ankündigt. Dabei merkt Frau B., wie ganz spontan mehrere Teile innerlich reagieren. Der »Überforderten« ist das alles zu viel: »Diese Woche ist so schon stressig genug! Es gibt so viel zu organisieren, wie willst Du das auch noch schaffen?« Sofort meldet sich aber die »Fürsorgliche«: »Mami freut sich so sehr, ihre Enkel wiederzusehen. Und seit Papis Tod ist sie so einsam. Du kannst da nicht ›Nein‹ sagen!« Doch sofort reagiert ein weiterer Teil, der das anders sieht: »Du freust Dich doch schon so lange auf diese Tage, auf die Ruhe und Muße. Da möchtest Du Dich nicht schon wieder um Andere kümmern!« Dieser »Abschotter« möchte ganz entschieden »Nein« sagen. Die Fürsorgliche meldet sich dann noch lauter: »Du kannst doch nicht so hartherzig sein. Wer weiß, wie lange Mami noch gesundheitlich in der Lage ist, solche Besuche bei uns zu erleben?« Um diese spontanen Reaktionen zu einer vernünftigen Handlung zusammenzuführen, muss Frau B. etwas Zeit gewinnen. Sie weiß, dass die Fürsorgliche meist die Oberhand behält, sie dann aber – nach vorschnellem Ja-Sagen – solche Besuche oft nicht genießt. Wenn sie nun im Telefonat den anderen Stimmen auch explizit Gehör verschafft, könnte sie sogar zusammen mit ihrer Mutter nach einer Kompromisslösung suchen, bei der ihre eigenen Bedürfnisse besser berücksichtigt werden.

Wie in allen Fallbeispielen hat auch Frau B. ihre Teile aus ihrem individuellen Erleben heraus erkannt und benannt. Sie sind nicht allgemeingültig, auch wenn andere Menschen zu ähnlichen Reaktionen neigen. Moderne Modelle der Multiplizität der Psyche ermutigen jeden Menschen, die jeweils einzigartigen Anteile zu identifizieren und persönlich zu benennen. Damit entsprechen die Teile am ehesten der subjektiven inneren Wirklichkeit.

Innere Führung

Wie lassen sich nun diese Teile weiterentwickeln und in ihrem Zusammenspiel beeinflussen? Gibt es einen Teil, der von allen anderen in einer Führungsrolle akzeptiert werden kann? Die Antwort ist offensichtlich »nein«. Da jeder Mensch innere Spannungen und ungelöste Konflikte in sich hat, ist das nicht möglich. Ein Hauptmerkmal des Menschen besteht ja gerade darin, dass er aufgrund seiner Lerngeschichte nur eine einseitige und parteiliche Sicht auf die Welt hat. Da aber keiner seiner Persönlichkeitsanteile in der Lage ist, die Gesamtheit zu erfassen, gibt es neben Allianzen auch immer Widersprüche zwischen ihnen. Nur eine Instanz auf einer höheren Ebene, von der aus sie alle Teile und deren unterschiedliche Bedürfnisse und Strebungen nebeneinander verstehen und annehmen kann, hätte die Voraussetzung zu einer Führung, die auf das Ganze integrierend wirken kann.

Einen Zustand, dessen Qualitäten in diese Richtung weisen, kann man im Rahmen des Trainings von Achtsamkeit entdecken und entwickeln. Das, was man den inneren Beobachter nennt, wird während der Achtsamkeitsübung allerdings zunächst eher als passiv wahrnehmend erlebt. Die wichtigste Intention ist, nicht wertend, gelassen und möglichst klar zu beobachten. Auch Liebende Güte und Mitgefühl, Qualitäten, die gerade »schwierigeren« Teilen entgegengebracht werden müssen, damit sie einer inneren Führung vertrauen können, bleiben in der Achtsamkeit passiv.

Pionier auf der Suche nach einer aktiveren, aber genauso annehmenden und integrativen Instanz war Roberto Assagioli, ein Schüler Freuds. Er war Arzt, Psychiater und Psychotherapeut und beschäftigte sich auch mit den veränderten Bewusstseinszuständen der Mystiker. Sein Teilemodell war wohl das erste, das eine Art aktivere »höhere« Führung postuliert. Sein Anliegen war es, eine wissenschaftliche Psychologie zu entwickeln, welche die Realität der Seele anerkennt, und die Freude, Sinn, Erfüllung, Kreativität, Liebe und Weisheit, also die höheren Energien und Strebungen des menschlichen Daseins ebenso berücksichtigt wie die Bedürfnisse und Triebe der menschlichen Natur (Assagioli, 1982, 1992).

Bei den neueren psychodynamisch orientierten Modellen dürfte Richard C. Schwartz derjenige sein, der dank seiner Experimentierfreude und Neugier einen Zustand entdeckte, der wie eine aktive Form des inneren Beobachters wirkt, gepaart mit Fürsorge und allparteilicher Führungsqualität. Schwartz war in den 1980er Jahren ein wissenschaftlich anerkannter systemischer Familientherapeut in den USA. Er begann damals etwas, was unter Familientherapeuten ein Tabu war: er wollte herausfinden, was im Inneren der schwierigen Kinder oder Jugendlichen vorging, mit denen er arbeitete, und begann mit Einzelgesprächen. Dabei übertrug er das methodische Vorgehen aus der Familientherapie auf den Umgang mit Persönlichkeitsanteilen: auf die »innere« Familie. Er sprach so lange mit einem Teil, bis dieser sich verstanden fühlte, entspannte und begann, Vertrauen in den Prozess zu haben. Sobald ein Teil kooperativer wurde, bat er ihn, sich beim weiteren Gespräch mit dem nächsten Teil nicht mehr einzumischen und beiseite zu treten, als würde sich dieser, wie früher die Mitglieder einer Patientenfamilie, auf einen passiven Beobachtungsplatz zurückziehen. Den meisten Klienten gelang dies erstaunlich gut (vgl. Schwartz & Sweezy, 2022).

Exkurs:

Internal Family Systems (IFS)

Richard C. Schwartz, ein anerkannter Familientherapeut an der Universität von Chicago, verknüpfte in den 1980er Jahren das Konzept der Multiplizität der Psyche mit familientherapeutischem beziehungsweise systemischem Denken. Mit IFS entwickelte er einen ganzheitlichen psychotherapeutischen Ansatz, der vielfältig anwendbar ist: Bei Krankheitsbildern wie Trauma und sog. frühen Störungen bis hin zu eher alltäglichen Fragen privater oder beruflicher Lebensbewältigung. Die unterschiedlichsten Zielgruppen – Einzelpersonen, Paare und Familien, aber auch noch komplexere soziale Systeme wie Unternehmen mit ihren Bereichen und Abteilungen – können von IFS profitieren. IFS zeichnet sich durch eine praxisorientierte, systematische Methodologie aus und ist ein in den Grundzügen auch für Laien gut verständliches Konzept.
Besonderheiten von IFS sind:

- Die Entdeckung, dass die Reaktionen von Persönlichkeitsanteilen auf die Außenwelt – und im inneren System aufeinander – ähnlichen Prinzipien folgen wie die Mitglieder einer Familie. Demnach finden sich bei den meisten Menschen drei Arten von Teilen, die sich in der Tendenz ihres Erlebens und Verhaltens unterscheiden:
  1. »Manager« sorgen für Sicherheit und langfristigen Erfolg. Sie sind vorausschauend, kontrollierend, strate-

gisch und langfristig planend. Es sind die Teile, die man als vernünftig und erwachsen erlebt.
2. »Feuerbekämpfer« reagieren eher impulsiv, unreflektiert und unkontrolliert. Sie werden oft ausgelöst, um bedrohliche oder schmerzhafte innere Zustände zu vermeiden. Ihr Verhalten ähnelt manchmal kämpferischen, rebellischen oder über die Stränge schlagenden Jugendlichen.
3. »Verbannte« sind empfindsame, verletzliche Teile. Sie tragen gefühlsintensive, oft schmerzhafte Erinnerungen und werden häufig im inneren System verbannt. Sie reagieren sensibel und kindlich, suchen Nähe und Zuwendung, fühlen sich oft hilflos, ungeliebt oder allein gelassen.

- Ein systematisches Vorgehen mit einer Abfolge innerer Dialoge, wie sie aus der systemischen Familientherapie bekannt sind. Dabei wird zuerst mit den erwachseneren Teilen, den »Managern«, gesprochen, bis diese genügend Vertrauen in das Vorgehen haben und bereit sind, ihre Kontrolle zurückzunehmen und sich in eine Beobachterposition zurückzuziehen – sich zu separieren. Danach kann man sich den »Feuerbekämpfern« zuwenden und zuletzt den oft nicht bewussten und manchmal früh traumatisierten »Verbannten«.
- Die prinzipielle Selbstermächtigung des Patienten: Er wird von Anfang an ermutigt, zu seinen Teilen eine gute Beziehung aufzubauen und unter Anleitung eines Therapeuten selbst dafür zu sorgen, dass die Teile im inneren System und von der Außenwelt bekommen, was sie auch für eine Nachreifung benötigen.
- Ein signifikantes Merkmal von IFS ist die Annahme eines »Selbst« als Wesenskern. Dieses »Selbst« hat natürliche Führungsqualitäten mit heilender Wirkung, wie Gelassenheit, Klarheit, Mitgefühl – ähnlich dem »Inneren Beobachter« der Achtsamkeit.

- »Selbstführung« (Self-leadership) ist bei IFS ein Hauptziel von Therapie oder Coaching. Der Therapeut oder Coach versteht sich als Begleiter, der dem Klienten hilft, Abstand zu den Teilen zu gewinnen, sich von ihnen zu disidentifizieren und einen selbstnahen Zustand in sich zu finden. Von hier aus kann sich Selbstführung und Selbstheilung mehr »von alleine« entfalten, unabhängiger von den Interventionen des Therapeuten. Diese innere Weisheit gehört zentral zum Konzept von IFS. Hier finden sich im Verständnis und im Vorgehen Ähnlichkeiten sowohl zu praktischen wie spirituellen Dimensionen von Achtsamkeit.

Weiterführende Literatur: Dietz & Dietz (2008, 2011), Schwartz (2008a, 2008b), Sweezy & Ziskind (2013), Schrör (2016), Schwartz & Sweezy (2022).
Links:
Schwartz, R. C. *IFS Institute*
► https://ifs-institute.com/
IFS Europe e.V. *Verein, IFS-Modell, Workshops, Therapeuten.*
► https://www.ifs-europe.net/

Für Schwartz war damals die größte Überraschung, jenen Zustand zu entdecken, der nach der Identifizierung und Differenzierung verschiedener Teile entstand:

> »Wenn die Klienten in diesem ruhigen und mitfühlenden Zustand waren, fragte ich sie, welche Stimme oder welcher Teil jetzt da sei. Sie gaben alle eine Abwandlung der folgenden Antwort: ›Das ist kein Teil wie die anderen Stimmen, das ist eher, wer ich wirklich bin, das ist mein Selbst‹. Ohne es zu ahnen, war ich auf eine neue Art und Weise gestoßen, Menschen zu helfen, Zugang zu dem Selbst zu bekommen, das so viele spirituelle Traditionen beschrieben haben. Aber das wurde mir

erst Jahre später klar. Zu jener Zeit war ich einfach fasziniert, dass ich einen Weg gefunden hatte, Therapie so viel müheloser und effektiver zu machen, und zwar sowohl für mich als auch für meine Klienten« (Schwartz, 2008a, S. 32).

»Am erstaunlichsten war, dass die Klienten anscheinend wussten, was sie sagen oder tun mussten, um den einzelnen inneren Persönlichkeiten zu helfen, sobald sie im Selbst waren. Mit der Zeit wurde mir klar, dass ich ihnen nicht beibringen musste, wie sie sich diesen Gedanken und Emotionen gegenüber, die sie Teile nannten, jeweils in unterschiedlicher Weise verhalten sollten. Denn entweder begannen sie automatisch, das zu tun, was der Teil brauchte, oder sie begannen Fragen zu stellen, die dazu führten, Wege zu finden, dem Teil zu helfen. Meine Aufgabe bestand hauptsächlich darin, ihnen zu helfen, im Selbst zu bleiben und mich dann herauszuhalten, wenn sie selber zu Therapeuten für ihre innere Familie wurden« (Schwartz, 2008a, S. 37).

Schwartz nannte den Zustand, den er da jenseits der persönlich gefärbten Teile entdeckte, das »Selbst« – so wie es vor ihm bereits Assagioli getan hatte. Wir verzichten hier bewusst auf diese Bezeichnung, da der Begriff »Selbst« sehr unterschiedliche Bedeutungen hat und in der psychologischen Forschung kontrovers diskutiert wird (vgl. Fulton, 2008). Unabhängig vom Begriff ist der Zustand, den Schwartz da (wieder)entdeckt hat, jedoch relevant und ausgesprochen heilsam. Im Weiteren werden wir versuchen, ihn zu umschreiben – in dem Wissen, dass ein Name allenfalls eine Annäherung an etwas wäre, dem unsere Sprache nicht gerecht wird. Es kann sich nicht um einen »normalen« Persönlichkeitsteil handeln, denn die sind an bestimmte Perspektiven aus dem Leben eines Menschen gebunden. Seine Perspektive ähnelt der des inneren Beobachters und liegt auf einer anderen, höheren Ebene – mit einer weiten, allparteilichen Sicht über das Ganze der Person. Ohne Teile zu bevorzugen kann er gleichzeitig sich widersprechende

Sichtweisen und Erlebensperspektiven annehmen, verstehen und wohlwollend nachempfinden, ohne in sie verstrickt zu sein. Über den Beobachter hinaus kommt eine Qualität hinzu, die in der klassischen buddhistischen Literatur oft nicht erscheint: nämlich aus dem Mitgefühl für die Teile heraus unterstützend zu handeln. Er kann ihnen zuhören, sie nach ihren Erfahrungen befragen, sie halten, umarmen, ihnen einen Platz im Inneren anbieten. Er kann besorgten Teilen versichern, dass sich die Person verlässlich um verletzte Anteile kümmert, oder dazu verhelfen, dass verschiedene Teile einander verstehen. Und es ist möglich, aus dieser Position steuernd einzugreifen, solange seine Beziehungen zu den Teilen gut sind: Man kann Teile auffordern, beiseite zu treten, um sich einem anderen Teil zuzuwenden, und sie bitten, mit ihrem Reaktionsbedürfnis ein wenig zu warten oder im richtigen Moment das Handeln zu übernehmen.

In diese Richtung weist auch das, was Genpo Merzel Roshi (2008) »Big Mind Big Heart« nennt. Diese innere Perspektive ermöglicht gute Beziehungen zu allen Teilen der Person: gegenüber jedem Teil, der sich meldet, besteht die Bereitschaft zu guten Beziehungen. Thich Nhat Hanh lädt ein, diese Rolle wie die einer Mutter oder älterer Geschwister zu verstehen, die sich eines leidenden Kindes annehmen: »Die Kraft der Achtsamkeit ist wie ein großer Bruder oder eine große Schwester, die ein kleines Wesen in ihren Armen halten und das leidende Kind gut betreuen, welches unser Ärger ist, unsere Verzweiflung, oder Eifersucht« (Thich Nhat Hanh, 2004, S. 67).

Persönlichkeitsanteile identifizieren und benennen

Persönlichkeitsanteile, die situativ ausgelöst werden, sind natürliche, alltägliche Zustände eines Menschen. Sie ermöglichen uns, sofort und ohne zu überlegen, auf verschiedenste Anforderungen der Umwelt einzugehen. Bewusst reflektiertes Handeln wäre für die meisten Situationen viel zu langwierig.

Dazu muss das Alltagshandeln zu schnell erfolgen. Wenn es rasches Handeln erfordert, dann ist es nicht nötig, darüber nachzudenken, wie das gemacht wird: störende Einflüsse werden ausgeschaltet, passende körperliche Aktivierungen eingeschaltet, der entsprechende Fokus eingestellt, das notwendige Wissen aktiviert. Um das alles gut zu organisieren, haben wir in Form unserer »Persönlichkeitsanteile« tief eingeschliffene Wahrnehmungs- und Reaktionsmuster entwickelt. Sie sind das Ergebnis lebenslanger Vorerfahrungen und Lernprozesse. Ändert sich die Situation, ändert sich oft auch das innere Reaktionsmuster – ein anderer Teil wird aktiv. Die Forschung lässt vermuten, dass dieses Umschalten so schnell passiert, dass man es frühestens eine Viertel Sekunde später bewusst bemerken kann (Libet, 1985). Diese Teile der Persönlichkeit werden völlig automatisch aktiviert. Solange dies wie bei einem »Autopiloten« gut funktioniert und wir mit unserer Wirkung zufrieden sind, machen wir uns meist keine Gedanken über unsere Gewohnheiten und die Persönlichkeitsanteile, die jeweils dahinter stehen.

Die Frage, welcher Teil der Persönlichkeit den Lauf der Gedanken, die Stimmung oder die Reaktionen bestimmt, wird oft erst dann relevant, wenn man sich beeinträchtigt oder eingeengt fühlt. Das kann durch hartnäckige Gewohnheitsmuster geschehen, wie z.B. das vorschnelle Eingehen auf die Wünsche anderer; es können Stimmungen sein, die häufig wiederkehren, wie depressive Zustände. Auslösend für diese Selbsterforschung können auch emotionale Reaktionen auf andere sein, die unangemessen oder unverständlich erscheinen, oder die Verwunderung über bestimmte Facetten der eigenen Persönlichkeit, über die man sich mehr Klarheit wünscht.

Statt nur darüber nachzudenken und zu reflektieren, was einem da zu schaffen macht, kann man sich auf eine wahrnehmende, fühlende, »von Herzen kommende«, innere Begegnung mit jenen Persönlichkeitsanteilen einlassen, welche die entsprechenden Gefühle, Gedanken oder Verhaltensweisen verursachen. Dies erfordert ein achtsames Umlenken der Aufmerksamkeit nach Innen. Im Gegensatz zur reinen Achtsamkeitsmeditation wird hier jedoch nicht nur passiv beobachtet, sondern die Wahrnehmung bewusst gelenkt. Zu Beginn holt man sich innerlich die Ausgangssituation oder Gefühlslage her, die man näher erforschen möchte. Da es darum geht, genau jenen Zustand zu untersuchen, der auch im Alltag problematisch ist, vergegenwärtigt man sich die äußeren Umstände ganz genau und so lange, bis das dabei entstehende innere Erleben spürbar wird. Man erlaubt sich dann, es so deutlich wie möglich zu empfinden. Eine spezielle Art der Selbstbefragung vertieft das aktive Hineinspüren und verhindert, dass es beim reinen Nachdenken bleibt. Sie dient nicht primär der Informationsgewinnung, sondern hat vor allem den Zweck, die Achtsamkeit zu vertiefen und ein differenziertes Erforschen im Hier und Jetzt zu erleichtern.

Fragen zur Selbsterforschung

Ebene des Körpers: Wo im Körper machen sich die Empfindung, das Gefühl oder der Impuls bemerkbar? Wie ist das im Körper genau spürbar? Hat das Gefühl einen Ort im Körper? Wie viel Raum nimmt es ein? Was passiert außerdem noch im Körper? Welche Gefühlsqualität schwingt mit?

Ebene der Gedanken: Wo kommt dieser Gedanke her? Welche Qualität geht damit einher? Was löst der Gedanke aus? Was für ein Gefühl taucht mit diesen Gedanken auf? Was passiert außerdem noch z.B. im Körper, wenn dieser Gedanke auftaucht?

Ebene der Gefühle: Was für eine Art von Gefühl, z.B. Ärger, ist das? Welche Qualitäten hat das Gefühl genau? Welche Gefühle tauchen außerdem noch auf? Wie reagiert der Körper auf dieses Gefühl?

Die folgende Situation veranschaulicht, wie diese Fragen zur Selbsterforschung angewandt werden können:

Stefan L., ein 45-jähriger Gymnasiallehrer, ist einer von drei Vereinsvorständen. Mit dem Vorstandsvorsitzenden Uwe P., mit dem er vor einigen Jahren noch enger befreundet war, gestaltet sich die Zusammenarbeit seit ein paar Monaten immer unbefriedigender. Dieser verfolgt nur mehr die eigenen Interessen, die von Herrn L. werden kaum mehr berücksichtigt. Herr P. neigt dazu, die Vorschläge von Herrn L. in Besprechungen abzublocken.

Wenn Sachverhalte ausgehandelt oder Maßnahmen besprochen werden, erlebt sich Herr L. als unterlegen. Immer häufiger nimmt er eine heftige Wut wahr, aber er bemüht sich, ruhig zu bleiben und sich nicht provozieren zu lassen. Am meisten ärgert ihn, dass er sich nicht durchsetzen kann und er nicht in der Lage ist, Herrn P. darauf anzusprechen.

Herr L. hat bereits erwogen, aus dem Vorstand zurückzutreten. Die Inhalte der Arbeit haben für ihn jedoch einen hohen Wert und die Tätigkeit an sich macht ihm viel Spaß. Ein Ausstieg wäre für ihn keine Alternative. Deswegen möchte er für sich einen Weg finden, mit der Situation besser zurechtzukommen.

Stefan L. nimmt sich nun Zeit dafür, seine Reaktionen genauer zu untersuchen. Dazu vergegenwärtigt er sich innerlich eine typische Gesprächssituation mit dem Vorsitzenden, in der er sich abgewiesen fühlt. Während er die Szene und die gesprochenen Worte vor seinem inneren Auge ablaufen lässt, spürt er nach, was innerlich auftaucht. Er fokussiert sich auf seine Gedanken, Gefühle, Körperempfindungen und Bilder und verweilt bei diesen Wahrnehmungen. Entscheidend für den Einstieg ist, dass er sich erlaubt, sich so weit wie möglich emotional in die Situation hineinzuversetzen, so dass er zumindest einen Anflug der vertrauten Wut spüren kann. Dann beginnt er, mit den Vertiefungs-Fragen aktiv weiter zu forschen.

Herr L. spürt, dass mit der Wut sein Gesicht heiß wird, wie es in seinen Schläfen pocht und er sich wie kurz vor dem Explodieren fühlt. Er nimmt auch wahr, wie stark er sich zurückhält, wie ihn etwas bremst. Es sind diese Empfindungen, für die es gilt, achtsam zu sein, wenn man sich, wie hier Herr L., besser regulieren möchte. Herr L. verweilt nun bei diesem Festhalten und spürt deutlicher als sonst, wie sehr er sich kontrolliert. Diese Kontrolle interessiert ihn, denn er versteht nicht, warum sie so ausgeprägt ist. Er bleibt bei dieser Empfindung und versucht wahrzunehmen, ob es noch weitere Gedanken oder Gefühle gibt, die mit dieser Kontrolle einhergehen. Nach einer Weile tauchen Erinnerungen von der Zeit auf, als er mit Herrn P. noch enger befreundet war. Und jetzt nimmt er die Sorge wahr, zwar diffus aber doch deutlich, dass er mit seiner Wut den »letzten Rest von Freundschaft« unwiederbringlich zerstören könnte. Gefühlsmäßig ergibt das für ihn einen Sinn, denn er merkt deutlicher als sonst, wie stark die Wucht seiner Aggression ist und dass da tatsächlich eine Seite in ihm ist, die ohne Rücksicht auf Verluste um sich schlagen könnte.

Zum Abschluss dieser Erforschung bleibt Herr L. noch eine Weile mit der Aufmerksamkeit nach innen gewandt. Er möchte für diese zwei Seiten – den kontrollierenden Anteil und die starke Wut – noch passende Namen finden. Für das Kontrollierende fällt ihm »Der Harmoniebedürftige« ein. Diese Bezeichnung trifft es zwar noch nicht ganz, aber sie scheint ihm fürs erste gut genug. Für den wütenden Teil taucht der Begriff »Der Explosive« auf, der beinhaltet die Wucht, die Hitze und das Machtvolle seiner Wut.

Der hier beschriebene Prozess, verschiedene Persönlichkeitsanteile über eine achtsame Hinwendung nach Innen zu identifizieren, dauert mehrere Minuten und kann losgelöst von einer Achtsamkeits-Meditation durchgeführt werden. Aber auch während einer Meditation kann man Anteile der Persönlichkeit bemerken und benennen. Wenn sich Gefühle oder Gedanken immer wieder aufdrängen, kann man sich fragen, ob sie von einem Persönlichkeitsteil stammen. Man kann sich dann dazu entschließen, die achtsame Aufmerksamkeit absichtlich auf diesen Teil zu richten.

Bemerkt man etwa, dass sich vorausschauendes Planen, sorgenvolle Gedanken oder eine innere Unruhe immer wieder aufdrängen, könnten diese inneren Vorgänge mit Persönlichkeitsanteilen zusammenhängen. Welcher Name diesen Teil am besten beschreibt, ist individuell unterschiedlich und hängt davon ab, wie man die Qualität des jeweiligen Zustandes erlebt. Namen wie »Der effektive Macher«, »Der Organisator« oder »Die Tüchtige« könnten für einen Teil passen, der über den Tagesablauf nachdenkt. »Die Mütterliche«, »Der Helfer«, »Die Fürsorgliche« oder »Der Verantwortliche«, könnten für einen besorgten Teil stimmig sein. Natürlich haben viele Gedanken und Empfindungen während der Achtsamkeit einen flüchtigen Charakter und sind weniger bedeutsam. Diese kann man auch leichter wieder loslassen. Gleichwohl können auch banale Gefühle wie Ungeduld oder Langweile auf Teile hinweisen: auf einen »Genießer« beispielsweise, der sich lieber anderweitig vergnügen würde, oder auf einen »Anpacker«, der glaubt, sich an die Arbeit machen zu müssen und keine Zeit und Ruhe für die Achtsamkeit hat.

Das Benennen von Teilen hilft, sowohl aufdringliche als auch noch diffuse gedankliche oder gefühlsmäßige Ablenkungen klarer zu fassen und dann im nächsten Schritt mehr Abstand zu ihnen herzustellen. Den nötigen Abstand zu Teilen kann man gewinnen, indem man sie bittet, für eine Weile zurückzutreten. Manchmal ist es hilfreich, für einen Moment bei ihnen zu verweilen und wahrzunehmen, weswegen sie sich so lautstark melden. Wenn man erkennt, was ihre Bedürfnisse oder Interessen sind, kann man ihnen innerlich zusagen, dass man sich nach der Achtsamkeitsübung um sie kümmert. Konkret kann man den Teil innerlich mit einer Bitte ansprechen: »Kannst du etwas beiseite treten?«, oder »Könntest du bitte etwas auf Abstand gehen?« und/oder sich bildlich vorstellen, wie der Teil einen Platz außerhalb des Körpers findet. Die Erfahrung zeigt, dass gerade das Benennen und Separieren von Teilen die Konzentration während der Achtsamkeit schnell und deutlich erhöhen kann und sich die Qualitäten von Klarheit, Weite, Gleichmut und vor allem auch Konzentration leichter einstellen.

Die Frage, wo und wie sich Teile voneinander abgrenzen lassen, lässt sich am besten so beantworten: So, wie es sich stimmig anfühlt und für die Selbstführung im Alltag nützlich ist. Es finden sich so viele Teile in einem Menschen, wie sie für sein Leben in irgendeiner Weise nützlich waren. Die meisten, die anfangen, sich damit zu beschäftigen, benennen etwa 10 bis 30 Zustände *(siehe Übung »Teile-Landkarte«, S. 181)*. Allerdings merkt man vielleicht im Laufe der Zeit, dass einige davon immer gemeinsam auftreten und letztlich verschiedene Aspekte des gleichen Teils sind.

Der achtsame innere Dialog

Auch wenn Modelle von Persönlichkeitsanteilen nur theoretische Konstrukte darstellen, so helfen sie doch, besser mit sich selbst und den Beziehungen zu anderen Menschen zurechtzukommen. Entscheidend für einen guten Kontakt zu sich und seinen Teilen ist, diese als lebendige Wesen wahrzunehmen. Und mit lebendigen Wesen lässt sich am besten umgehen, wenn man respektvoll und freundlich mit ihnen in Verbindung tritt.

Über das achtsame Verweilen und Erforschen von Persönlichkeitsanteilen hinaus gibt es auch die Möglichkeit, noch gezielter und strukturierter mit einem Teil Kontakt aufzunehmen. Erkundet man ein Gefühl oder eine Seite von sich näher, mit dem Ziel herauszufinden, warum man so fühlt oder so reagiert, tauchen bei den meisten Menschen nach einer Weile Antworten in Form von Worten oder Bildern auf. Bei längerem Verweilen kann sich so etwas wie ein inneres Selbstgespräch entwickeln. Ähnlich wie ein gutes Gespräch mit einem Menschen zu mehr Verständnis führt, als wenn man diesen nur beobachtet oder über ihn nachdenkt, kann auch der bewusste und achtsame Dialog mit einem Teil zu einer besseren inneren Beziehung führen.

Beim achtsamen Dialog mit den Teilen geht es vor allem darum, Gefühle oder mögliche Anliegen von Teilen besser zu verstehen. Manchmal kann man auch frühere Erfahrungen und die daraus abgeleiteten Überzeugungen tiefer nachempfinden. Es braucht – ebenso wie im Umgang mit realen Menschen – Zeit, Geduld und die Bereitschaft, wirklich zuzuhören. Man kann sich diesen inneren Dialog wie ein 4-Augen Gespräch mit einem Menschen vorstellen. Ähnlich, wie man einen Bekannten beispielsweise fragen würde, was ihn so gestresst und angespannt sein lässt, kann man einen Zustand des Getriebenseins mit gezielten Fragen näher untersuchen. Facetten, die dabei entdeckt werden, etwa Sorgen, Zeitdruck, Frustration oder Ungeduld, lassen sich immer weiter und immer genauer erkunden. Mit den differenzierteren Informationen, die so zugänglich werden, kann sich ein Teil der Persönlichkeit, wie zum Beispiel ein »Innerer Antreiber«, deutlicher zeigen und konkretere Form annehmen.

Im achtsamen Dialog bleibt die Aufmerksamkeit konstant auf jenen Teil ausgerichtet, mit dem man sich gerade beschäftigt. Die nötige Offenheit und gleichzeitige Fokussierung lässt sich für viele allerdings erst durch ein Achtsamkeitstraining leichter aufrechterhalten. Die absichtlich passive Haltung hilft dabei, klar, annehmend und konzentriert auf Antworten zu warten. Die können sich als Gefühl, innere Bilder oder Worte zeigen. Manche Menschen sehen sich selbst bildlich vor sich, beispielsweise im gehetzten und angespannten Zustand, wie in dem Beispiel eines »Inneren Antreibers«. Einige können den Teil tatsächlich als konkrete Gestalt oder Form sehen. Andere nehmen körperlich wahr, wie sich der Zustand des Teils anfühlt und konzentrieren sich auf die entsprechende Empfindung. Häufig erlebt man es auch so, als würde ein Teil sprechen.

Die auftauchenden Empfindungen, Bilder, Erinnerungen

oder Gedanken, manchmal mit klaren Sätzen oder Botschaften, andere Male eher flüchtig oder diffus, haben oft eine emotional gefärbte Qualität und einen überraschend anderen Inhalt als rationale Erklärungen. Es braucht etwas Geduld und eine entspannte, abwartende innere Haltung, denn die Antworten entstehen meist langsamer als im Alltagsbewusstsein. Obwohl sie tendenziell zögerlicher auftauchen, sind sie oft emotional eindrücklicher. So, als würde man von einem Freund etwas Neues erfahren, etwas, was man vorher so noch nicht wusste oder zumindest nicht in diesem Lichte gesehen hat. Oft stellt sich das Gefühl ein, etwas tiefer zu verstehen. Im Dialog mit dem »Inneren Antreiber« könnte sich etwa zeigen, dass der Teil so hart arbeitet, damit möglichst schnell alles geschafft ist und man dann Zeit für sich selbst hat. Er hat so viel Druck, weil er in kurzer Zeit viel wegarbeiten will, damit man möglichst bald die ersehnte Ruhe und Zeit zum Genießen hat. Bei genauerem Hinspüren könnte unter Umständen deutlich werden, dass er sich so einsetzt, weil sich dahinter ein Gefühl von Überforderung und eine alte Angst vor Versagen verbergen.

Der innere Dialog bewirkt, dass man verborgene Befürchtungen, Wünsche oder Interessen eines Teils im Alltag bewusster berücksichtigen und Zustände besser regulieren kann. Es könnte beispielsweise schneller klar werden, wann das Tun eines »Inneren Antreibers« blinder Aktionismus ist oder wo er sinnvoll ist und gut so bleiben kann. Man hat selbst im Blick, worum es eigentlich geht, in diesem Fall um mehr Ruhe oder auch um das Vermeiden von bestimmten schlechten Erfahrungen. Mit dieser Einsicht lässt es sich dann etwas entspannter und selbstbestimmter mit dem Gefühl von Überlastung umgehen.

Die Perspektiven der Teile verstehen

Ein Modell von Persönlichkeitsanteilen macht deutlich, wie uns einerseits frühe Lebenserfahrungen prägen und wie andererseits auch der psychotherapeutische Laie zu tieferen Schichten seiner Persönlichkeit vordringen kann. Und gerade für einen Menschen, der sich für einen Weg der Achtsamkeit entscheidet, ist es sehr hilfreich, zu wissen, was ihm in der eigenen Psyche begegnen kann, welchen Dingen er sich stellen sollte und welche Möglichkeiten es gibt, damit umzugehen.

Viele Ansätze in der Psychotherapie beruhen auf der Annahme, dass die Persönlichkeit von grundlegenden Sichtweisen geformt und gesteuert wird, die sich oft aufgrund von eindringlichen Erfahrungen in der Kindheit gebildet haben. Besonders prägend ist das emotionale Klima, in dem ein kleines Kind aufwächst.

Gerrit L., die oben erwähnte Zahntechnikerin, aufgewachsen im Hotel-Familienbetrieb ihrer Eltern, neigt dazu, in Familie, Partnerschaft oder im Beruf die eigenen Interessen zurückzustellen. Bei Entscheidungen und vielen alltäglichen Handlungen ist ihr Verhalten eher darauf ausgerichtet, es den Anderen recht zu machen. Das fühlt sich für sie so normal an, dass sie ihre Haltung gar nicht wahrnimmt oder in Frage stellt. Unbewusste Anschauungen, die in ihr vor langer Zeit entstanden waren, lauten: »Es ist nicht okay zu tun und zu sagen, was ich will!«, und »Ich bin nicht wichtig!«. Mit achtsamer Erforschung gelingt es ihr, zu entdecken, dass einer ihrer Persönlichkeitsanteile, nämlich die »Dienerin«, von der Angst beherrscht wird, die Zuneigung anderer zu verlieren, wenn sie sich nicht ganz zur Verfügung stellt.

In der Regel haben Menschen kaum Zugang zu den grundlegenden Anschauungen, von denen sie gesteuert werden, da diese sehr früh im Leben und ohne bewusste Reflexion entstanden sind. Diese Grundüberzeugungen sind ausgesprochen machtvoll und bestimmen weitgehend, wie die gegenwärtige Wirklichkeit interpretiert wird. Wie sie unser Denken und Handeln beeinflussen, geschieht so automatisch, dass diese Interpretationen unbewusst bleiben. Das ist für den

Großteil des täglichen Handelns auch sinnvoll, zumindest nicht von Nachteil. Problematisch wird dies, wenn sie in der gegenwärtigen Lebenssituation nicht mehr angemessen sind und die Handlungsmöglichkeiten zu sehr einschränken. Oft erzeugt dann ein gewisser Leidensdruck oder eine Unzufriedenheit den Wunsch, das eigene Handeln zu hinterfragen und zu verändern, wie in dem folgendem Beispiel.

Herr Manfred R. ist ein durchsetzungsstarker Mann mittleren Alters, der beruflich wie privat eher hart und unnahbar auftritt. Anderen gegenüber Einfühlungsvermögen zu zeigen und eigene Gefühle auszudrücken ist ihm fremd. Schaut er auf seine Kindheit, dann erinnert er sich, wie seine Angst, Vorsicht oder Trauer nur belächelt wurden. Oft fühlte er sich, insbesondere von seinem Vater, beim Ausdruck von zarteren Gefühlen gedemütigt. Diese frühen Demütigungen wirken als tiefe Überzeugung in zumindest einem Persönlichkeitsanteil deutlich weiter: Sein »Cooler« war sich ganz sicher: »Gefühle sind lächerlich.« Spätestens seit Beginn der Pubertät war es für ihn vollkommen selbstverständlich, unverwundbar und emotional kontrolliert in der Welt zu sein. Die Hintergründe seiner Gefühlskälte wurden ihm erst anlässlich einer Beratung bewusst, die er wegen einer Ehekrise aufgesucht hatte.

Herr R. hatte, bevor er sich entschloss, professionelle Unterstützung zu nutzen, immer wieder versucht, auf seine Ehefrau einfühlsamer einzugehen. Dies war ihm jedoch so fremd, dass er über rational-kühles Hinterfragen oder Ratschläge Geben nicht hinauskam. Das führte bei seiner Frau zu noch mehr Unzufriedenheit mit seinem »abgebrühten Besserwissen«.

Dass man sich nicht so einfach ändern kann, liegt vor allem daran, dass Persönlichkeitsanteile eine lange Geschichte, vielfältige Erfahrungen und gute Gründe haben, zu empfinden und zu reagieren, wie sie es tun. Erst wenn man die Hintergründe besser versteht, warum ein Teil auf eine bestimmte Art und Weise denkt und handelt, und sich seiner Perspektive bewusster wird, kann man damit verständnisvoller und bewusster umgehen. Man schafft damit die Basis, um Neues ausprobieren und erleben zu können und damit für Veränderung.

In Achtsamkeit einen Teil zu befragen ist deswegen so wirkungsvoll, weil es differenzierteres Sehen und Verstehen von Gefühlen, Erfahrungen und den dazu gehörigen Anschauungen von Persönlichkeitsanteilen ermöglicht. Auch wenn man im Alltag von unangenehmen Zuständen oder Reaktionen vereinnahmt wird, kann man für einen Moment innehalten und hinspüren, was der Hintergrund des Teils ist, der gerade reagiert.

Wenn man die Erfahrungen und Überzeugungen eines Teils versteht und entdeckt, dass er von konstruktiven Absichten gesteuert ist, kann man diesen besser annehmen und würdigen. Fühlt sich der Teil in seinen Interessen gesehen und grundsätzlich geschätzt, entspannt er sich und drängt nicht mehr so.

Das Auftreten des »Coolen« von Herrn R. ist in einigen konfrontativen Gesprächen mit dem Chef möglicherweise angemessen, jedoch selten im Zusammensein mit Frau und Kindern. Als Herr R. zuhause anfing, weniger von seinem »Coolen« gesteuert zu sein, fingen auch seine Frau und die Kinder an, anders zu reagieren. Sie zeigten ihm gegenüber mehr Interesse, nahmen mehr Anteil an seinem Leben und er spürte deutlich mehr Nähe zu ihnen.

Durch bewusstes und achtsames Wahrnehmen von solchen neuen, positiven Erfahrungen bilden sich mit der Zeit neue Sichtweisen, insbesondere durch die Momente, die emotional intensiv sind. Achtsamkeit im Alltag hilft gerade auch hier, neue Erfahrungen wirklich an sich heran und in sich hinein zu lassen.

Innere Ökologie

Angesichts der Komplexität der inneren Zustände stellt sich die Frage, wie sie miteinander zusammenhängen und wie man sich selbst gut steuern kann. Als Beispiel kann die alltägliche Situation dienen, in der man jemanden angegriffen hat. Da kann es passieren, dass man sich sofort oder auch einige Zeit später innerlich dafür kritisiert. Wenn man sich dann vornimmt, in Achtsamkeit den angreifenden Teil zu erforschen, ist es zumeist nicht so leicht, sich diesem innerlich annehmend und offen zuzuwenden. Stattdessen bemerkt man vielleicht eher kritische Gedanken und Ungeduld. Dann wird deutlich, dass es nicht der Beobachter ist, der auf den Angreifer schaut, sondern ein »innerer Kritiker«, vielleicht auch ein »Anspruchsvoller« oder ein »Perfektionist«.

Betrachtet man die Dynamik zwischen Teilen der Persönlichkeit, kann man sie in zwei Kategorien einordnen (vgl. Weiss, 2007): (1) Die Teile, die dafür sorgen, dass es der Person als lebendiges System gut geht und sie nach außen geschützt wird, sogenannte »Beschützer«, und (2) »Beschützte«, die sensibel und verletzlich sind und diesen Schutz brauchen. Im obigen Beispiel haben sowohl der Angreifer wie auch der kritische Teil eine beschützende Rolle. Beide wollen, wenn auch mit unterschiedlichen Strategien, dass die eigenen Interessen gut vertreten werden. Der Angreifer agiert dabei impulsiv und ungeduldig, der kritische Teil hat eine andere Perspektive und sieht die Notwendigkeit, sich in Diskussionen »vernünftiger« zu verhalten. Er will die eigenen Ideen weniger aggressiv, dafür aber langfristig geschickter verfolgen. Zwischen Teilen mit so konträren Impulsen lassen sich nicht so leicht Arbeitsbündnisse schließen. Sie sind untereinander polarisiert und »mögen« sich gegenseitig nicht. Dem Angreifer ist der Kritiker viel- leicht viel zu angepasst und der Kritiker findet den Angreifer richtig peinlich. Interessanterweise können polarisierte Teile sehr ähnliche Interessen verfolgen – in diesem Beispiel, den anderen im eigenen Sinne zu überzeugen. Wenn es gelingt, zu jedem dieser Teile nacheinander achtsam hinzuspüren und hinzuhorchen, können diese Gemeinsamkeiten bewusster werden und sich innere Spannungen lösen.

Den Beschützten auf die Spur zu kommen ist wesentlich schwieriger, insbesondere, wenn man sie selbst nicht wahrhaben möchte. Ein Weg, sie zu erkennen, wäre, im inneren Dialog einen starken Beschützer, wie oben den Angreifer, zu fragen, was er denn befürchte, wenn er nicht so stark aufträte. Im ersten Anlauf können die Hinweise noch diffus sein, mit etwas Geduld kommt dann fast immer die Befürchtung zum Vorschein, dass etwas nicht genügend geschützt wäre. Hier in diesem Beispiel vielleicht: »Dann würdest Du untergebuttert werden!«, und »Dann kämst Du ja nie zu etwas.«, oder »Dann hättest Du gar keine Chance, Deine Interessen zu vertreten.« Und wenn man dann nachfragt: »Was wäre in diesem Fall daran so schlimm?«, dann kommen oft Antworten, die auf einen verletzlichen Teil hindeuten: »Dann verlierst Du Dein Gesicht!«, oder »Dann nimmt Dich keiner mehr ernst!« Der innere Zustand, der das Gefühl kennt, nicht anerkannt und wertvoll zu sein, ist ein verletzlicher Teil. Er wird im inneren System oft so stark abgepuffert und in Sicherheit gebracht, dass man ihn, zumindest über lange Strecken, gar nicht wahrnimmt.

Diesen Zusammenhang von Beschützern und beschützten Teilen zu verstehen, hat für die Selbstführung einen hohen praktischen Wert: Wenn Zustände wie Ärger, Abwehr- oder Verteidigungshaltungen, Dominanz oder Rückzug einen Menschen vereinnahmen und beeinträchtigen, werden die dahinter liegenden Empfindsamkeiten meistens nicht bewusst erlebt. Die Wahrnehmungsfähigkeit für die feineren Signale im Inneren ist in solchen Momenten eher eingeschränkt und man ist auf das Reagieren nach Außen fokussiert. Im Wissen, dass heftige Beschützer-Reaktionen eigentlich immer durch die starken Gefühle von verletzlichen Teilen ausgelöst werden – oder dem Versuch sie zu vermeiden – kann man sich jedoch fragen, was im Inneren gerade bedroht zu sein scheint. Man kann darüber Aufschluss bekommen, wenn man sich mit der Frage nach Innen wendet, was genau emotional getroffen ist oder empfindsam reagiert.

Das folgende Beispiel stammt aus einem Coaching-Prozess mit einer jungen Frau und veranschaulicht das Zusammenwirken der Teile.

Frau Beate B., eine 32-jährige Programmiererin, ist seit ein paar Monaten Team-Leiterin. Mit ihrer Chefin, die zwei Jahre älter ist, gibt es Situationen, die Frau B. regelrecht »auf die Palme bringen«. Wenn die beiden über anstehende fachliche Entscheidungen sprechen, hat die Vorgesetzte etwas sehr Bestimmendes, manchmal auch Autoritäres. Obwohl Frau B. in ihrem Bereich sehr erfahren ist und einiges beizutragen hätte, entscheidet ihre Chefin, ohne sie zu befragen, und setzt sich mit ihren Ideen nicht wirklich auseinander. Letztlich fließt kaum etwas von Frau B. in den Entscheidungsprozess mit ein. In solchen Momenten reagiert Frau B. vorwurfsvoll. Die Kommentare gegenüber ihrer Vorgesetzten werden schnippisch und leicht abwertend. In ihrem Tonfall schwingt mit, dass sie nicht einverstanden ist und sich ärgert, nach dem Motto: »Sie sind ja die Chefin, Sie werden schon wissen, was dieses Vorgehen bringen soll.« Andererseits vertritt sie auch nicht klar und deutlich, was sie eigentlich will. Obwohl Frau B. weiß, dass ihre trotzig-abwertende Haltung nicht hilfreich ist, schafft sie es nicht, anders zu reagieren. In solchen Momenten hat dieser Gefühlszustand sie vollkommen im Griff.

Im Coaching entdeckt Frau B., dass es eine Seite gibt, die sich von ihrer Chefin in solchen Situationen abgewertet fühlt. Es ist ein Zustand, in dem sie sich wertlos fühlt und der einem Teil entspricht (von ihr als »Die Versagerin« benannt), gegen den sie sowieso immer ankämpft. Dieses verletzliche Gefühl ist jedoch so subtil, dass sie es im Gespräch mit der Vorgesetzten kaum wahrnehmen kann. Viel stärker ist jener Teil, der darum kämpft, gesehen zu werden: Eine Kämpferin, die sie »Amazone« nennt, weil diese sich der Chefin gegenüber überlegen fühlt und auf einem »hohen Ross« reitet.

Beim näheren Erforschen ihrer Reaktionen zeigte sich für Frau B. eine weitere Persönlichkeitsfacette, die entscheidenden Einfluss ausübt. Es gab in solchen Situationen mit der Chefin eine Stimme, die ihr innerlich sagte, dass das Ganze doch nicht so wichtig sei, sie nicht so unbequem sein solle und sie sich nicht so aufregen möge. Tatsächlich wurde der direkte Ausdruck von Ärger und Enttäuschung durch diese Aufforderungen verhindert. Frau B. gab diesem Anteil, der sich hier zu Wort meldete, den Namen »Die Nette«. Es wurde deutlich, dass die »Nette« Auseinandersetzungen und starke Gefühle scheut. Sie hat einfach Angst, dass ihre Chefin sie dann noch weniger mag und schätzt. Diese »Nette« dämpfte in den Situationen den starken Ärger und zügelte die abwertende »Amazone«. Da die Unterdrückung jedoch nur teilweise gelang, wehte in das Gespräch einiges von dem Ärger und der Abwertung mit hinein. Das mündete dann in dem trotzig-vorwurfsvoll-schnippischen Ausdruck, gepaart mit dem nachgiebigen, sich unterordnenden Verhalten gegenüber ihrer Chefin.

Als Frau B. auch noch den verletzlichen Zustand der »Versagerin« klarer zu fassen bekam, nannte sie diesen »Die Ungeliebte«, was einem noch tieferen Verständnis dieses Teils entsprach. Das Wissen um diesen empfindsamen Teil und ihr Verständnis dafür, wann und wie dieser durch ihre Vorgesetzte ausgelöst wird, half Frau B., in künftigen Situationen darauf noch mehr zu achten. Sie konnte nun leichter den Zustand der »Amazone« daran erkennen, dass sie sich kämpferisch-abwertend fühlte. Die mit diesem Zustand einhergehenden körperlichen Signale – der einseitig heruntergezogene Mundwinkel, hochgezogene Schultern und Luftanhalten – wurden für sie zu einem Frühwarnsystem. Das Wissen, für welche Interessen der kämpferische Anteil sich einsetzen möchte, half ihr dabei, ihre Wünsche und Erwartungen klarer auszudrücken. Sie konnte auch die »Ungeliebte« deutlicher wahrnehmen und das damit einhergehende Bedürfnis, ernst genommen und anerkannt zu werden. Achtsames Innehalten in solchen entscheidenden Momenten half ihr, nicht nur die sachlichen Inhalte, sondern vor allem auch ihre Bedürfnisse stärker zu vertreten. Auch »Die Nette« war zufriedener, weil Frau B.'s Haltung und Tonfall freundlich und nicht mehr vorwurfsvoll und abwertend waren.

Gute Absichten – extreme Rollen

Beschützer haben gute Absichten, auch wenn ihr Verhalten manchmal übertrieben oder gar extrem ist. Die heftigen, unkontrollierten Reaktionen von Beschützerteilen können auf die Außenwelt abweisend, kämpferisch, verletzend oder bedrohlich wirken. Das veranlasst später wiederum andere Teile wie den »Kritiker«, den »Anspruchsvollen« oder den »Gutmensch«, sie innerlich abzuwerten. Und das vertieft, ohne be-

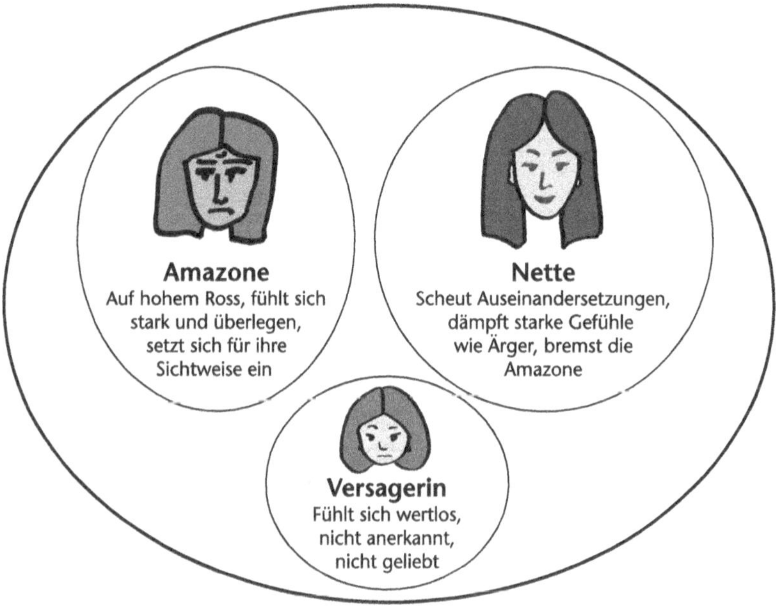

Persönlichkeitsanteile von Frau Beate B., die in Auseinandersetzungen mit Ihrer Chefin in den Vordergrund treten

absichtigt zu sein, unglücklicherweise oft das Leid von Verletzlichen oder auch von anderen Teilen, die sich abgelehnt fühlen. Diese Dynamik kann dann dazu beitragen, dass die innere Abspaltung von Verletzlichen stärker vollzogen und im System noch stärker verankert wird, z.B. indem andere Teile zur Alltagsbewältigung immer starrer werden. Das kann, neben äußeren Anforderungen, einer der Hintergründe dafür sein, wie Beschützer in immer extremere Rollen hineingeraten. Manchmal übertreiben sie ihre sonst sinnvollen Tätigkeiten: Sie können beispielsweise ständig im Einsatz sein, ohne Unterlass arbeiten, sich keine Pause oder Auszeit gönnen, auf Hochtouren laufen und schließlich Gefahr laufen, an Burnout zu erkranken. Wenn man sich ihnen mit Neugier und Offenheit zuwendet, wird man immer wieder entdecken, wie sie sich bemühen, vor etwas Unangenehmem zu bewahren und verletzliche Teile zu beschützen. Diese Teile können sich entspannen und die Kontrolle aufgeben, wenn die eigene Sensibilität und Verletzlichkeit erlebt und berücksichtigt wird und sich Wege auftun, um heikle Situationen zufriedenstellend zu meistern.

Selbstführung in der Beziehung zu anderen Menschen

Wie die bisherigen Beispiele zeigen, wird Selbstführung ganz besonders in Beziehungen und im Kontakt mit Menschen wichtig. Das spiegelt sich auch in den vielen, weit verbreiteten Methoden wider, die eine verbesserte Kommunikation in den Mittelpunkt stellen – wie etwa Eric Bernes Transaktionsanalyse (1975), Marshall Rosenbergs gewaltfreie Kommunikation (2016) oder Friedemann Schulz von Thuns Modell (2005) der vier Seiten einer Nachricht.

Auch Menschen, die für lange Zeit auf Meditationskursen gewesen sind und dort manchmal erstaunliche bewusstseinserweiternde Erfahrungen gemacht haben, berichten, dass es im Alltag und besonders im Zusammensein mit den Nächsten, unmöglich ist, diese Geistesklarheit aufrechtzuerhalten. Autoren wie John Welwood (2000) gehen sogar so weit, dass sie das Leben in einer Beziehung als einen der wesentlichsten Faktoren eines spirituellen Wachstumsweges beschreiben. Gerade die liebsten und wichtigsten Menschen, der Partner, die Kinder, die Eltern, berühren und verletzen unwillentlich immer wieder die wunden Punkte der eigenen Persönlichkeit, die noch nicht geheilt oder integriert sind.

Wenn Spannungen und immer wiederkehrende Verhaltensmuster das Zusammensein und das Zusammenleben belasten, ist alleinige Achtsamkeitspraxis unter Umständen zu langwierig und eine aktive Zuwendung zu den Teilen sinnvoll. Auch kann der Rückzug zur regelmäßigen Achtsamkeitsübung oder der Besuch von vom übrigen Leben abgetrennten Meditationskursen zum Vermeiden von Schwierigkeiten genutzt werden, die im täglichen Leben auftauchen. Spätestens dann sind vertiefende Selbsterkundung, Selbstführung oder sogar therapeutische Unterstützung eine große Hilfe. Abgesehen von dieser Gefahr der Lebensflucht wird sich ein regelmäßiges Training der Achtsamkeit für die meisten Menschen immer positiv auswirken und die Selbstführung verbessern: Wer im Gespräch präsenter, konzentrierter und gelassener ist, kann besser zuhören, besser verstehen, worum es geht, und ist weniger abgelenkt durch seine eigenen Gefühle und Gedanken.

Im Folgenden soll aufgezeigt werden, wie Prinzipien der Selbstführung und Achtsamkeit für die positive Gestaltung von Beziehungen wirksam angewandt werden können.

Innehalten und Kontakt

Im Alltag innehalten zu können ist eine der wichtigsten Auswirkungen von Achtsamkeit. Innehalten ist auch einer der bedeutsamsten Schritte in der Selbstführung. Der Moment, in dem man sich und die Situation für Bruchteile von Sekunden wie von außen wahrnimmt, wenn man innerlich kurz aus dem Geschehen heraustritt und beobachtet, was passiert – dieser Moment schafft den Abstand und den Raum, den man braucht, um bewusster zu reagieren. Durch das Innehalten entsteht die Lücke, die für besonnenes Handeln und vorher geplante Verhaltensänderungen nötig ist. Ohne Innehalten laufen viele Muster, trotz guter Vorsätze, weiterhin unkontrolliert ab. Gerade im Kontakt mit Menschen, die starke Reaktionen auslösen und mit denen Streitsituationen häufig zu eskalieren drohen, ist dieser Augenblick von Achtsamkeit der wichtigste Ansatzpunkt. Wenn man aber schon erregt und angespannt ist, fällt es deutlich schwerer, sich innerlich zu stoppen und eine Beobachterposition einzunehmen. Je früher die Gefahr einer Eskalation erkannt wird, desto besser und leichter lässt sie sich verhindern. Gelingt es, die ersten Signale sich anbahnender Impulse wahrzunehmen, zum Beispiel den Impuls, sich zu verteidigen oder anzugreifen, dann lassen sich automatisierte Reaktionen leichter unterbrechen. Da körperliche Veränderungen die ersten Signale sind, lohnt es sich besonders, die für spezifische Reaktionen typischen körperlichen Empfindungen zu kennen. Eine der besten Vorbereitungen für solche Momente wäre, sich das Innehalten anzugewöhnen und es möglichst zu automatisieren. Vielleicht ist es auch wichtig, sich Formulierungen zu überlegen, mit denen man nach außen, jeweils für die entsprechende Situationen passend, dieses kurze Umschalten zu mehr Achtsamkeit begründen könnte. In den meisten Fällen sind Worte wie: »Da muss ich mal kurz nachdenken«, oder »Gib mir einen Augenblick Zeit, das zu verdauen« ohne Nachteil oder Gesichtsverlust möglich.

Dieses achtsame Innehalten ist auch förderlich für die Fähigkeit, sich in einen Menschen einzufühlen. In spannungsgeladenen Gesprächen, bei Meinungsverschiedenheiten, bei Verhandlungen mit konträren Interessen oder im Streit, ist das Einfühlungsvermögen häufig eingeschränkt. Verständnis zu empfinden oder gar zu vermitteln, auch wenn es wichtig und hilfreich wäre, ist ohne Innehalten selten möglich. Gelingt es jedoch, etwas Abstand zu bekommen zu den eigenen Gefühlen, Sichtweisen und Interessen, ist man eher in der Lage, sich in das Erleben und die Situation des Anderen hineinzuversetzen. Diese kurze Achtsamkeit kann den inneren Raum schaffen, der notwendig ist, um sich für den Anderen zu öffnen und zu versuchen, ihn zu verstehen. Empathische Aussagen können darüber hinaus hilfreich sein, wie z.B.: »Wenn ich mich in Deine Lage hineinversetze, dann …«, oder: »Ich würde gerne versuchen, Sie besser zu verstehen. Lassen Sie mich mal überlegen, wie es mir an Ihrer Stelle ginge …«.

Eine große Hilfe ist es auch, sich von vornherein achtsam auf Gespräche vorzubereiten, wenn man vermutet, dass sie schwierig werden könnten. Auch bei solchen Vor- und Nachbereitungen von Situationen ist der Blickwinkel weiter und offener als beim üblichen Nachdenken oder Reflektieren. Beim Reflektieren verläuft der innere Dialog zumeist in den automatisierten Bahnen eingeschliffener Denkgewohnheiten. Durch den Abstand des »Inneren Beobachters« bei der achtsamen Erforschung wird der Blickwinkel weiter und differenzierter. Der offene Geisteszustand fördert kreative Einfälle. Und Achtsamkeit hilft, deutlicher zu unterscheiden, ob man wieder einmal in den gewohnten Denk- und Einstellungsmustern über eine Situation nachdenkt oder man sich wirklich neuen Erlebensebenen öffnet.

Es gibt viele Gesprächssituationen, bei denen man schon im Vorfeld ahnt, was schwierig werden könnte, was typische Reaktionen des Anderen und mögliche »Minenfelder« sein könnten. Eine achtsamkeitszentrierte Vorbereitung auf herausfordernde Gespräche kann eine immense Hilfe sein. Der Zeitaufwand dafür ist überschaubar. Wenige Minuten können reichen, um sich den Gesprächsablauf im Vorfeld zu vergegenwärtigen und sich besser einzustimmen *(siehe Übung »Vor- und Nachbereitung eines Gesprächs«, S. 184)*.

Wahrnehmen von Persönlichkeitsanteilen im Gespräch

Es hilft außerordentlich, die eigenen Teile so gut zu kennen, dass man weiß, wer sich innerlich wann, wie und vielleicht auch warum meldet. Mit einem Grundverständnis der Dynamik seiner Persönlichkeitsanteile kann man schwierige Reaktionen – sowohl bei sich als auch bei anderen – besser einschätzen und alternative Wege suchen. Anstatt sich beispielsweise über eine unangemessen schroffe, aggressive Reaktion zu ärgern, ahnt man, dass damit vermutlich gerade etwas Empfindsames beschützt wird, und man kann sich diesem tiefer liegenden Gefühl zuwenden. Speziell in Konfliktgesprächen, wenn das Verhalten von impulsiven Beschützern gesteuert wird und die Verletzlichkeiten nicht sichtbar sind, ist es wichtig, die Teile und ihre oft zunächst nicht klar fassbaren Bedürfnisse möglichst früh wahrzunehmen.

Ein typisches Streitgespräch bei einem Paar, Erwin und Susanne E., soll dies illustrieren:

Wenn Herr E. angespannt oder schlecht gelaunt ist, passiert es immer wieder, dass er sich seiner Frau gegenüber abweisend, überheblich oder zynisch äußert. Wenn Frau E. »gut drauf« ist, dann ärgert sie das zwar schon, aber sie kann trotzdem liebevoll und aufmunternd auf die Laune ihres Mannes einwirken. Wenn Herr E. jedoch in Momenten so reagiert, in denen sie über etwas berichtet, was ihr am Herzen liegt, oder sie von einem Vorfall erzählt, der sie aufwühlt, dann fühlt sie sich nicht ernst genommen und wird lauter und gereizter. Herr E.'s »Zyniker« reagiert daraufhin noch schärfer. Seine bissigen Kommentare verletzen und provozieren sie dann dermaßen, dass sie in eine Wut gerät, in der sich ihre Stimme überschlägt und sie ihre »Furie« nicht mehr im Griff hat. Je unkontrollierter und wütender sie wird, desto kälter und zynischer wird Herr E. Dass er sich von ihr überrollt und in die Enge gedrängt fühlt, nimmt er allerdings nicht bewusst wahr, weil er sofort »dicht macht«.

Angenommen, dieser zynische Charakterzug von Herrn E.

hätte sich auch im Geschäftsleben schon negativ ausgewirkt und er würde ernsthaft etwas daran ändern wollen, dann wäre es wichtig, den »Zyniker« früher zu erkennen und besser zu steuern. Nun erkennt man innere Zustände und Teile der Persönlichkeit zwar am klarsten an ihren spezifischen Handlungsmustern, aber dann ist es oft schon ziemlich spät, um gegenzusteuern. Die früheste Möglichkeit, zu bemerken, dass sich so ein innerer Teil meldet, sind wiederum die körperlichen Signale. Herr E. könnte beispielsweise den »Zyniker« daran erkennen, dass sich seine Mundwinkel zu einem spöttischen Lächeln verziehen, sein Blick scharf und das Gesichtsfeld eng wird. Wenn der »Zyniker« spricht, ist sein Kiefer angespannt und die Stimme klingt kühl. Durch eine große Vertrautheit mit seinem Zyniker und mit einer erhöhten Wahrnehmung in den Momenten, in denen jemand emotional engagiert oder wütend auf ihn einredet, hätte er eine bessere Chance, zu erkennen, was durch diesen Beschützer in Sicherheit gebracht werden soll und im Hintergrund bereits empfindlich reagiert hat. Vielleicht gibt es eine Seite, die sich bedroht oder überrollt fühlt und bei so starken Emotionen schnell überfordert ist. Frau E. ihrerseits könnte den Zustand, den sie »Die Furie« nennt, am Druck in der Brust, der angespannten, nach vorne geneigten Körperhaltung sowie am lauten, schnellen Sprechen erkennen. Solche Muster, als körperlicher Ausdruck von Persönlichkeitsanteilen, können bei Eskalationsgefahr wie Warnsignale dienen und daran erinnern, innezuhalten und achtsamer zu werden.

Führen von Teilen

Erst wenn man sich gewahr ist, welche automatischen Reaktionen (von Teilen) sich auf Gespräche hinderlich auswirken, kann man in der jeweiligen Situation bewusster auf sie achten. Ähnlich wie es während Achtsamkeits-Übungen hilfreich ist, Empfindungen, Gedanken, Gefühle oder auch Teile der Persönlichkeit zu benennen, um sich dann wieder auf den Atem zu konzentrieren, ist es auch bei den eigenen Reaktionen auf andere wirksam, sie zu benennen. Dieses Benennen der Phänomene führt dazu, sie einerseits klarer zu fassen und andererseits etwas Abstand zu ihnen zu gewinnen. Man beschreibt dabei kurz innerlich das, was gerade bemerkt wird, etwa: »ich werte ab«, oder »ich versuche zu überzeugen«, »ich höre nicht zu«, »ich gerate unter Druck«. Hat man Zugang zu dem Teil, der gerade so reagiert, dann hilft es, ihn beim Namen zu nennen, zum Beispiel: »mein Abblocker wehrt ab«, »der Zyniker spricht«, oder »der Verletzliche ist traurig«.

Als nächstes kann man versuchen, noch mehr Abstand zu dem jeweiligen Gefühl oder Verhaltensimpuls herzustellen, indem man sich ihm direkt zuwendet. Oft redet man sich spontan innerlich gut zu, wenn man sich beruhigen, besänftigen oder auch anspornen will, zum Beispiel: »ganz langsam«, »immer mit der Ruhe«, »Du schaffst das …«. So eine persönliche Selbst-Ansprache kann auch in schwierigen Gesprächen bewusst eingesetzt werden. Sie hilft beim Regulieren von emotionalen Reaktionen und beim Sich-Ablösen von vereinnahmenden Teilen der Persönlichkeit. So kann man beispielsweise einen »Kämpfer«, der auf eine Provokation reagiert, bitten, etwas auf Abstand zu gehen: »Ich weiß, was Dich aufregt, gib mir den Raum, darauf zu antworten und gehe Du etwas auf Abstand.« Einem »Abblocker«, der sich zu impulsiv und schroff abgrenzen würde, kann man innerlich sagen: »Ich weiß, was Dir wichtig ist, ich kümmere mich darum, bitte trete Du erstmal etwas beiseite«. Teile, die stark reagieren, beruhigen sich manchmal schon allein dadurch, dass man ihnen innerlich zeigt, dass man sie erkennt und wahrnimmt.

Ähnlich wie die Ausrichtung auf den Atem hilft, mit Ablenkungen bei Achtsamkeitsübungen umzugehen, kann man sich auch im Kontakt mit einer Person auf Gemütszustände ausrichten, die hilfreich sind, etwa Gelassenheit, Verständnis, Mitgefühl, Interesse, Verbundenheit, Klarheit. Man kann sich auf diesen positiven Zustand konzentrieren und sich diesem wieder bewusst zuwenden, sobald man bemerkt, dass sich alte, bekannte Verhaltensweisen anbahnen. Die innere Ausrichtung auf eine Qualität wie Verständnis oder Gelassenheit kann wie ein Leitfaden wirken und immer wieder daran erinnern, was einem im Gespräch mit der Person am Herzen liegt.

Diese beiden Aspekte, sich auf hilfreiche Qualitäten auszurichten und destruktiv wirkende Zustände oder Anteile zu bitten, zurück zu treten, genügen jedoch nicht immer. Gerade in wichtigen Beziehungen wiederholen sich oft unglückliche Eskalationen und die Beschützer-Teile, die daran beteiligt sind, sind nicht bereit, beiseite zu treten. Oft hängt das auch damit zusammen, dass sie sich »nicht schon wieder« oder »diesmal gerade nicht« mit ihren Bedürfnissen oder Interessen zurückweisen lassen wollen. Dann brauchen sie neben der grundsätzlichen Anerkennung ihrer Wünsche oder Intentionen vor allem das Gefühl, verstanden und ernst genommen zu werden, und die Gewissheit, dass man sich um ihre Belange wirklich kümmern wird.

Damit sich nachhaltig etwas entspannen und verändern kann, ist neben dem bewussten Annehmen eines verletzlichen Zustandes eben auch eine konstruktive Fürsorge für diesen Teil notwendig, z. B. mit der Übung »Achtsamer Dialog mit Teilen« (S. 176).

Verletzliche Teile haben oft eine lange Geschichte. Solange sie diese »Altlasten« tragen, und sie nicht gut integriert sind, bleibt die Wahrscheinlichkeit sehr hoch, dass sie überempfindlich reagieren und automatische Reaktionen auslösen. Sie können immer wieder durch das Verhalten von Gesprächs- oder Beziehungspartnern ausgelöst werden. Damit sich etwas verändert, kann es entscheidend sein, die Erfahrungen, Gefühle und Anschauungen, die viel früher in der Biografie entstanden sind, aufzudecken und tiefer zu verstehen. Das ist ohne tiefenpsychologisch geschulte Unterstützung oft nicht so leicht möglich.

In Auseinandersetzungen oder schwierigen Situationen mit anderen ist die akzeptierende Haltung gegenüber der eigenen

Verletzlichkeit deshalb meist der entscheidende Ansatzpunkt für eine gelungene Selbstführung. Denn das Gewahrsein und Annehmen eines verletzlichen Teils in einer akuten Situation geht immer einher mit etwas mehr Abstand zu den impulsiven Beschützeranteilen der Persönlichkeit. Wenn deren Aufgabe, die unangenehmen Gefühle zu verhindern, unnötig wird, treten sie mehr in den Hintergrund. Haben die verletzlichen Teile der Persönlichkeit einen Platz und eine Daseinsberechtigung, müssen sie von den Beschützern nicht mehr verdrängt oder »verbannt« werden. Die Beschützer können sich entspannen und die destruktiven Aspekte ihrer Rolle loslassen.

Zurück zur Wechselwirkung zwischen Erwin und Susanne E.: Frau E. fühlt sich von der abweisenden, schroffen Art ihres Mannes verletzt. Seine zynischen Bemerkungen provozieren sie dann noch mehr und eine wütende »Furie« geht mit Anschuldigungen auf ihren Partner los. Frau E. wird so schlagartig von der »Furie« überwältigt, dass sie nicht mehr den Abstand hat, auszusprechen, was gerade passiert. Die Verletzung, sich abgewiesen zu fühlen, ist überlagert vom Verteidigungskampf. Gleichzeitig gibt es einen kritischen Anteil, der mit Widerwillen und Entsetzen auf die »Furie« blickt. Ihre eigentlichen Bedürfnisse kann sie in diesem Zustand nicht wahrnehmen und sie ist deshalb auch nicht in der Lage, sie ihrem Mann mitzuteilen. Um nicht mit Gegenangriff oder Abwehr zu reagieren, müsste Frau E. früher den Teil wahrnehmen, der auf den abweisenden Tonfall ihres Partners so verletzt reagiert. Bei ihr ist es die »graue Maus«, die sich nicht gesehen fühlt, so als wäre sie ganz unwichtig. Wenn sich Frau E. diesem Teil wohlwollend zuwenden würde, könnte sie deutlicher spüren, was dessen Bedürfnis ist: nämlich ernst genommen und gehört zu werden. Die Beschuldigungen der »Furie« sind der verzweifelte Versuch, auf sich aufmerksam zu machen und Kontakt herzustellen. Längerfristig könnte es für Frau E. hilfreich sein, sich in den Situationen, in denen ihre »graue Maus« empfindsam rea-

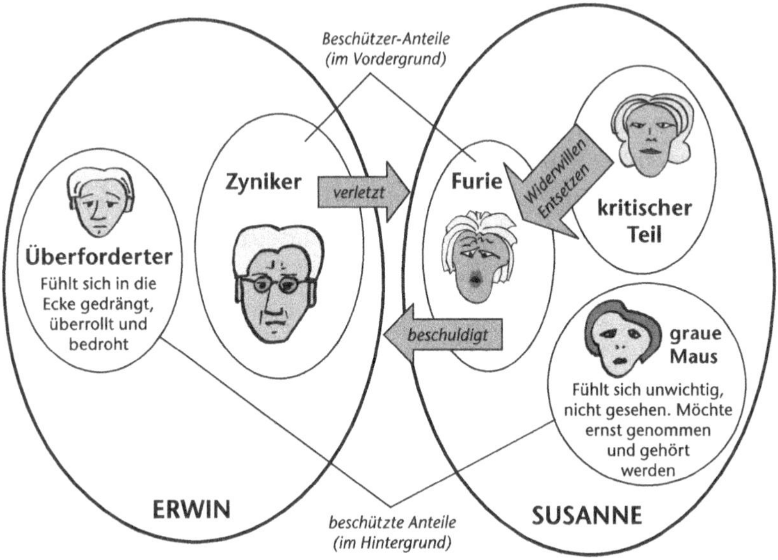

giert, dieser empathisch zuzuwenden, ihr gut zuzureden und sie so zu beruhigen. Damit wird das eigentliche Bedürfnis, das hinter dem Verhalten der »Furie« liegt, wahr- und ernst genommen. Und erst damit kann Frau E. ihre Wünsche auf eine Weise mitteilen, auf die ihr Partner eingehen kann, indem er sich ihr zuwendet und sie anhört. Denn die »Furie« bewirkt genau das Gegenteil.

Weg und Unterstützung

Achtsamkeit vertieft und erweitert die Bewusstheit in allen Lebensbereichen. Erst dieses Bewusstwerden eröffnet die Chance, mit sich selbst und anderen auf gewünschte Weise umzugehen. Achtsamkeit eröffnet in Kombination mit einem differenzierten Persönlichkeits-Modell und einem vertieften Verständnis von Innenwelten eine Vielfalt von Alternativen zu den sonst üblichen, mehr oder weniger bewährten Automatismen, die das Leben begleiten. Dabei ist es aber entscheidend, dass Achtsamkeit geübt werden muss. So sind alle vorgeschlagenen Wege oft erst dann möglich oder nachhaltig wirksam, wenn sie von einem regelmäßigen Achtsamkeits-Training begleitet werden. Dann können sie sich auch zunehmend auf struktureller und funktioneller Ebene im Gehirn auswirken.

Unterstützend bei diesem Vorhaben kann sein, sich einen Coach oder Therapeuten zu suchen, der gemeinsam mit dem Übenden die ersten Schritte unternimmt, die Ansatzpunkte sichtbar macht und die Motivation nährt, ein achtsames Leben zu führen. Wie das gehen kann, soll im nächsten Abschnitt deutlich werden.

Übungen

Ein Geschmack vom übergeordneten Beobachten

Zeitbedarf: 20–30 Minuten.
Zweck: Sich dem übergeordneten Beobachten nähern.
Grobstruktur: In Achtsamkeit Teile bemerken und nacheinander bitten, zurückzutreten. Papier und Stift in Reichweite.
Quelle: »Selbst in Führung« (Dietz & Dietz, 2011, S. 100–101).

- Setzen Sie sich bequem hin, Rücken aufrecht, Füße auf dem Boden.
- Schließen Sie die Augen oder richten Sie den gesenkten Blick entspannt auf einen Punkt vor sich.
- Beginnen Sie dann wie bei der Übung der Achtsamkeit mit dem konzentrierten Beobachten des Atems.
- Wenn Sie abgelenkt werden – durch einen Gedanken, eine Körperempfindung, ein Geräusch oder ein Gefühl – wenden Sie sich den jeweiligen Gedanken, Körperempfindungen oder Gefühlen zu und fragen Sie sich: Welcher Teil könnte das jetzt sein, der das denkt oder fühlt?
- Unabhängig davon, ob Sie den Teil gleich identifizieren können, oder es unklar bleibt, welcher Teil es ist – wenden Sie sich ihm (Gefühl oder Gedanken) für einen Moment interessiert und offen zu.

- Wenn Sie möchten, können Sie dabei verweilen und nachspüren, ob es etwas gibt, was der Teil von sich zeigen oder sagen möchte.
- Sie können den Teil dann fragen, ob er bereit wäre, sich für ein paar Minuten etwas von Ihnen abzulösen, sich etwas mehr auf eine Beobachterposition im Hintergrund zurückzuziehen und Ihnen selbst mehr Raum zu geben.
- Wenn ein Teil beiseite getreten ist, nehmen Sie den inneren Zustand wahr, der dadurch entsteht.
- Wenn Teile (Gedanken oder Gefühle) nicht so leicht auf Abstand gehen, können Sie sie fragen, was sie brauchen oder was sie befürchten, und noch etwas bei ihnen verweilen.
- Manchmal drängen sich auch nur wichtige Alltagsfragen oder anstehende Erledigungen in den Sinn. Das können Sie zur Erinnerung einfach auf einen Zettel schreiben. Nach ein paar Minuten können Sie den Teil dann noch mal fragen, ob er jetzt, wo er gehört worden ist, bereit wäre, in den Hintergrund zu treten.
- Wenn Sie etwas mehr Abstand zu einem oder zu mehreren Teilen haben, bleiben Sie, so lange Sie wollen, in dem sich nun einstellenden beobachtenden Zustand. Dieser kann sich innerlich leer, weit oder leicht anfühlen. Je weniger Sie mit Persönlichkeitsanteilen identifiziert sind, desto deutlicher werden Sie Qualitäten von Klarheit, Konzentration und Gelassenheit empfinden – vielleicht auch verbunden mit einem Gefühl »Liebender Güte«.

Herzensqualität

Zeitbedarf: 20–30 Minuten.

Zweck: Die Herzensqualität und Liebende Güte eines beobachtenden Zustands erfahren.

Grobstruktur: Sich in Achtsamkeit auf das eigene Herz und die liebevolle Herzensqualität ausrichten. Mit dieser Liebenden Güte den verletzlichen oder leidenden Teilen begegnen und sie damit einhüllen.

Quelle: Ausbildung IFS (https://www.ifs-europe.net/)
Empfehlung: Die Übung können Sie nach dem Durchlesen selbst ausprobieren. Sie können dabei auch zwischendurch auf die Anleitung schauen.

- Setzen Sie sich bequem hin, Rücken aufrecht, Füße auf dem Boden.
- Schließen Sie die Augen und nehmen Sie einige bewusste, tiefere Atemzüge.
- Gehen Sie innerlich zu Ihrem Herzen und stellen Sie sich vor, Sie würden mit diesem Herzensraum ein- und ausatmen.
- Beobachten Sie achtsam und von Moment zu Moment, welche Qualitäten Sie hier wahrnehmen, wie offen oder verschlossen sich das Herz anfühlt, wie zart, fest oder eingekapselt, wie viel Raum es sich nehmen kann und wie viel hindurchfließen mag.
- Es ist vollkommen in Ordnung, alles wahrzunehmen, was sich da zeigt – ohne es zu bewerten oder ohne bei Bewertungen zu lange zu verweilen. Der Atem und der Fluss der Energie entstehen immer wieder neu – und diesem Fluss können Sie folgen.
- Sie können die Grenzen des Herzensraumes untersuchen – oben und unten, vorn und hinten und die Seiten. Wie offen oder verschlossen, wie dick, dünn oder durchlässig sind sie? Und Sie können sich vorstellen, wie es wäre, wenn sich diese Räume ausdehnen.
- Wenn sich etwas dichter oder verschlossener anfühlt, können Sie hinspüren, welcher Teil da beteiligt ist. Vielleicht entdecken Sie Teile, die Ihr Herz schützen möchten. Diese Teile können Sie fragen, ob sie bereit wären, sich Ihrer Herzensqualität zu öffnen … und zu erleben, wie diese Liebe allem Schwierigen oder Bedrohlichen mit Gleichmut und Güte begegnet.
- Sie können von hier aus auch andere Teile einladen, diese

tiefe Liebe wahrzunehmen und sich davon einhüllen zu lassen.

- Sie können bei einem Teil, der leidet, der feststeckt in der Vergangenheit oder Zukunftssorgen hat, auch länger verweilen. Und Sie können ihn einladen, alle Lasten, die er spürt oder von denen er sich eingeengt fühlt, mit dem Ausatmen an die große Liebe abzugeben, die alles aufnehmen kann.
- Fühlen Sie, wie diese Liebe Ihr Herz umgibt und wie sie Sie und Ihre Teile bergen und beschützen kann.
- Und wenn sich die Zeit dafür passend anfühlt, dann können Sie beginnen, sich wieder auf die Außenwelt auszurichten.

Achtsamer Dialog mit Teilen

Zeitbedarf: 20–30 Minuten.
Zweck: Mehr über die Hintergründe und die Intention eines Beschützers bei einer automatischen Reaktion kennen lernen. Besser verstehen, welche Teile versuchen, einen verletzlichen Teil zu beschützen.
Grobstruktur: Eine automatische Reaktion in der Phantasie nachempfinden. Teile der Persönlichkeit identifizieren, die dabei ausgelöst werden. Zu einem Teil, den man näher kennen lernen möchte, Kontakt herstellen und damit in inneren Dialog treten. Papier und Stift in Reichweite.
Quelle: »Selbst in Führung« (Dietz & Dietz, 2011, S. 135–136).
Empfehlung: Wir empfehlen, zu Beginn den achtsamen inneren Dialog mit Beschützern zu üben und noch nicht mit verletzlichen Teilen. Verletzliche Teile sind bei einem solchen Dialog die ersten Male in Begleitung eines erfahrenen Coaches oder Therapeuten besser aufgehoben.

- Wählen Sie eine automatische Reaktion aus, mit der Sie unzufrieden sind. Am besten eine, die Ihnen schon etwas vertraut ist.

- Beginnen Sie, mit der Aufmerksamkeit nach innen zu gehen, und werden Sie achtsamer für Ihre Innenwelt. Nehmen Sie Ihren Körper wahr und beobachten Sie für eine Weile den Atemfluss.
- Lassen Sie dann das Geschehen – all das, was in der auslösenden Situation typischerweise passiert – möglichst plastisch vor Ihrem inneren Auge in Zeitlupe ablaufen. Sammeln Sie konkrete Eindrücke, zum Beispiel von der Umgebung, der Atmosphäre, weiteren relevanten Aspekten dieses Momentes: etwa Wortwechsel, Ausdrucksweise und Gesichtsausdruck anderer beteiligter Personen.
- Beobachten Sie möglichst genau und differenziert, in welchen Zustand Sie hineingeraten? Was reagiert innerlich in Ihnen? Welche Teile melden sich da? Wer oder was in Ihnen ist empfindlich getroffen?
- Welcher Teil versucht, die Situation gut zu bewältigen oder in den Griff zu bekommen? Welcher Teil herrscht besonders stark vor, wer tritt da in Aktion?
- Wenn Sie den Teil identifiziert haben, der hier die Führung übernimmt, dann wenden Sie sich ihm zu. Machen Sie sich dabei Ihre Absicht klar: Sie wollen diesen Teil besser verstehen und mit ihm nach Ansätzen suchen, seine Intention und Wünsche besser zu berücksichtigen. Stellen Sie sicher, dass Sie dabei in einer offenen und neugierigen Haltung sind.
- Wie genau reagiert der Teil, was tut er? Beobachten Sie sein Verhalten. Wird er etwa laut, unterbricht er andere, wird er kämpferisch, hört er nicht mehr zu oder versucht er zu überzeugen?
- Wenn Sie diesem Teil einen Namen geben oder ihn umschreiben würden, was könnte passen? Vielleicht regt Sie sein Verhalten zu einem Namen an oder auch wie er nach außen wirkt.
- Konzentrieren Sie sich auf diesen Teil und versuchen Sie, ihn noch deutlicher wahrzunehmen. Achten Sie dabei auf

Ihren Körper, Teile sind über die Körperwahrnehmung oft am besten zugänglich. Möglicherweise bleibt die Verbindung zu dem Teil eher diffus. Auch das ist für das weitere Vorgehen vollkommen in Ordnung. Es kann sein, dass Sie manche seiner Merkmale oder Gefühle deutlich wahrnehmen können – wie zum Beispiel Druck oder Unruhe, besonders in bestimmten Körperregionen. Möglich ist auch, dass Sie ein Bild von ihm bekommen, dass er eine sichtbare Form annimmt, die Sie mit Ihrem »inneren Auge« sehen können.

- Sobald Sie Verbindung zum Teil haben, können Sie ihn befragen. Was immer Sie besser verstehen wollen, kann Ausgangspunkt dafür werden. Mögliche Fragen zu Beginn könnten sein: »Was lässt dich so reagieren, denken, fühlen?«, »Wofür setzt du dich ein?«, »Was befürchtest du, könnte passieren, wenn du das, was du tust, nicht tätest?«
- Warten Sie ab, was der Teil Ihnen daraufhin zeigt. Die Antwort, die von innen entsteht, kann ein Bild, ein Gefühl, ein Satz sein. Wenn die Reaktionen eher diffus und nicht greifbar sind, dann bleiben Sie einfach noch länger bei der Frage.
- Sie können auch fragen: »Was möchtest du mir zeigen?« »Was soll ich von dir verstehen?« Weitere wichtige Fragen wären: »Was beschützt du in mir?« »Was versuchst du zu vermeiden, zu verhindern?« »Was befürchtest du, würde passieren, wenn du das, was du tust, nicht mehr tätest?« »Was lässt dich so sicher sein, dass das passieren würde?«
- Wenn der Persönlichkeitsanteil Ihnen zeigt, was seine Befürchtungen sind, könnten Sie ihn auch noch fragen, woher er diese Überzeugungen oder Gefühle hat.
- Vielleicht zeigt er Ihnen, was dahinter steckt, was seine Erfahrungen sind oder auch, was er beschützt.
- Sie können diesem Anteil Ihrer Persönlichkeit innerlich antworten und ihm zeigen, dass Sie ihn verstehen oder auch wertschätzen. Sie können ihm sagen, wie wichtig er ist

oder was Sie – aus dem neu gewonnenen Verständnis heraus – in Zukunft bewusster beachten wollen.

Anmerkung: Diesen inneren Dialog können Sie auch durchführen, wenn Sie eine ausgeprägte Charaktereigenschaft näher unter die Lupe nehmen wollen, beispielsweise Starrsinn, Perfektionismus, Zynismus oder Ungeduld.

Es kann sein, dass während der Übung ein anderer Teil »dazwischenfunkt«, der nicht bereit ist, beiseite zu treten. Innere Kritiker oder rational-vernünftige Teile sind solche häufigen »Kommentatoren«, die unter Umständen erst beruhigt werden müssen. Damit man mit dem Teil, den man eigentlich kennen lernen will, den Dialog fortsetzen kann, ist es manchmal nötig, zuerst mit dem Teil »zu sprechen«, der sich eingemischt hat – bis dieser bereit ist, wieder beiseite zu treten.

Die Konzentration kann zwischendurch nachlassen, man wird müde oder abgelenkt. Wenn dies geschieht, kann man eine Pause machen oder sich die letzten Wahrnehmungen oder Erkenntnisse wieder herholen, sich erneut auf den Teil konzentrieren und den Dialog fortsetzen. Ein Wechsel zwischen Achtsamkeit für den Teil und schriftlichen Notizen über die Erfahrungen sind auch eine Möglichkeit, konzentriert zu bleiben.

Persönlichkeitsanteile identifizieren und benennen

Zeitbedarf: 20–30 Minuten.
Zweck: Einen Überblick über die verschiedenen Anteile der eigenen Persönlichkeit gewinnen.
Grobstruktur: In Achtsamkeit verschiedene Situationen des Lebens durchgehen und die dabei jeweils auftretenden Teile identifizieren. Papier und Stift für Notizen.
Quelle: »Selbst in Führung« (Dietz & Dietz, 2011, S. 70–71).

- Setzen Sie sich bequem hin und schließen Sie für eine Weile Ihre Augen. Nehmen Sie sich einen Moment Zeit, um umzuschalten, die Außenwelt loszulassen und sich auf sich selbst und Ihr Inneres zu besinnen. Um sich besser auf die eigene Innenwelt konzentrieren zu können, kann es hilfreich sein, wenn Sie für ein paar Minuten bei Ihrem Atem verweilen.
- Lassen Sie dann nacheinander einige der unten aufgeführten Situationen aus Ihrem Leben auftauchen. Versuchen Sie, sich diese Momente möglichst plastisch und lebendig zu vergegenwärtigen. Sobald Sie bei einer dieser Erfahrungen etwas verweilt haben, fahren Sie mit den Reflexionsfragen weiter unten fort.
  - Bei vertrauten automatischen Reaktionen.
  - Im Streit oder bei Auseinandersetzungen.
  - Jemand will etwas von Ihnen, bittet Sie um einen Gefallen.
  - Bei einer Rede, Präsentation oder einem Auftritt vor einer größeren Gruppe.
  - Im Spiel mit Kindern.
  - Sie wollen jemanden von etwas überzeugen.
  - Im Gespräch mit einer Autoritätsperson, z.B. einem Vorgesetzten.
  - In schwierigen Verhandlungen.
  - Im Urlaub oder in der Freizeit.
  - Ein typisches Dilemma oder ein schwieriger Entscheidungsprozess.
  - Sie werden kritisiert, jemand ist mit Ihnen unzufrieden.
  - Im Umgang mit einer dominanten Person.
  - Im Kontakt mit Ihren Eltern.

- Während Sie die jeweilige Situation und das Geschehen auf sich wirken lassen, nehmen Sie wahr, was innerlich auftaucht und was sich dann verändert. In was für einen Zustand geraten Sie? Was für Gefühle herrschen vor? Was denken Sie? Welche Impulse entstehen? Verändert sich Ihre

Stimme, Ihr Atem, die Muskelspannung im Körper? Und wenn ja, wie? Lassen Sie das alles auf sich wirken, ohne es verändern zu wollen.

- Wenn Sie diesen Zustand – die Körperempfindungen, die Gefühle, Gedanken und Impulse – jeweils noch etwas genauer erforschen, welche Seite von Ihnen tritt da in den Vordergrund? Versuchen Sie zu erfassen, welcher Anteil oder welche Anteile Ihrer Persönlichkeit aktiviert und lebendig werden. Und auch: Was wird vielleicht unterdrückt oder tritt in den Hintergrund?
- Versuchen Sie, für jeden Zustand, für jeden abgrenzbaren Teil Ihrer Persönlichkeit eine Beschreibung oder einen passenden Namen zu finden. Das hilft Ihnen später, Teile schneller zu identifizieren.
- Fahren Sie fort, indem Sie sich mehrere der aufgeführten Situationen auf diese Weise vergegenwärtigen und erforschen. Listen Sie alle Teile Ihrer Persönlichkeit auf, die Ihnen dabei begegnen.
- Darüber hinaus können besonders auch wiederkehrende Stimmungen oder Zustände – zum Beispiel Melancholie, innere Unruhe, Ängste, Eifersuchtsattacken – auf Teile hinweisen. Und Sie können zusätzlich noch reflektieren, ob Rückmeldungen, die andere Menschen Ihnen in der Vergangenheit gegeben haben, noch weitere Teile zum Vorschein bringen. Zum Beispiel die Rückmeldung: »Du bist manchmal so stur!«, könnte auf einen unflexiblen, uneinsichtigen oder trotzigen Teil hinweisen.

Teile-Landkarte

Zeitbedarf: 20–30 Minuten.

Zweck: Ein Bild über die eigenen Persönlichkeitsanteile bekommen und darüber, wie sie zueinander stehen.

Grobstruktur: Aufbauend auf der Liste aus der Übung »Persönlichkeitsanteile identifizieren und benennen« wird intuitiv ein Bild entworfen, in dem die Teile symbolisch, grafisch oder

illustrativ dargestellt werden. Benötigt werden Papier und Buntstifte.
Quelle: »Selbst in Führung« (Dietz & Dietz, 2011, S. 86–87).

Empfehlung: Wenn Sie sich die Liste der Persönlichkeitsanteile anschauen, dann werden Ihnen vermutlich einige auffallen, die in Ihrem Leben eine wichtige Rolle spielen, und andere, die nur selten auftreten. Sie können nun ein Bild anfertigen, das ausdrückt, welche Teile sich in Ihrem Leben oder auch bezogen auf eine bestimmte Situation besonders auswirken. In diesem Bild können Sie darstellen, welche Polarisierungen und welche Allianzen zwischen den Teilen bestehen, welche in Führung und welche eher beschützt sind. Diese intuitive Darstellung lässt die »innere Familie« oder das »innere Team«, die Bedeutung der einzelnen Teile und deren Beziehung zueinander noch anschaulicher und greifbarer werden.

Dazu können Sie mit Papier und Farbstiften intuitiv eine symbolische »Draufsicht«, eine Art »Landkarte« entwerfen, die für Sie stimmig erscheint. Es sind keinerlei künstlerischen Talente nötig, eher ein bisschen Experimentierfreude und Neugier.

Anmerkung: Die Landkarte kann für längere Zeit ein wichtiges Hilfsmittel zur Selbstführung sein. Sie wächst und verändert sich mit zunehmender Bewusstheit über die eigene Innenwelt. Es wird dann immer leichter und vertrauter, im Alltag Persönlichkeitsanteile frühzeitig zu bemerken und zu identifizieren.

- Sie können ein Bild davon zeichnen, wie Ihre Teile insgesamt in den letzten Monaten verteilt waren, oder jeweils ein Bild, das die Konstellation der Teile in einem bestimmten Lebensfeld darstellt, zum Beispiel die berufliche oder die private »Person«. Es kann auch eine Darstellung von Teilen sein, die in einer ganz bestimmten Situation oder in einem gegenwärtigen Entscheidungsprozess vorherrschen.

- Für Ihre individuelle »Landkarte« empfehlen wir, sich von Kategorisierungen zu lösen. Entscheidend ist Ihr Gefühl intuitiver Richtigkeit, denn jede Innenwelt ist einzigartig.
- Erlauben Sie sich, Ihre ganz eigene Form zu finden. Dabei sind Ihrer Phantasie keine Grenzen gesetzt. Einige Möglichkeiten könnten sein:
  - Verschieden große Kreise, die wichtigsten größer in der Mitte, die anderen kleiner drum herum,
  - verschiedene symbolische Flächen, rund, eckig, gezackt, wolkig – und in verschiedenen Farben, die am besten zu der jeweiligen Qualität des Teils passen,
  - verschiedene Figuren, Gestalten und/oder Symbole,
  - ein Torten- oder Balkendiagramm, das die anteilig unterschiedlichen Größen oder die Wichtigkeit der einzelnen Teile ausdrückt,
  - die Form einer Mind-Map oder die eines Baumes mit verschiedenen Ästen oder einer Blume mit unterschiedlichen Blüten.
- Sinnvoll ist es, dabei zu berücksichtigen, wie viel Raum einzelne Teile in der Persönlichkeit einnehmen, welche Teile näher beieinander und welche weiter auseinander stehen, welche oft zusammenwirken oder sich in ihren Intentionen widersprechen.
- Empfehlenswert für die Übersicht ist es auch, die Namen jeweils dazuzuschreiben.
- Wenn Sie eine »Landkarte« gezeichnet haben, dann können Sie auch mit Ihrem Partner oder einer guten Freundin darüber sprechen und ihn oder sie nach deren Sicht fragen – ob sie Ihre Vorstellungen so nachvollziehen können, ob sie andere Eindrücke haben oder vielleicht sogar noch ganz andere Anteile sehen. Auch über die Wirkungen und Wechselwirkungen Ihrer Persönlichkeitsanteile können Sie Interessantes erfahren.

Vor- und Nachbereitung eines Gesprächs

Zeitbedarf: 2–10 Minuten.

Zweck: Sich auf ein schwieriges Gespräch vorbereiten, um nicht in die üblichen Fallen zu tappen.

Grobstruktur: In Achtsamkeit die Situation vorwegnehmen, untersuchen und Alternativen explorieren; unter Umständen eine gedankliche »Bühnenprobe«.

- Setzen Sie sich bequem hin, Rücken aufrecht, Füße auf dem Boden.
- Nehmen Sie ein paar tiefe Atemzüge und beobachten Sie dann Ihren natürlichen Atemfluss.
- Lassen Sie die voraussichtlich kritischen Momente des bevorstehenden Gesprächs in der Vorstellung auftauchen. Wichtig ist, einerseits innerlich nah genug beim Geschehen zu sein, um Gefühle und Reaktionen wahrzunehmen, und andererseits genug Abstand zu haben, um sich darin nicht zu verlieren.
- Dann kann man gefühlsmäßig in die Situation eintauchen, zu sich und dem Gegenüber hinspüren und sich fragen:
  - Welche Einstellung oder innere Haltung unterstützt mich in diesem Gespräch?
  - Welcher Teil meiner Persönlichkeit könnte dazu neigen, negativ zu reagieren?
  - Wie kann ich automatisierte Reaktionen unterbinden? Welche körperlichen Frühwarnsymptome würden solche Automatismen ankündigen?
  - Was könnte mir helfen, dieses Gespräch so zu führen, dass ich mit mir, meiner Haltung und meinem Verhalten zufrieden bin?
- Ähnlich kann man sich nach einem belastenden Gespräch das Geschehen noch einmal vergegenwärtigen:
  - Wie geht es mir nach dem Gespräch?
  - Was schwingt nach? Was wollen mir diese Gefühle und Gedanken oder Teile noch sagen?

  - Und wenn wieder eine vertraute automatische Reaktion ablief, kann man sich fragen: Welcher Teil hat versucht, mich zu beschützen? Was in mir reagiert in einem solchen Moment so empfindlich und worauf genau?

- Die Erforschung im Anschluss an ein Gespräch kann die beste Vorbereitung für zukünftige, ähnlich gelagerte Situationen sein. Man erkennt noch genauer, wie und wodurch bestimmte Reaktionen ausgelöst wurden und wo man beim nächsten Mal achtsamer sein möchte. Sowohl in der Vor- als auch in der Nachbereitung kann man versuchen nachzuempfinden, wie sich ein achtsames Innehalten an der einen oder anderen Stelle im Gespräch anfühlen würde:
  - Was wäre anders, wenn ich an bestimmten Punkten etwas achtsamer wäre, wie würde ich mich fühlen, wie würde ich auf den Anderen reagieren?
  - Was könnte mich darin unterstützen, in den heiklen, entscheidenden Momenten achtsamer zu sein?

TEIL III

Achtsamkeit in Psychotherapie und Coaching

Achtsamkeit als therapeutisches Hilfsmittel

Dieser dritte Teil befasst sich mit der Anwendung von Achtsamkeit in Psychotherapie und Coaching. Doch sollen nur die wesentlichsten Aspekte beschrieben werden, und zwar so, dass auch Nicht-Fachleute einen Eindruck davon bekommen, wie eine moderne, auf Achtsamkeit beruhende Zusammenarbeit aufgebaut werden kann.

Neben vielen Lesern, die selbst eine Psychotherapie oder ein Coaching erwägen oder einfach Interesse daran haben, wie eine auf Achtsamkeit beruhende Therapie aussieht, werden hier insbesondere drei Personengruppen angesprochen:

Erstens kann dieser Abschnitt für Therapeuten nützlich sein, die einen Eindruck davon gewinnen möchten, wie Achtsamkeit als therapeutisches Hilfsmittel in der tiefenpsychologischen Behandlung verwendet werden kann. Wir werden versuchen zu skizzieren, wie sie sich praktisch integrieren lässt, und zwar so, dass sie das gesamte Verhalten eines Therapeuten rahmt und formt.

Zweitens sind Coaches angesprochen, die viele der wichtigen Wirkelemente von Achtsamkeit für ihre Arbeit nutzen können. Hier wird zwar vor allem über Psychotherapie gesprochen, doch kann das Vorgehen eines psychologisch ausgerichteten Coachings über weite Strecken dem in einer Psychotherapie ähneln (Dietz & Dietz, 2008, 2011). Unterschiede entstehen dort, wo Therapeuten auf tiefen Ebenen der Selbstorganisation, z.B. im Bereich des impliziten Gedächtnisses *(siehe Exkurs »Implizites und explizites Gedächtnis«, S. 214)*, grundlegende Veränderungen unterstützen.

Drittens gibt es sicherlich ärztlich, psychologisch oder beratend arbeitende Kollegen, die beabsichtigen, Achtsamkeit stärker in ihre Tätigkeit einfließen zu lassen, auch wenn sie nicht im engeren Sinne psychotherapeutisch ist.

Psychotherapie und Buddhismus

Psychotherapie ist für das westlich-aufgeklärte Bewusstsein so selbstverständlich geworden, dass man sich daran erinnern muss, dass sie gerade erst erfunden wurde. Sowohl die Tiefenpsychologie als auch die Verhaltenstherapie sind als Behandlungsdisziplinen im Wesentlichen eine Errungenschaft des 20. Jahrhunderts. Im Buddhismus wird auf eine »erkrankte« Psyche kein Bezug genommen (Engler, 1984, 2006). Leiden wird dort als ein Problem angesehen, das jeden betrifft, nicht nur jene Menschen, die man heute als gestört oder krank ansieht.

Da die buddhistischen Lehren nichts zu psychischen Erkrankungen sagen, stehen Psychotherapeuten heute vor der Herausforderung, das alte Wissen über Achtsamkeit mit den neuen psychologischen Sichtweisen in Verbindung zu bringen, oder Anpassungen an das buddhistische Konzept vorzunehmen.

In diesem Abschnitt wird ein solcher Versuch unternommen: Wie kann Achtsamkeit in Psychotherapie und Coaching integriert werden? Wie können wir das alte Wissen nutzen und wie müsste es modifiziert werden? Dabei wird ganz im Sinne des Buddhismus eher auf das Gemeinsame der menschlichen Erfahrung geschaut werden und weniger auf das, was in psychiatrischen Lehrbüchern zu bestimmten Leidensformen zu finden ist.

Achtsamkeit verändert den Westen

Wir stehen vor einer Neuerung und Fortentwicklung der Möglichkeiten, die Achtsamkeit uns gibt. Da das östliche Gedankengut schon in den ersten Jahrzehnten des vergangenen Jahrhunderts in Mitteleuropa große Aufmerksamkeit fand, gab es dort bereits eine Öffnung für das bewusste Sein im gegenwärtigen Moment, für Präsenz, Meditation und leibliche Gegenwärtigkeit. Dies spiegelte sich auch in therapeutischen Ansätzen wider. Auch in der Philosophie fand der Geist des gegenwärtigen subjektiven Seins seinen Widerhall (Stern, 2005) *(siehe Glossar »Phänomenologie«, S. 270).* Weltweit bekannte Körper- und Psychotherapeuten wie Elsa Gindler, Charlotte Selver, Fritz Perls, Graf von Dürkheim und andere gaben frühe Impulse in diese Richtung.

In den 1960er Jahren entstand in den USA ein neuer Brennpunkt für bewusstseinsorientierte Lehren. Im Laufe der Zeit nahmen unter anderem Alan Watts, Shunryu Suzuki, Erich Fromm, Eugene Gendlin und viele wichtige Vertreter der Humanistischen Psychologie Einflüsse aus den Traditionslinien der Achtsamkeit auf: aus dem Zen-Buddhismus, den Lehren des Theravada-Buddhismus und dem tibetischen Buddhismus.

International steht aus dieser Zeit wohl am ehesten die Gestalttherapie für das sich entfaltende Bewusstsein, dem es um das »Hier-und-Jetzt« und um »awareness« geht. Dieser Geist erfüllt heute noch die Arbeit vieler Psychotherapeuten. Doch das in Jahrtausenden geschärfte Konzept der Achtsamkeit – Generationen von Menschen haben sich mit ihm auseinandergesetzt – beinhaltet noch radikalere Konsequenzen als die, die etwa Fritz Perls lehrte. Ein in tiefes Verständnis der Achtsamkeit eingebettetes Verfahren muss mit einer Reihe von Vorstellungen, Einstellungen und Paradigmen brechen, die wir westlich orientierten Menschen durch unsere Kultur verinnerlicht haben. Und sie führt Therapeuten in Paradoxa und zu persönlichen Herausforderungen, die sich erst langsam, über viele Jahre hinweg, erschließen.

Anders als der Ansatz, Achtsamkeit als einen zusätzlichen Baustein in eine klassische Psychotherapie einzufügen, rüttelt eine tief in Achtsamkeit eingebettete Therapie – und die entsprechend gestaltete therapeutische Beziehung – an unserem Fühlen und Denken. Sie steht im fundamentalen Widerspruch zu dem, was uns die etablierten Strukturen der Gesundheitsversorgung mit Selbstverständlichkeit als die »richtige« Auffassung vorgeben.

Im Folgenden soll deutlich werden, wie eine achtsame therapeutische Zusammenarbeit aussehen muss: wie die Integration der Achtsamkeit in den tiefenpsychologischen Prozess gelingen kann, wie bisherige Versuche gestaltet sind und warum »*dyadische*« (zu zweit gestaltete) Achtsamkeit ganz neue Strategien, Interventionsformen und therapeutische Einstellungen erfordert.

In der Verhaltenstherapie wird im Zusammenhang mit Achtsamkeit von einer »dritten Welle« der Therapie-Entwicklung gesprochen. Vielleicht bietet aber diese alte Geistesschulung sogar einen Paradigmenwechsel im gesamten Feld der Psychotherapie an.

Das dyadische Prinzip als Neuerung

Mit dem 20. Jahrhundert erscheint also plötzlich die Gestalt des »Therapeuten« im Bewusstsein der Menschen der Moderne, eine Figur, die während der Behandlung im engen, vertrauensvollen und Sicherheit gebenden Kontakt mit dem Leidenden sein sollte (Hubble et al., 1999; Grawe, 2001; Cozolino, 2006). So ergibt sich auch die Möglichkeit, *zu zweit* in einem achtsamen Zustand zusammenzuwirken, um auf diese Weise von außen achtsame Selbsterforschungsprozesse zu unterstützen.

Es gab auch schon im traditionellen Buddhismus eine enge Beziehung zwischen dem Schüler und seinem Lehrer, die intim und psychologisch-erzieherisch sein konnte. So berichtet zum Beispiel David Chadwick in seiner Biographie über den Zen-Meister Shunryu Suzuki, wie dessen spiritueller Lehrer So-on auch auf das persönliche Wachstum seines Schülers einwirkte. Chadwick zitiert Suzuki:

> »Es ist der Charakter oder die Persönlichkeit, das Wechselspiel zwischen Lehrer und Schüler, die die Übertragung und lebendiges Zen möglich machen. Die Beziehung zwischen Lehrer und Schülern ist für uns sehr wichtig. Damals verstand ich das

noch nicht, aber das erste Problem, mit dem mein Meister mich konfrontierte, war diese Geschichte von Yakusan« *(bei der es um die Rolle des Zen-Lehrers geht; Anmerkung der Autoren).*

Ein paar Zeilen weiter fährt Chadwick fort:

> »Die Jungen *(Mönche; Anmerkung der Autoren)* reinigten den Tempelteich und schöpften Schlamm vom Grund. So-on arbeitete ganz am Rand. Shunryu fing einen kleinen Goldfisch und sah, dass ein winziger Wurm an ihm hing. ›Das ist *(ein)* Mijinko!‹ rief er voller Stolz aus.
>
> ›Halt den Mund!‹ bellte So-on ihn an.
>
> Shunryu verstand nicht, wieso So-on ihn angeschrien hatte, viel später aber erzählte er diese Geschichte, um zu zeigen, dass sich sein Lehrer auf das kleinste Anzeichen von Selbstsucht stürzte.«

Und Suzukis Kommentar:

> »Mich anzuschreien, als ich mit meinen Kenntnissen prahlte, war eine andere Art des Mitgefühls, eine Form von Güte« (Chadwick, 2000, S. 33).

Viele Meister gaben zwischen den Meditationssitzungen persönliche – heute würde man sagen psychologische – Anweisungen und meditierten gemeinsam mit ihren Schülern. Von dort ist es jedoch ein großer Sprung hin zu einer Psychotherapie, in der während der achtsamen Versenkung plötzlich ein Gesprächspartner da ist, der sich ebenfalls aus einem achtsamen Zustand heraus für einen verbalen Austausch über das jeweilige Erleben des Übenden zur Verfügung stellt. Das Eingreifen spiritueller Lehrer war traditionell entweder eher autoritär oder sie wirkten über Resonanzphänomene (Lewis et al., 2000; Siegel, 2006b) durch ihre eigene Fähigkeit zur Präsenz auf den Geist ihrer Schüler ein.

Ein gemeinsames, achtsames Vorgehen im gegenwärtigen Augenblick, das sich am unmittelbar auftauchenden Erleben des Klienten orientiert, erfordert vom Begleiter besondere, zusätzliche Leistungen: große Toleranz, ein langsames Vorgehen, Genauigkeit und eine feine Abstimmung auf die Befindlichkeit des Klienten (Tronick et al., 1998). Es ist intim, unmittelbar und mit großer Verantwortung des Therapeuten oder des Coachs verbunden.

Veränderter Fokus: Vom Reflektieren zum annehmenden Beobachten

Ein In-sich-Hineinschauen, Hinein-Fühlen, Hinein-Horchen wird in westlichen Gesellschaften »Introspektion« genannt. Dieses Vorgehen hat sich aber nie durchsetzen können, unter anderem deshalb, weil man nicht erkannte, dass es nicht von vornherein von jedem Menschen beherrscht wird. Es muss geübt und gelernt werden (Ginsburg, 1996; Wallace, 2007). Heute gibt es einige therapeutische Verfahren, die Formen von Gewahrsein in die Sitzungen integrieren, die der Achtsamkeit entsprechen oder ihr zumindest sehr nahekommen (Cole & Ladas-Gaskin, 2008). Als Pionier einer fundamentalen Integration von Achtsamkeit und Tiefenpsychologie gilt der amerikanische Psychologe Ron Kurtz. Er begann bereits in den 1960er Jahren, Achtsamkeit in den Behandlungsprozess einzubauen, nachdem er über längere Zeit mit Yoga und Vipassana-Meditation in Berührung gekommen war. Er schreibt (1990, S. 50):

> »J. P. Morgan sagte einmal: ›Wenn sonst keine Unterschiede bestehen, würde ich mich für den Mann entscheiden, der sein Essen kostet, bevor er es salzt.‹ Und damit beginnt auch die Innere Achtsamkeit – lieber zuerst kosten, statt gleich zu tun, zuerst wahrnehmen, wie wir berührt werden und unser Bewusstsein angesprochen wird, wie wir unsere Erfahrung organisieren.«

> »Die grundlegende Methode besteht darin, eine Beziehung aufzubauen, in deren Rahmen der Klient Innere Achtsamkeit

entwickeln, im Zustand dieser Inneren Achtsamkeit Erfahrungen aufrufen und die ausgelösten Erfahrungen durcharbeiten kann« (1990, S. 21).

»Achtsamkeit … ist charakterisiert durch ein entspanntes Wollen, die Hingabe an das und die Akzeptanz dessen, was im Augenblick geschieht; eine sanfte, kontinuierlich bewahrte Konzentration darauf, die Wahrnehmung nach innen zu richten, eine erhöhte Sensibilität sowie die Fähigkeit, die Bewusstseinsinhalte zu *beobachten* und zu *benennen*« (1990, S. 20).

Kurtz entwickelte mit diesem Vorgehen eine durch den Osten inspirierte Neuerung, die unseres Erachtens eine wesentliche Veränderung im Verständnis tiefenpsychologischer Behandlung bewirkt: Der Klient wird nicht mehr darin unterstützt, seine Erfahrungen zu reflektieren, er wird sogar davon abgehalten. Stattdessen lernt er, Achtsamkeit in dem Sinne zu nutzen, seine normalerweise nicht bewussten, automatischen Mechanismen genauestens und vertiefend zu *beobachten*.

So bemerkt der 34-jährige Standesbeamte Norbert K., der wegen Schlafstörungen und unkontrollierbarer Nervosität in Gegenwart von Vorgesetzten zum Coaching kommt, dass er sofort den Blicken seines Coaches ausweicht, sobald sich die beiden auch nur für einen Moment anschauen. Der Coach führt Herrn K. in einen achtsamen Zustand, hier mit geschlossenen Augen. Dann bittet er ihn, ganz genau zu beobachten, was im Inneren passiert, wenn er sich vornimmt, die Augen zu öffnen – mit dem Wissen, dass der Coach ihn anblickt. Nach einigen Sekunden fängt Herr K. an zu beschreiben, wie sich bei dieser Vorstellung der Bauch verkrampft. Der Coach fragt nun nach und untersucht gemeinsam mit Herrn K. die genauen Empfindungen im Bauch. Diese werden beiden nun immer feiner und detaillierter bewusst. Über mehrere Minuten wird die damit verbundene intensive Angst deutlich, die den ganzen Körper erfasst und ihn subtil »vibrieren« lässt. Nun studieren beide gemeinsam diese Angst und deren Qualitäten.

Dabei tauchen plötzlich Bilder von bösen, bohrenden Augen auf, die Herr K. aus seinen Träumen kennt. Er bemerkt, dass er intuitiv zu erwarten scheint, dass die Augen anderer Menschen feindlich und drohend auf ihn gerichtet sind, besonders dann, wenn diese »größer« sind, als er selbst.

In diesem Abschnitt der Sitzung wird deutlich, dass der Coach seinen Klienten nicht dazu anregt nachzudenken oder zu reflektieren, was er für Gründe haben könnte, seinen Blicken auszuweichen. Stattdessen wird er eingeladen, zu *beobachten,* was in seinem Inneren automatisch und von allein abläuft. Die Beobachterposition der Achtsamkeit wird genutzt, die oft kaum kontrollierbaren Mechanismen unbewusst produzierter Vorgänge zu bemerken und zu erkunden. Es wird sogar vermieden, Einschätzungen vorzunehmen, zu bewerten, zu verbessern, zu verändern oder zu kontrollieren oder sonst irgendwie der mentalen Bearbeitung zu folgen. Die Achtsamkeit lädt ein, über längere Zeit genau und ohne Vorlieben einfach zuzuschauen und das zu bemerken, was sonst unbewusst abläuft.

Es gibt seit Freud genügend Hinweise darauf, dass die mentalen Kapazitäten des Menschen, mit seinen inneren Vorgängen aufklärend und konstruktiv umzugehen, sehr begrenzt sind (Weiss & Harrer, 2006). Die letzten Jahrzehnte haben diese Vermutung bestätigt, indem sich gezeigt hat, dass frühkindliches Erleben mit dem Bewusstsein gar nicht zu berühren ist. Erinnerungen werden vom Gehirn ständig überarbeitet und verändert und gedankliche Interpretationen innerer Vorgänge werden sehr stark durch das beeinflusst, was wir uns wünschen oder was uns *irgendeine* brauchbare Erklärung liefert (Roth, 2003). Mit anderen Worten: wir können dem, was wir denken, keineswegs trauen.

Das Konzept der Achtsamkeit stellt dem reflektierenden westlichen Vorgehen eine Alternative entgegen. Mit Hilfe der Einsichten aus dem Osten können wir lernen, unser Unbewusstes *(siehe Exkurs »Implizites und explizites Gedächtnis«, S. 214)* in Aktion zu beobachten. Auf diese Weise kommen wir den prägenden Lebenseindrücken näher, die – im Laufe unserer Entwicklung erworben – immer noch unsere Gefühle und andere, zum Beispiel körperliche Mechanismen formen. Achtsamkeit ermöglicht Bewusstwerdung durch gemeinsames Beobachten und nicht durch die – vor allem von mentalen Qualitäten getragenen – Strategien des Therapeuten wie Deuten, Reflektieren von Zusammenhängen oder das Erkennen von Mustern.

Achtsamkeit als zusätzliches Übungselement

Achtsamkeit hat in den letzten beiden Jahrzehnten in Coaching und Psychotherapie große Aufmerksamkeit gefunden. So ist es gut, zu verstehen, wie sie dort eingesetzt wird. Anders als im Folgenden vorgeschlagen, ist sie in den *achtsamkeits-basierten* Verfahren methodisch nicht in den gesamten Therapieprozess integriert (Johanson, 2006; Mace, 2008). Stattdessen werden meist kleine oder größere, klassisch-buddhistische Übungselemente in die erprobten westlichen Behandlungspläne eingebaut und oft in Gruppen durchgeführt (Linehan, 1996a, 1996b; Hayes et al., 2004; Segal, Williams & Teasdale, 2008). Auch hier gilt, dass »radikale Akzeptanz« ein unabdingbares Element von Achtsamkeit sein muss. Trotzdem bleiben der Behandlungsplan und meist auch die Beziehungsgestaltung zwischen Therapeut und Klient Elemente eines klassisch-westlichen Verständnisses von Diagnose, Lösungssuche und der Autorität des Therapeuten unverändert.

Auch in der Psychoanalyse gibt es vergleichbare Ansätze, in denen der Therapeut gelegentliche Übungselemente anbietet, sehr viel Wert auf seine eigene achtsame Präsenz legt, in seinem sonstigen Vorgehen aber auf bewährte Formen der Zusammenarbeit zurückgreift (Safran, 2003; Germer, 2009). Doch lässt sich auch verfolgen, wie es in allen Psychotherapieformen immer mehr äußerst ernsthafte Versuche gibt, die umwälzende Bedeutung der Achtsamkeit – insbesondere auf der Seite der Therapeuten – in ihrer Tiefe zu verstehen und Teil einer neu definierten therapeutischen Beziehung werden zu lassen (Hick & Bien, 2010).

Alle im ersten Abschnitt dieses Buches ausgeführten Wege und viele der dort beschriebenen Übungen können im Rahmen bewährter Psychotherapiemethoden auch relativ einfach unterstützend genutzt werden.

Achtsamkeit als zentrales, integriertes Element

Zu den tiefenpsychologischen Ansätzen, die mehr oder weniger explizit achtsame Formen der Selbsterforschung systematisch und durchgehend nutzen – achtsamkeits-*zentriert* statt achtsamkeits-*basiert* – gehören vor allem Focusing (Gendlin, 1996), Internal Family Systems Therapy, kurz IFS (Schwartz & Sweezy, 2022)) und die Hakomi-Methode (Kurtz, 1990; Weiss et al. 2019). Sie berücksichtigen sehr umfassend die Bedeutung, die etwa die radikale Akzeptanz für ein achtsames Vorgehen hat (Cole & Ladas-Gaskin, 2008) und ohne die Achtsamkeit nicht denkbar ist (Heidenreich & Michalak, 2004; Hayes et al., 2004).

Exkurs:

Focusing

Focusing-orientierte Psychotherapie wurde von Eugene T. Gendlin an der Universität von Chicago entwickelt. Dabei werden Klienten angeleitet, sich körperlicher Empfindungen im gegenwärtigen Moment gewahr zu werden und bei ihnen zu verweilen. Durch vertiefte Wahrnehmung entsteht dann ein »felt sense«, eine gefühlte Empfindung, deren Sinn und Bedeutung sich im Prozess entschlüsselt. Dadurch werden dem Bewusstsein zuvor nicht zugängliche Aspekte der Persönlichkeit oder von Problemen aufgedeckt und können wesentlicher verstanden werden. Die Art der Beobachtung körperlicher und emotionaler Vorgänge entspricht in wichtigen Bereichen dem achtsamen Vorgehen; Focusing lässt sich somit den achtsamkeitszentrierten Verfahren zuordnen.

Weiterführende Literatur: Gendlin & Wiltschko (1999), Gendlin (2004), Bundschuh-Müller (2004), Schillings (2007), Renn (2008).
Link: The International Focusing Institute. *Informationen zu Focusing.* ▶ https://focusing.org/german

Die erwähnten drei Ansätze (Focusing, IFS, Hakomi) haben durchgehend die genaue Innenschau zum Ziel. Dabei sind Formen der therapeutischen Zusammenarbeit entstanden, bei denen grundsätzlich immer versucht wird, die Klienten in einer Sitzung bei der Beobachtung ihres gegenwärtigen inneren Erlebens zu halten oder aber diese Form der Arbeit vorzubereiten. Ein gemeinsames Ziel ist, durch ständig wachsende Bewusstheit – auch über das genaue Nachspüren im Körper – eine tiefere Selbsterkenntnis und Selbstakzeptanz zu fördern. Dabei begleitet der Therapeut immer nur unterstützend, niemals konfrontierend oder interpretierend.

Heilende Beziehungen

Unter den vielen Faktoren, die in Psychotherapien wirksam werden, steht die Qualität der Beziehung zwischen Klient und Therapeut an erster Stelle (Hubble et al., 1999; Grawe, 2001, 2004; Albani et al., 2008). Ihr wird daher in manchen Therapieformen, wie der Psychoanalyse, schon seit Langem eine zentrale Rolle zugemessen. Andere Methoden, wie die Verhaltenstherapie, haben diesen Aspekt bis vor Kurzem weitgehend außer acht gelassen. Gemeinsam ist fast allen Ansätzen, dass noch weiter gesucht und geforscht wird, was denn genau eine solche Beziehung »gut« und tragfähig macht. Aus der zunehmend wichtigen Bindungsforschung *(siehe Glossar »Bindungstheorie«, S. 266)*, bei der es um die Beziehung zwischen Eltern und Kind geht, wird beispielsweise gefolgert, dass sich ein Klient in der Therapie »sicher« fühlen sollte (Lewis et al., 2000; Cozolino, 2006; Gerhardt, 2006; Wallin, 2007). Man kann davon ausgehen, dass in ein solches Gefühl von Sicherheit viele Aspekte einfließen, die noch studiert werden müssen, insbesondere: (1) welche inneren Haltungen des Therapeuten hilfreich sind, (2) wie er sich verhalten sollte und (3) welche therapeutischen Strategien eine förderliche Beziehung unterstützen.

So wird inzwischen diskutiert, dass es für Therapeuten verschiedener Grundrichtungen sinnvoll sei, wichtige therapeutische Qualitäten durch eine eigene Achtsamkeitspraxis zu verbessern (Hick & Bien, 2010). Auf diese Weise würden Therapeuten verständnisvoller, annehmender, empathischer, wärmer und unterstützender – alles Eigenschaften, die sich in der empirischen Forschung als hilfreich herausgestellt haben (Hick, 2008, S. 12).

In diesem Buch möchten wir darstellen, warum eine von Achtsamkeit geprägte therapeutische Beziehung einen optimalen Rahmen bietet. Sie prägt grundlegende Haltungen den Menschen, dem Leben und Veränderungen gegenüber. Darüber hinaus bietet sie klare und eindeutige methodische und strategische Perspektiven. Dabei stehen eine sich ständig verfeinernde Selbst- und Fremdbeobachtung in präsenter Gegenwärtigkeit sowie radikale Akzeptanz im Mittelpunkt, aber auch das Bemühen um Wahrheit, Mitgefühl und die Offenheit gegenüber allen möglichen Ergebnissen.

Achtsame Zuwendung

Im Folgenden werden die Erfahrungen mit der Hakomi-Methode als Ausgangspunkt genommen, weil diese sich schon am längsten und intensivsten um eine von Achtsamkeit getragene therapeutische Beziehung bemüht und ihre Integration in die Therapie am weitesten vorangetrieben hat. Zunächst begegnet der Therapeut dem Klienten in einer achtsamen Haltung. Er widmet sich seinem Gegenüber in achtsamer Präsenz, in einer Präsenz, die durch gründliche Übung erworben wurde. Sein nach innen *und* außen gerichteter achtsamer Zustand erlaubt eine hohe, aber offene und somit »weiche« Konzentration sowohl auf verbale als auch insbesondere auf nonverbale Äußerungen des Klienten. Er ist ganz und gar in der Gegenwart, indem er registriert, was *jetzt* geschieht, ohne Hypothesen zu bilden und damit voreingenommen zu werden. Stattdessen ist er mitfühlend interessiert und neugierig, alle auftretenden Phänomene genauer zu erkunden und zu verstehen. Er denkt nicht in Kategorien von »falsch«, »pathologisch« oder »unzureichend«. Stattdessen geht er davon aus, dass alles, was passiert, auf irgendeine Weise seine Gründe und seinen Sinn hat. Insofern entspricht seine Haltung und Leistung der des »Inneren Beobachters«, ist nun aber auch nach außen, auf die feinen Erlebensäußerungen des Klienten ausgerichtet. Es ist wichtig, zu verstehen, dass diese innere Haltung nicht durch ein moralisches Gebot getragen wird, sondern sich aus einem natürlichen, von selbst entstehenden Zustand entwickelt, der sich auf kontinuierliches praktisches Üben von Achtsamkeit gründet.

Gleichzeitig lehrt der Therapeut den Klienten, selbst zunehmend achtsam zu werden. Dadurch, wie er sich selbst verhält, aber auch durch die Form all seiner Interventionen und aufgrund vielerlei Hilfestellungen ist er laufend bemüht, ihn über Wochen und Monate zu einem immer achtsameren Umgang mit sich selbst zu führen. Das ist eines seiner übergeordneten therapeutischen Ziele.

Dabei ist die achtsame Selbstbeobachtung vollständig in den therapeutischen Prozess integriert. Nichts wird getan, was nicht mit Achtsamkeit in Einklang steht, und alles wird unterstützt, was sie fördert. Jede Handlung des Therapeuten hat die Vertiefung von Achtsamkeit zum Ziel, auch wenn er sich dabei viel Zeit lässt. Und alle Interventionen bauen auf der Nutzung der Achtsamkeit auf. So wird auch auf die in der buddhistischen Psychologie wichtige Unterscheidung zwischen »Reaktion« und »Erwiderung« (response) geachtet. Dabei kennzeichnet der Begriff »Reaktion« automatische und mit dem Erleben verschmolzene Äußerungen, »Erwiderung« meint hingegen die Präsenz und beobachtende Perspektive der Achtsamkeit. Der Therapeut hat diese Ebene immer im Auge und unterstützt durch seine Interventionen eine »erwidernde« Sprache.

So entsteht mit der Zeit eine von Achtsamkeit geprägte Zusammenarbeit, in welcher der Klient in seine Innenwelt vertieft ist, um sich selbst genau zu erforschen. Währenddessen berichtet er dem Therapeuten, der in Achtsamkeit sich selbst *und* den Klienten wahrnimmt. Beide untersuchen gemeinsam, was im Klienten auftaucht. Therapeuten, die auf eine solche Weise arbeiten, beschreiben diesen Zustand wie ein dichtes, gemeinsam geschaffenes Beziehungs*feld*, in dem beide eng miteinander verbunden wahrnehmen und beobachten.

Eine 34-jährige Sekretärin beschreibt diese Erfahrung im Rahmen einer Therapie folgendermaßen:

> »Ich fühlte mich so tief gesehen und verstanden – eigentlich zum allerersten Mal in meinem Leben. Elsbeth *(ihre Therapeutin; Anmerkung der Autoren)* bekam meine tiefsten Regungen und Bewegungen mit, und ich hatte das Gefühl, dass ich mit absolut Allem angenommen bin – selbst mit dieser furchtbaren Schuld *(Erinnerung an den Tod ihres Bruders; Anmerkung der Autoren)*. Sie war wie ein Ort der Zuflucht – endlich nicht mehr allein. … Es war wie zu Hause ankommen.«

Exkurs:

Hakomi-Methode

Die Hakomi-Methode ist ein tiefenpsychologisches Verfahren, das aus dem Hintergrund der humanistischen Psychologie der 1960er Jahre entstand. Der therapeutische Ansatz ist komplex, obwohl er in der Anwendung leicht und anstrengungslos wirkt. Hakomi wird weltweit gelehrt und ist heute eine der am weitesten verbreiteten körperpsychotherapeutischen Methoden.

Hakomi ist:

- Achtsamkeitszentriert: Im Zentrum der Methode steht Achtsamkeit. Daraus ergeben sich eine entsprechende Haltung des Therapeuten sowie bestimmte Strategien und Techniken: das gesamte Vorgehen ist auf ein Einfühlen in den gegenwärtigen Zustand ausgerichtet. Achtsamkeit ist somit nicht als bloßes Übungselement integriert, sondern als zentrale Dimension in jedem einzelnen Baustein des Verfahrens.
- Erfahrungsorientiert: Im Einklang mit der Achtsamkeit ist das Vorgehen auf die Erfahrung im gegenwärtigen Moment gerichtet, oder es bereitet die Arbeit im Gegenwartsmoment vor. Auch der Prozess der Veränderung selbst beruht hier auf eindringlichen und komplexen Erfahrungen.
- Systemisch: Die Struktur der leib-seelischen Selbstorganisation wird systemisch verstanden, als »sensitive Ökologie« aus Teilpersönlichkeiten oder typischen Aktivierungszuständen. Darauf baut sich ein differenzierter Umgang mit der Dynamik und den Konstellationen von Persönlichkeitsanteilen auf.
- Explorativ-forschend: Da es einer Haltung der Achtsamkeit widerspricht, auf erstrebte Veränderungen hinzuarbeiten, wird das gesamte therapeutische Instrumenta-

rium im Sinne einer präzisen Erforschung der Selbstorganisation angewendet. Auch die Haltung des Therapeuten ist anteilnehmend-neugierig und erkundend. In transformatorischen Phasen, also jenen, in denen sich eine Veränderung vollzieht, werden »emergente« und autonome Strebungen des gesamten selbstorganisierenden Systems genutzt.

- Beziehungsbasiert: Als erste und wichtigste Voraussetzung für den therapeutischen Erfolg wird eine genau beschriebene aktive Gestaltung der therapeutischen Beziehung angesehen, auf die alle Einstellungen, Strategien und Techniken abgestimmt sind. In der Hakomi-Methode wird das Beziehungsangebot der Therapeuten in dem Begriff »loving presence« zusammengefasst, der sämtliche Merkmale von Achtsamkeit beinhaltet.
- Körperbezogen: Der ständige und genaue Bezug zur Selbstorganisation des Körpers unterstützt sowohl die achtsame Gegenwärtigkeit, als auch Erlebnisaktivierung und Erfahrungsorientierung. Dazu werden unterschiedliche Techniken aus körperpsychotherapeutischen Traditionen – in einer auf Achtsamkeit abgestimmten Form – genutzt.

Studien zur Wirksamkeit: Koemeda-Lutz et al. (2003), Koemeda-Lutz et al. (2006).
Weiterführende Literatur: Kurtz & Prestera (1979), Kurtz (1985, 1990, 1994), Weiss & Benz (1989), Weiss et al. (2019).
Links:
Hakomi Institute of Europe. *Informationen zu Hakomi, Workshops, Trainings und Therapeuten* (deutschsprachige Seite)
▶ https://www.hakomi.de/
Hakomi-Österreich.
▶ http://www.hakomi-austria.at/

Hakomi Mallorca (englische Seite).
▶ https://hakomimallorca.com/
Hakomi Institute. *International Website of the Hakomi Institute.*
▶ https://hakomiinstitute.com/
Ron Kurtz Hakomi Educational Materials
▶ https://www.hakomi.com/

Was genau ist »anders« in einer achtsamkeitszentrierten Beziehung?

Die meisten Therapieformen gehen von einem Expertenmodell aus. Danach hat der Therapeut, was die Bewältigung von Problemen und Störungen ihrer Klienten betrifft, einen Wissensvorsprung. Er stellt Bezüge her, greift auf diagnostische Modelle zurück, analysiert, zeigt neue Perspektiven auf, denkt nach und steuert schließlich mehr oder weniger zielstrebig Lösungen an. Nach dem medizinischen Vorbild wird angenommen, dass er auf Grund einer Diagnose weiß, welche Schritte der Klient unternehmen muss, was er lernen sollte und was es zu verbessern gilt. Sein Blick zielt somit auf das, was verändert werden muss oder nicht in Ordnung zu sein scheint. Das entspricht westlichem Denken und wird von den Gesundheitssystemen auch so gefordert.

Achtsamkeit dagegen verlangt, in erster Linie die »Wirklichkeit« gründlicher zu erforschen und zu erkennen. Sie lehrt den Übenden, immer tiefer dem zu begegnen, was er tatsächlich in sich beobachten kann – und dann Frieden damit zu schließen. Das Know-how des Therapeuten beschränkt sich daher zunächst ausschließlich auf das *Wie* des erforschenden Vorgehens und der Erweiterung des Bewusstseins, nicht aber auf das *Was* der Inhalte und ihrer Bewältigung. Diese Art des Expertentums richtet sich darauf, wie ein Mensch sich selbst erkunden und einer größeren Wirklichkeit begegnen kann. Was dabei herauskommt, ist in der Einzigartigkeit der forschenden Person verborgen und kann nur durch sie selbst gefunden werden. Dafür kann nur der Klient selbst der Experte sein. Man könnte einen in Achtsamkeit arbeitenden Therapeuten also eher als Lehrer für eine bestimmte Form des Vorgehens betrachten und als Assistenten bei der Erforschung von Innenwelten. Er wird sich hüten, Bilder, Vorstellungen oder Ideen davon zu haben, wie diese Person anders sein sollte. Das würde den Blick auf dessen Wirklichkeit verstellen und sie nicht anerkennen. Ein chinesischer Weiser hat es einmal so ausgedrückt: »Der große Weg ist nicht schwer für den, der keine Vorlieben hat.«

Das Sehen und tiefere Verstehen führt zu Wertschätzung und Mitgefühl all den inneren Strukturen gegenüber, die eine Stimme finden können. Das zugehörige Erleben wird anerkannt, ihr Sinn wahrgenommen und ihr Beitrag gewürdigt. Das Teilemodell *(siehe »Persönlichkeitsanteile«, S. 133)* bietet dafür einen praktischen Ansatz: So kann zum Beispiel das Erleben eines »inneren Kindes« als eine aktivierte Struktur der Psyche verstanden werden, als ein »Teil« der Gesamtpersönlichkeit. Dazu ein Beispiel:

Anton W., ein 61-jähriger Koch, ist wegen Kokainsucht in Behandlung. Nach einigen Monaten einer körperorientierten Therapie kommt er immer stärker mit einem Teil von sich in Kontakt, den er den »Schleimer« nennt. Dabei handelt es sich um einen extrem bedürftigen frühkindlichen Zustand, der »alles« tut, um von Menschen angenommen und umsorgt zu sein. Wie aus dem Namen, den er diesem Teil gegeben hatte, deutlich wird, ist ihm dieser Teil zuwider und er schämt sich für ihn. Man könnte auch sagen, er ist mit einem anderen Teil von sich identifiziert, der den »Schleimer« verachtet, verdrängt und bekämpft. In einer Sitzung, die sich später als Wendepunkt in seiner Therapie erweisen soll, kommt Herrn W. die ganze Dramatik dieses Kindes ins Bewusstsein, eines Kindes, das er selbst einmal gewesen ist und das immer noch spürbar und wirksam in ihm existiert.

Dieses Kind hatte buchstäblich Jahre in Krankenhäusern verbracht, oftmals Tagereisen von seinen Eltern entfernt, so dass sie ihn nur an den Wochenenden besuchen konnten, und auch da nur für eine Stunde oder zwei. Dabei ging es ihm sehr schlecht und er fühlte sich von seiner Krankheit zutiefst bedroht. Er hatte permanent in Zuständen der Qual gelebt, sich völlig verlassen und panisch verängstigt gefühlt. Diese vertiefte innere Sicht auf den Zustand und das Erleben des Kindes eröffnet Herrn W. eine herzzerreißende Phase des intensiven Mitgefühls für diesen Jungen. Er ändert seine Haltung dem »Schleimer« gegenüber in umwälzender Weise. In den folgenden Wochen und Monaten fängt Herr W. an, vollkommen anders mit sich umzugehen. Er beginnt, sich zum ersten Mal im Leben selbst gut zu behandeln und Freundschaften in neuer Weise zu pflegen. Dem verzweifelten kleinen Jungen in sich, den er nun zärtlich »Zwerg« nennt, wendet er sich regelmäßig zu, und versteht es, so für ihn zu sorgen, dass er eine große innere Entlastung erfährt.

Dieses Beispiel verdeutlicht Folgendes: Wenn auf wirklich befriedigende Weise Schritte des Sehens, Verstehens und Mitgefühls gemacht werden, entsteht Frieden auch mit jenen Strukturen der Innenwelt, die vorher belastend waren. Dann wird auch klar, was ein Mensch *eigentlich* gebraucht hätte und was er für sein Wachstum heute noch braucht. Bei Herrn W. waren es unter anderem Menschen, die ihn und seine innere Verzweiflung wirklich kennen und ihn damit annehmen. Achtsamkeit hilft, diese Bereiche freundlich und gelassen aufzudecken und in aller Tiefe zu verstehen.

Ein wichtiges Element achtsamer Zusammenarbeit könnte also dahingehend verstanden werden, dass der Therapeut viel von seiner Autorität abgibt und ein »egalitäres« Verhältnis pflegt (Marlatt et al., 2010, S. 175). Er weiß genauso wenig über die genaue Richtung des Weges wie sein Klient. Er ist stattdessen anteilnehmend neugierig. Seine Rolle entspricht eher der eines Experten für Haltung, Prozess und Technik. Er kann einen gedeihlichen Rahmen herstellen und weiß viel darüber, wie man mit sich umgehen kann, damit Wachstum und Entwicklung möglich werden. Wohin die Reise geht, weiß er nicht.

Qualitäten einer achtsamen Beziehung

In der Hakomi-Methode wird der Zustand des Therapeuten in Anlehnung an das Konzept der Achtsamkeit »loving presence« (liebevolle Präsenz) genannt. Dieser Zustand ist durch folgende Qualitäten gekennzeichnet: (1) wache Gegenwärtigkeit, (2) gleichbleibende Akzeptanz und (3) Allparteilichkeit allen auftretenden psychischen Elementen gegenüber, (4) Langsamkeit, Sorgfalt, Genauigkeit, (5) Fokus auf die Selbstorganisation der Innenwelt im gegenwärtigen Moment – nicht auf die Lösung der Probleme, (6) die ständige Unterstützung eines »Inneren Beobachters« des Klienten, (7) anteilnehmende, mitfühlende Neugier, die ein »experimentelles Vorgehen« unterstützt *(siehe »Forschen mit Hilfe von Experimenten«, S. 228)* und (8) innere Zentriertheit und Gelassenheit.

Dieser Zustand wird durch laufende Übung und Praxis des achtsamen Vorgehens gewissermaßen »erlernt«. Mehr als auf dem Handeln, liegt das Augenmerk auf der Qualität der Präsenz, aus der sich bestimmte Vorgehensweisen zwingend ergeben, andere hingegen ausgeschlossen werden.

Insbesondere die Faktoren der präsenten Gegenwärtigkeit (Gehart & McCollum, 2008) und der Empathie (Shapiro & Izett, 2008) werden auch in der vorherrschenden akademischen Psychologie als Grundelemente jeglicher therapeutischer Beziehung diskutiert.

Dialogisches Vorgehen

Um einen derart gestalteten gemeinsamen Raum herzustellen, ist neben der achtsam-genauen Beobachtung des Klienten auch der verbale Austausch wichtig. Dies ist für Personen, die schon Erfahrungen mit dem Üben von Achtsamkeit haben, vielleicht die augenfälligste Neuerung. Sie sind gefragt, während der Innenschau – oft auch mit geschlossenen Augen – zu berichten, was genau sie wahrnehmen. So entsteht ein langsamer, tastender Dialog, in dem der Klient beschreibt, was er im Inneren bemerkt, was sich laufend ändert und entwickelt. Der Therapeut beobachtet die äußeren Zeichen des Erlebens und lauscht den Worten, um dann seinerseits immer wieder mit sparsamen und einfühlenden Worten mitzuteilen, was er vom gegenwärtigen Erleben des Klienten erfasst. Wenn er diese Aufgabe gut erfüllt, entsteht im Klienten ein intensives Gefühl des Begleitet- und Verstanden-Seins. Zusätzlich geben die Außenbeobachtung und das natürlicherweise höchstens annähernd »richtige« Verständnis des Beobachteten durch den Therapeuten dem Klienten die Gelegenheit, die gemeinsam betrachteten Phänomene immer feiner und genauer zu betrachten und zu benennen.

So lädt in einer körperpsychotherapeutischen Sitzung die nicht genau zutreffende Äußerung des Therapeuten, »da scheint sich gerade eine Traurigkeit einzustellen?«, den Klienten dazu ein, präziser zu werden: »es ist, ... warten Sie, ... nicht wirklich traurig, ... es ist mehr wie eine angenehme Traurigkeit, so etwas wie Wehmut, aber auch erlösend.«

In achtsamkeitszentrierten Methoden wird die Leistung des Therapeuten, durch genaue und empathische Beobachtung tief mit dem Erleben des Klienten in Kontakt zu sein, oft als Fertigkeit gesehen, die man kultivieren und verfeinern kann. Sie hängt unmittelbar mit der Fähigkeit zusammen, selbst achtsam zu sein.

In einem Beispiel aus einer Sitzung mit K., einem Studenten der Informatik, lässt sich dieses Zusammenspiel nachvollziehen.

Herr K. ist mitten in der 11. Sitzung bei seiner Therapeutin. Seine Hauptprobleme sind Schlaflosigkeit und mangelnde Konzentrationsfähigkeit verbunden mit suchtartigem Surfen im Internet. In der Sitzung untersucht er ein Element eines deutlicher werdenden »Dauerzustandes«, der ihn in seinem Leben plagt. Sein Fokus im Zustand der Achtsamkeit ist bei einem »extrem unangenehmen Gefühl im Bauch«.

KLIENT: (mit geschlossenen Augen, nach innen vertieft) »Es ist wie eine … Verdichtung, ein Zusammengedrückt-Sein … oder gezogen. Ich weiß nicht genau.« (Pause)

THERAPEUTIN: (mit entspannter, aber konzentrierter Aufmerksamkeit beim Klienten) »Irgendwie geballt?« (Pause)

KLIENT: »Ja, genau, wie geballt. (Pause) Es ist sogar richtig wie ein dunkler Ball (Pause) und gefüllt mit einem unangenehmen Prickeln (nach einem Zögern) fast auch wie Übelkeit.« (Pause)

THERAPEUTIN: (bemerkt einen gequälten Ausdruck im Gesicht von K.) »Ein rundes Zentrum quälenden Gefühls?« (Pause)

KLIENT: »Ja, von dort aus strahlt es auch überallhin, … in alle Richtungen, und ganz besonders in die Schultern.«

THERAPEUTIN: »Es scheint dich irgendwie … ganz zu erfassen?«

KLIENT: »Ja, es ergreift mich wie eine Klammer, … irgendwie von da innen greift es nach allem.« (Pause)

THERAPEUTIN: »Hat dich … im Griff? … unter Kontrolle?«

KLIENT: »Mehr wie, … wenn es alles durchdringt und von innen alles einfärbt … von diesem Zentrum aus beherrscht es mich … es ist irgendwie … wie, … wie eine riesige Angst. (Pause) Ja, eine Angst!«

THERAPEUTIN: »Würd' die dich interessieren? Wollen wir mal einen Moment bei dieser Angst verweilen?«

KLIENT: »Schön ist es nicht gerade, … aber ja, … was ist das bloß für eine Angst? … Wenn ich dabei bleibe, wird sie größer, … es ist fast so, als ob ich sterben müsste.«

Im weiteren Verlauf wird längere Zeit in Achtsamkeit bei der Angst verweilt und sie untersucht. Herr K. fängt an, Worte für die Qualitäten seiner Angst zu finden (Lieberman, 2008; Creswell et al., 2007; Zeidler, 2007). Er studiert sorgfältig die verschiedensten im ganzen Körper mit der Angst verbundenen Empfindungen. Gegen Ende der Sitzung verbinden sich diese Gefühle intensiv mit Erinnerungen an »genau die gleichen« Zustände lähmender Angst in der Schulzeit.

Objekte der Wahrnehmung

Die Bedeutung des Körpers und der Gefühle

Die Übung der Achtsamkeit beginnt meist mit dem Körper. Dieser bietet nicht nur den einfachsten Gegenstand achtsamer innerer Beobachtung, der Körper ist auch jener Ort, von dem das Gehirn Signale über Gefühlszustände empfängt, um sie zu verarbeiten und zu interpretieren. Dies ist zwar den meisten Menschen nicht bewusst, wird aber von der Neurobiologie eindrucksvoll bestätigt (Damasio, 2000). Ein Mensch, der beispielsweise gedankenverloren eine Straße überquert und plötzlich hinter sich Autoreifen quietschen hört, nimmt seinen Schreck nicht primär innerhalb seines Gehirns wahr. Gleichzeitig mit den Reaktionen im Gehirn treten nämlich im Körper verschiedene Ereignisse auf: Spannungen und andere komplexe Reaktionen. Diese körperlichen Reaktionen werden vom Gehirn ständig verfolgt und interpretiert (Schacter, 1992, 1997; Shacter & Scarry, 2000). Auf diese Weise erfolgt auch die Wahrnehmung von Gefühlen.

Wie die Neurobiologie in den letzten Jahrzehnten verdeutlichte, sind Gefühle für die unbewusste Selbstorganisation und das Verhalten der Menschen äußerst wichtig (Davidson, 2003b). Daher wird auch immer klarer, dass wir bei der wahrnehmenden Erforschung des Leibes sehr dicht mit den Empfindungen verbunden sind, die das Leben der Menschen aus dem Hintergrund formen und gestalten.

Neben der Neurobiologie ist es die immer wichtiger werdende Säuglings- und Bindungsforschung, welche die enorme Bedeutung des frühkindlichen Erlebens, des Körpers und der Gefühle betonen. In ihren schon am Beginn des Lebens gelernten Routinen und Abläufen drücken sich die inneren Einstellungen, Sichtweisen und Erwartungen dem Leben gegenüber aus, die schließlich die Eigenheiten eines Erwachsenen ausmachen (Marlock & Weiss, 2006). Auch aus diesem Grunde wird in fast allen Grundformen der Psychotherapie daran gearbeitet, den Körper stärker in die Behandlung einzubeziehen.

Zwei Fertigkeiten

Im ersten Abschnitt dieses Buches wird deutlich, wie weit eine beständige Praxis der Achtsamkeit den Übenden führen kann. Es gibt mit der Zeit immer feinere und tiefere Übungen der Geistesschulung. Im Rahmen einer tiefenpsychologischen Therapie sind aber vor allem zwei der wichtigen *Grund*fertigkeiten bedeutsam:

a) Konzentration: Unter Konzentration versteht man die Fähigkeit, die Aufmerksamkeit über längere Zeit auf einen Betrachtungsgegenstand gerichtet zu halten *(siehe »Wozu Achtsamkeit?«, S. 35).* Jeder, der einmal meditiert hat, weiß davon zu berichten: Man nimmt sich vor, beispielsweise bestimmte Bewegungen beim Atmen zu beobachten, aber die Aufmerksamkeit beginnt oft schon nach einigen Sekunden zu wandern. Sie folgt irgendwelchen Gedankenketten (»monkey-mind«), ohne dass man das beabsichtigt hat oder überhaupt bemerkt. Manchmal fällt einem erst nach Minuten auf, dass die Gedanken sich selbstständig gemacht haben und die ursprüngliche Absicht vergessen wurde. Erst durch längeres Üben stabilisiert sich die Wahrnehmung: Es gelingt immer länger und leichter, mit der Aufmerksamkeit bei der Atmung zu verweilen.

b) Ungerichtete Aufmerksamkeit: Ungerichtete Aufmerksamkeit bezeichnet die Fähigkeit, einen offenen, abwartenden Fokus zu halten, ohne auf etwas Bestimmtes konzentriert zu sein. Es ist dann so, als ob man mit »weichem« Blick nach innen schaute. Der Blick ist passiv, wach und weit und umfasst die gesamte Landschaft der Innenwelt, ohne sich verengend an irgendeinen Aspekt zu binden. Diese Art wahrzunehmen erlaubt es, auf Überraschendes zu stoßen, auf das, was man nicht immer automatisch zuerst wahrnimmt. Sie schafft Platz, um Elemente auszuwählen, welche noch nicht so bewusst sind und vielleicht ebenfalls der Aufmerksamkeit würdig sind.

Ein interessantes Paar: Das Implizite und das Unbewusste

Durch die Fortschritte in der neurobiologischen Forschung hat sich das Verständnis des »Unbewussten« um das Wissen über das »implizite Gedächtnis« erweitert *(siehe Exkurs »Implizites und explizites Gedächtnis«, S. 214)*. Wesentliche Erkenntnisse Sigmund Freuds wurden bestätigt, vieles wird aber auch anders und genauer verstanden. So ist man sich zum Beispiel mit der Psychoanalyse weitgehend einig darüber, dass die frühen Jahre prägend sind, dass es aus den ersten zwei Jahren keine bewussten Erinnerungen gibt und dass die Beziehungserfahrungen mit den Eltern das weitere Leben prägen. Neben dem Konzept der Verdrängung wurde deutlich, dass vieles von dem, was innere Konflikte verursacht, nie bewusst war und deshalb gar nicht »verdrängt« werden musste. Vielmehr beginnt das ursprünglich prägende Erleben bereits im Mutterleib und wird vor allem im »emotionalen« und »impliziten« Gedächtnis gespeichert (Schacter, 1992, 1997; Kandel et al., 1995; Schacter & Scarry, 2000; Roth, 2003).

Dieser Teil des Gedächtnisses lernt, sich auch auf eine problematische Umwelt bestmöglich einzustellen, ohne dass die Lernerfahrungen jemals bewusst werden. Diese spiegeln sich stattdessen in Gefühlen, in der körperlichen Organisation und in automatischen Verhaltensabläufen wider, und haben eher Ähnlichkeit mit dem, was in der Tiefenpsychologie »Vorbewusstes« genannt wird. Ein beliebtes Beispiel ist unser Spracherwerb: Ein vierjähriges Kind kann normalerweise grammatikalisch weitgehend korrekt sprechen. Wenn man es aber nach den grundlegenden Regeln der Grammatik befragen würde, könnte es nichts darüber sagen. Dieses Wissen wurde ganz von allein und ohne Beteiligung des Bewusstseins aus den Ereignissen in der Umwelt »herausdestilliert«. Das Kind hat ein großes Wissen, das nicht benannt werden kann und niemals benannt wurde.

Während es sicherlich Aspekte *innerer* Konflikte gibt, die »verdrängt« wurden, weil sie zu bedrohlich erschienen, wird zunehmend solchen Lernprozessen Bedeutung zugesprochen, die sich aus Konflikten mit unvereinbaren Bedingungen in der *Außenwelt* ergeben. Diese Lernprozesse erscheinen als konstruktive Anpassungsleistung des Kindes an eine ungünstige Lage. So lernt ein Kind auf vollkommen unbewusste Weise viel Wichtiges über die Gestaltung von Beziehungen. Ohne sich je darüber bewusst zu werden, lernt es dies im Allgemeinen aus den Beziehungen zu den ursprünglichen Bezugspersonen (Stern, 2002).

Ähnliches kann man beispielsweise über das »Wissen« sagen, das unsere Erwartungen dem Leben gegenüber beeinflusst, über unser Bild von uns selbst oder die Gefühle, die uns steuern, ohne dass wir sie wirklich erklären könnten. So organisieren wir unser Leben mit Hilfe von unbewussten, automatisierten inneren Abläufen und Prozeduren, die einfach »so sind«, ohne dass wir wissen, woher wir sie haben.

Exkurs:

Implizites und explizites Gedächtnis

Beim Langzeitgedächtnis unterscheidet man das implizite Gedächtnis vom expliziten Gedächtnis:

Das explizite oder auch deklarative Gedächtnis enthält Tatsachen und Fakten, die bewusst erinnert und wiedergegeben werden können. Dazu gehören Erinnerungen an Episoden aus dem eigenen Leben und allgemeines Wissen über die Welt. Dieser Gedächtnis-Anteil wird besonders in jenen Therapieformen aktiviert, die den sprachlichen Austausch betonen, wie es bei narrativen Ansätzen der Fall ist.

Das implizite oder auch prozedurale Gedächtnis enthält Fertigkeiten, Erwartungen und Verhaltensweisen, die dem Bewusstsein nicht zugänglich sind und zum großen Teil auch nicht zugänglich gemacht werden können. Dazu gehören alle Automatiken des Handelns wie Fahrradfahren, die Sprache oder Beziehungsverhalten. Auch das emotionale Gedächtnis gilt bei den meisten Autoren als Teil des impliziten Gedächtnisses, da die Ursachen für Gefühle komplex und selten in einzelnen Episoden unseres Lebens begründet sind. Implizite Gedächtnisleistungen steuern das Gefühlsleben, aber auch andere Bereiche wie Bewegungen und innere Einstellungen. Psychotherapieformen, welche sich der automatischen Selbstorganisation der Klienten zuwenden, müssen Inhalte des impliziten Gedächtnisses erfahrbar und damit bewusst machen, um sie verändern zu können. Das implizite Gedächtnis ist einer direkten Befragung im Alltagsbewusstsein nicht zugänglich, Achtsamkeit ermöglicht diesen Zugang.

Die beiden Gedächtnisformen unterscheiden sich nicht nur in ihrer Funktion, sondern auch in ihrer neuroanatomischen Lokalisierung. Da das explizite Gedächtnis langsamer arbeitet und mehr Volumen braucht, werden bestimmte Gedächtnisinhalte von dort in das implizite Gedächtnis transferiert. Roth (2003) betont, dass insbesondere das emotionale Gedächtnis die gesamte Lebenserfahrung eines Menschen in verdichteter Form enthält.

Weiterführende Literatur: Kandel et al. (1995), Roth (2003), Schacter & Scarry (2000), Ecker et al. (2016).

Achtsamkeit ist ein Mittel, diese Abläufe genauer zu untersuchen und geradezu detektivisch zu erforschen, welche Automatismen uns steuern und bestimmen. Da die Art, wie jeder von uns auf seine typische Weise nachdenkt und reflektiert, ebenfalls automatisch ist und vom impliziten Gedächtnis dirigiert wird, wird auch diese zum Gegenstand der Untersuchung. So repräsentiert die Achtsamkeit einen Gegenpol zum Reflektieren und zum gedanklichen Einordnen und Durchdenken, der möglicherweise noch große Bedeutung für die Psychotherapie gewinnen wird. Sie soll eine möglichst »reine« Beobachtung innerer Phänomene ermöglichen. Das heißt: kein Sprechen mehr »darüber«, kein »Durchkauen« – ein Ausdruck von Fritz Perls – und zunächst keine mentale Verarbeitung. Mit der »Achtsamkeits-Revolution« (Wallace, 2006) beginnt der Weg möglichst detaillierter, neutraler Beobachtung von Äußerungen des impliziten Gedächtnisses wie spontan auftretenden Empfindungen, Impulsen, Bewegungsabläufen, Gefühlen, Bildern und Gedanken. Diese werden sorgsam studiert, ohne sie zu interpretieren *(siehe Glossar »Phänomenologie«, S. 270)*.

Man kann dieses Vorgehen auch in Zusammenhang damit sehen, was in der Neurobiologie »top-down« und »bottom-up« Prozesse genannt wird. Ogden et al. (2010) nutzen diese Begriffe in der Therapie mit Achtsamkeit: »Bottom-up« soll einen Erlebens- und Erkenntnisweg bezeichnen, der mit dem Körper (bottom) beginnt, also mit Empfindungen und Gefühlen, und erst später Bilder, Erinnerungen und Formen der mentalen Verarbeitung (up) einschließt.

Ebenen der Selbstorganisation

Die achtsame Selbstbeobachtung beginnt oft auf der körperlichen Ebene. Wie im obigen Beispiel wird typischerweise über längere Zeit bei der detaillierten Wahrnehmung des körperlichen Erlebens verweilt. Häufig führt dieses Verweilen ganz von alleine zur Wahrnehmung von Gefühlen. Das Verweilen bei den Gefühlen, das Innehalten und Studieren ruft dann im nächsten Schritt Bilder, erlebte Szenen und andere Erinnerungen hervor, die in der Regel prägende Wirkung hatten. Sie geben Auskunft über frühe Lernprozesse, die häufig immer noch große Macht besitzen.

Es gibt somit in der Psychotherapie – weniger im Coaching – eine typische *Vertiefungshierarchie,* die der Therapeut unterstützen kann, um prägende, oftmals lang vergessene Zustände des Klienten einzuladen und zu erforschen. Im Fokus ist die weitgehend automatische Selbstorganisation des Menschen, die all diese Ebenen umfasst.

Hierzu ein Beispiel aus einer Paartherapie:

Alexander ist sich sicher, dass er fähig ist, seiner Frau Gabi offen und tief zu begegnen. Die sieht das ganz anders und beschwert sich darüber, dass er sich oft zurückzieht. In der Paartherapie fragt der Therapeut Alexander, ob er das in einem kleinen Experiment erforschen will. Dazu bittet er Gabi, sich Alexander im Zeitlupentempo zu nähern, während dieser in Achtsamkeit beobachtet, was in ihm vorgeht. Wie Gabi langsam näher an ihn heranrutscht, bemerkt er, dass sich etwas in seinem Inneren zusammenzieht und dass er einen Drang verspürt, ihrem Blick auszuweichen – ohne dass ihm irgendetwas darüber klar ist, warum er so reagiert. Als sie noch näher kommt, beobachtet Alexander, dass sein Atem beginnt, ganz subtil flacher zu werden und dass seine Muskeln sich etwas verhärten. Er ist zunächst sehr überrascht und dann neugierig, was in ihm passiert.

Der Therapeut bittet Alexander, ein wenig bei den Körperempfindungen zu verweilen. Dabei bemerkt Alexander, dass sein Körper ihn zu schützen scheint. Es ist, als ob er sich gegen ein Eindringen wehren muss. Er kommt sich vor wie in einer Burg. Als er sich auf einen Vorschlag des Therapeuten hin vorstellt, aus dieser Burg herauszuschauen, erscheint das Bild seiner Großmutter. Bei ihr war er im Alter von 1 ½ bis 4 ½ untergebracht, er ist immer noch ihr »Augenstern«. In der Folge stellt sich heraus, dass er ihr gegenüber eine große Abhängigkeit empfunden hatte, weil seine Mutter nicht für ihn da gewesen ist. Auf der anderen Seite erfüllte ihn ihr ständiges »Eindringen« mit Widerwillen, ihr Geruch ekelte ihn.

Hier wird deutlich, wie die Beobachtung körperlicher Empfindungen und automatischer Impulse (etwas zieht sich zusammen, der Blick weicht aus, der Atem wird flacher, die Muskeln verhärten sich) zu Gefühlen führt (Angst vor einem Eindringen, sich schützen, in Sicherheit bringen) und schließlich zu Bildern und Erinnerungen (Großmutter, Mutter). Wenn sich der Prozess voll entfaltet, sind alle Ebenen gleichzeitig aktiviert.

Vorgehensweise in der achtsamkeitszentrierten Psychotherapie

Ko-Regulation von Emotion und Aufmerksamkeit

Die Einflussnahme auf Aufmerksamkeitsprozesse des Klienten ist ein allen Psychotherapieformen gemeinsamer Faktor (Weiss, 2006; Harrer, 2009). Therapeuten lenken dazu die Aufmerksamkeit entweder auf bestimmte Inhalte, zum Beispiel auf ein Gefühl, oder sie wirken auf die Qualität des Bewusstseins selbst ein, wie in der Hypnotherapie. Psychotherapie wirkt unter anderem dadurch, dass die Aufmerksamkeit im therapeutischen Geschehen auf neue Weise reguliert wird, womit nicht mehr die gewohnheitsmäßigen, sondern neue (Denk-)Wege beschritten werden. Dazu verbinden sich in gewisser Weise die Bewusstseinsprozesse von Klient und Therapeut und beeinflussen sich gegenseitig. Dafür ist unser Gehirn auch grundlegend ausgestattet, denn wichtige Anteile seiner Strukturen dienen der Wahrnehmung des Erlebens anderer Menschen (Siegel, 2006b). Auf diese Weise können wir uns aufeinander einstimmen (Lewis et al., 2000).

In allen Therapieformen wird gelenkt und geführt, wird die Aufmerksamkeit auf bestimmte Themen oder Konflikte gerichtet, sensibilisiert, verfeinertes Wahrnehmen gefördert und auf bestimmte Erfahrungen fokussiert. Man könnte sagen, der

Begleiter hat eine bewusstseinsverändernde Aufgabe: seine Einflüsse erweitern die Grenzen dessen, was der Klient normalerweise bedenkt, erfasst, verstehen oder erleben kann. So führt ein Verhaltenstherapeut, der einen Patienten mit einer Brückenphobie behandelt, diesen vielleicht auf eine Brücke und lehrt ihn, sein Bewusstsein so zu lenken, dass sich automatische Reaktionen abschwächen. Ein Analytiker »deutet« ein bestimmtes Erleben seines Patienten in einer für ihn überraschenden Weise, so dass sich Einsichten einstellen, die ihm völlig neu sind. Oder ein Coach hilft seinem Klienten, sich gewisser unbewusster »Überzeugungen« bewusst zu werden, die sein Leben bestimmen und färben.

Das Bewusstsein wird dabei grundsätzlich auf zwei Arten beeinflusst:

- Der Begleiter lenkt es auf bestimmte Inhalte, etwa auf ein Gefühl, eine Erinnerung oder biographische Zusammenhänge.
- Der Begleiter wirkt auf den Bewusstseinszustand ein, indem er beispielsweise in der Hypnotherapie eine Ressourcen aktivierende Trance induziert, indem er den Klienten im psychoanalytischen Vorgehen einlädt »frei zu assoziieren« oder mit dem Klienten Achtsamkeit übt. Diese Maßnahmen dienen dazu, nicht mehr nur auf das Alltagsbewusstsein angewiesen zu sein.

Meist mischen sich beide Strategien und es wird offensichtlich, dass der Therapeut einen Hilfe suchenden Menschen dabei unterstützt, seine Aufmerksamkeit neu zu lenken und zu ordnen. Man könnte auch sagen, dass nun *zwei* Personen Einfluss auf die Bewusstseinsprozesse haben, nicht mehr nur *eine*. Die Psychologie bezeichnet das als Ko-Regulation, auch wenn dieser Begriff meistens für die Regulation von Gefühlen verwendet wird (Schore, 1994).

Aus dieser Perspektive ist die Ko-Regulation von Aufmerksamkeitsprozessen ein Grundbaustein aller bestehenden Behandlungsmethoden. Die zentrale Rolle der Aufmerksamkeitsregulation wird heute auch durch die neurobiologische Forschung bestätigt (Posner & Petersen, 1990). Und gerade in der Arbeit mit Achtsamkeit rückt ihre Bedeutung in den Vordergrund.

Bei allen Interventionen, die ein tiefenpsychologisch und achtsamkeitszentriert arbeitender Therapeut anbietet, gilt es daher, die Bewusstseinszustände des Klienten ständig im Auge zu haben, durchgehend dafür zu sorgen, dass Achtsamkeit sich über den Behandlungsverlauf vertieft und dass die besonderen Möglichkeiten der Achtsamkeit genutzt werden.

Gemeinsam in Achtsamkeit zu verweilen und sich dabei laufend auszutauschen, bringt eine neue Qualität in die Beziehung. Beide sind in einem besonderen Zustand, der sich durch hohe Sensibilität, Wachheit und Toleranz auszeichnet. Beide sind offen, neugierig und entspannt. Beide sind sehr fein auf das eingestellt, was im Klienten vorgeht. Insbesondere, wenn der Klient sich schon einige Fertigkeiten angeeignet hat, können sie zusammen über längere Zeit in solchen sensiblen Zuständen verweilen – Zustände, die sowohl zum Erkunden der Innenwelt, als auch zum Erlernen von neuen Sicht- und Erfahrensweisen besonders geeignet sind.

In einer von Achtsamkeit durchwirkten Methode werden sich insbesondere folgende Schwerpunkte herausbilden:

- Eine der Hauptaufgaben des Therapeuten ist es, die Bewusstseinszustände des Klienten genau zu beobachten und laufend zu verfolgen, ob sich dieser im Alltagsbewusstsein oder in Achtsamkeit befindet. Denn die unterschiedlichen Zustände erfordern jeweils ein spezifisches Verhaltensrepertoire des Begleiters. Dabei ist es wichtig, aktivierte »Teile« *(siehe »Persönlichkeitsanteile – ein hilfreiches Modell der Innenwelt«, S. 133)* zu bemerken und zur richtigen Zeit anzusprechen, um damit den Beobachter einzuladen.

- Wenn sich bestimmte innere Phänomene zur Untersuchung anbieten und der Klient daran interessiert ist, führt ihn der Therapeut in einen Zustand von Achtsamkeit. Die Aufmerksamkeit wird nach innen gerichtet und der »Innere Beobachter« eingeladen. Dieser kann dann beobachten, welche automatischen inneren Abläufe auftreten.
- Der Therapeut unterstützt den Zustand der Achtsamkeit, indem er den Klienten zum Verweilen ermuntert, viel Zeit gibt, sehr langsam arbeitet und eventuell durch Untersuchen von Details der auftretenden Erfahrung eine immer genauere Betrachtung fördert. Damit wird die Achtsamkeit weiter vertieft.
- Dabei ist wichtig, dass der Therapeut in einer warmen und annehmenden Haltung laufend verbalen Kontakt mit dem Klienten hält, der ihm aus der Position des Beobachters schildert, welche Ereignisse er in seinem Inneren bemerkt.

Der Ablauf kann dem ähneln, was dem Protokoll einer Sitzung mit der Pädagogik-Studentin Tinka L. zu entnehmen ist:

KLIENTIN: (erzählt von einem Streit mit ihrer Chefin bei einer Tele-Marketing-Firma) »Dabei hatte ich sehr wohl beide Zettel ausgefüllt ... sie hatte nur nicht richtig nachgeschaut. Jedenfalls hat sie mich derart angebrüllt, dass mir fast das Trommelfell geplatzt ist ... und alle haben natürlich rübergeschaut.« (Das sagt sie alles mit lächelndem Gesicht.)

THERAPEUT: »Du lachst (Pause) aber es scheint dir nicht wirklich nach Lachen zumute zu sein?«

KLIENTIN: (Gesicht wird ernst) »Nö, ... nö, ... das ging mir schon ganz schön nahe.« (Der Therapeut ist sich bewusst, dass die Klientin aus dem Alltagsbewusstsein heraus erzählt, entfernt vom gegenwärtigen Moment. Er nutzt den Widerspruch zwischen zwei »Teilen«, die sie bemerkt, einem beschämten und einem zweiten, der die Scham verbergen will, um einen Schritt in die Achtsamkeit vorzubereiten.)

THERAPEUT: »Das trifft dich irgendwie?« (Er spricht in der Gegenwartsform.)

KLIENTIN: »Ja, das ist mir unheimlich peinlich.«

THERAPEUT: »Ist es Scham, die du empfindest?«

KLIENTIN: »Ich glaub' schon.«

THERAPEUT: »Hättest du Interesse, dieses Gefühl einmal genauer zu erforschen?«

KLIENTIN: »Naja, das Thema Scham erwischt mich ja ständig.«

THERAPEUT: »Die ist schon eine wichtige Sache?«

KLIENTIN: »Das stimmt.«

THERAPEUT: »Dann nimm dir doch mal einen Moment Zeit, um achtsam zu werden.« (Die beiden haben schon relativ viel in Achtsamkeit gearbeitet.)

KLIENTIN: (Setzt sich etwas zurück, der Blick senkt sich, sie ist nach innen fokussiert.)

THERAPEUT: (nach ein paar Augenblicken) »Lass die Szene doch noch einmal vor deinem geistigen Auge ablaufen.«

KLIENTIN: (nickt nach einer Weile)

THERAPEUT: »Was kannst du bemerken? (Pause) Wie reagiert dein Inneres?«

KLIENTIN: (Pause) »Alles zieht sich zusammen ... ich fühl', wie ich zu lächeln anfange ... da ist nur ein Impuls ... nur weg!«

THERAPEUT: »Da passiert 'ne ganze Menge auf einmal?« (Pause)

KLIENTIN: »Ja, aber dieses Kontrahieren ... dieses Wegschrumpfen ... das ist richtig intensiv.«

THERAPEUT: »Wollen wir einen Moment dabei bleiben und es genauer untersuchen?«

KLIENTIN: (Nickt langsam) »Ja, ... ja, ... mein Gott, das ist, als wenn jede Zelle sich verkrampft.«

In der Folge erlaubt sich Frau L., langsam einen Schamzustand entstehen zu lassen, um ihn zu erspüren und zu erkunden. Sie bleibt für etwa 10 Minuten in Achtsamkeit, um herauszufinden, wie dieses Gefühl der Scham beschaffen ist und seine Hintergründe voll ins Bewusstsein treten zu lassen. Sie ist im Zustand der Scham und studiert zugleich diesen Zustand aus der Beobachterposition.

Der »Innere Beobachter«

Das hervorragende Merkmal eines achtsamen Zustandes ist, dass eine Betrachtungsperspektive entsteht, die hier der »Innere Beobachter« genannt wird. Durch den Vorgang des Beobachtens trennt sich das innere Erleben in zwei unterschiedliche Aspekte: Den Beobachter und das Beobachtete. Wenn ein Klient z.B. von einer großen Traurigkeit erfasst wird, umhüllt sie ihn und zieht ihn in sich hinein. Es ist normalerweise so, als ob er diese Traurigkeit wäre, als ob sie sein eigentliches Ich sei. Er hat kein Bewusstsein mehr dafür, dass dies ein vorübergehender Zustand ist, nur *eine* der vielen Seiten seiner Existenz. Er bekämpft die Traurigkeit oder lässt sich in sie hineinfallen. Mit einem gut trainierten Beobachter verändert sich das: Der Mensch erlebt sich mehr in einer Beobachtungsposition, aus der man sich der vorübergehenden Natur von Zuständen bewusst ist, und diese mit Interesse und Mitgefühl wahrnimmt. Die Traurigkeit ist da, aber sie ist nicht »Ich«. Das »Ich-Gefühl« ist eher mit dem Beobachter verbunden und dieser ist ruhig, gelassen und annehmend gestimmt.

In der buddhistischen Psychologie hat die Fähigkeit des Beobachtens sehr große Bedeutung. Das so entstehende Bewusstsein ist der Kern der großen Freiheit, die angestrebt wird. Der Beobachter wird dort auch der »Zeuge« genannt, um seine Unabhängigkeit zu betonen. Seine tägliche Übung führt zu einer gewissen Distanzierung vom Auf und Ab des Alltags sowie zu innerer Ruhe und einer mitfühlenden Haltung allen Aspekten des Lebens gegenüber, zu einer »Disidentifikation« vom Leiden *(siehe nächster Absatz und »Die vier essenziellen Bausteine von Achtsamkeit«, S. 23)*.

Schon die ersten Schritte der Achtsamkeit stärken die Fähigkeiten des inneren Beobachters. Zustände, in denen er präsent ist, zeichnen sich durch folgende Qualitäten aus:

1. Wachheit,
2. Fokussierung auf das gegenwärtige Erleben,
3. wohlwollendes Interesse,
4. Akzeptanz der beobachteten Phänomene,
5. Ruhe und Gelassenheit,
6. Langsamkeit und Sorgfalt.

Umgekehrt kann man sagen, dass Zustände, die nicht von diesen Qualitäten getragen sind, *nicht* die des Beobachters sind. Im Rahmen einer Behandlung kann der Therapeut kontinuierlich dafür sorgen, dass mit der Zeit die beobachtende Perspektive eingeübt wird. Die genannten Qualitäten entstehen allmählich und spontan als Eigenheiten des Beobachters.

Disidentifikation

Die Praxis der Achtsamkeit stärkt die Fähigkeit des inneren Beobachters, persönliche Zustände wahrzunehmen, aber nicht in sie hineingezogen zu werden. So wird vermieden, dass ein Mensch sich mit seinen verschiedenen Anteilen »identifiziert«, was bedeutet, einen Zustand als »Ich« wahrzunehmen. Zunehmende *Disidentifikation* würde – auf der Ebene der Sprache – die Aussage »Ich bin furchtbar wütend« in Richtung eines Satzes wie »Ich bemerke eine riesige Wut in mir« verändern. Damit ist die Empfindung des Ich in den Beobachter verlagert. Mit der Zeit entsteht auf diese Weise eine gewisse freundliche Distanzierung zu den vielen verschiedenen Zuständen oder »Teilen«, die im Alltag ausgelöst werden. Sie werden bemerkt, ihr ständiges Kommen und Gehen ist bewusst. Das, was stabil bleibt, ist der beobachtende Geist.

Mit zunehmender Disidentifikation wächst auch die Toleranz gegenüber bestimmten Zuständen. Man kann sie vielleicht sogar mit Humor betrachten und sie besser aushalten. Sie haben weniger Macht, weniger Kraft, den Menschen zu überwältigen, stattdessen entsteht mehr Raum, sich ihnen mit Interesse und Anteilnahme zuzuwenden, um sie tiefer und wesentlicher zu verstehen. Schließlich verringert sich die Gefahr, mit automatisierten Verhaltensweisen zu reagieren und es entsteht eine Gelassenheit und Ruhe, die den gesamten Tagesablauf trägt.

Unterhalb des persönlichen Sicherheits-Radars

Sich selbst aus der Sicht des Beobachters wahrzunehmen hat eine entblößende Wirkung, gerade wenn dies im Beisein einer anderen Person geschieht, wie es ja in der dyadischen Situation mit einem Therapeuten der Fall ist. Unser täglicher Schutz, unser Versuch, uns vor anderen und uns selbst zu verbergen, wird umgangen. Dem Klienten werden durch die Beobachtung in gewisser Weise seine üblichen Wege genommen, sich relativ sicher zu fühlen. Es ist, als ob die Warnsysteme – das persönliche Radar – unterlaufen würden. Daher ist es von entscheidender Bedeutung, dass Therapeuten, die mit Achtsamkeit arbeiten, dafür sorgen, dass sich die Klienten bei ihnen sicher fühlen können. Ist das nicht der Fall, ist auch keine Achtsamkeit möglich. Der Klient wird immer einen großen Teil seiner Aufmerksamkeit beim Therapeuten haben müssen, seine Radarantennen werden aktiv sein, vorsichtig bedacht, nur das zu zeigen, was ihn nicht in Gefahr bringt. Die dafür zuständigen Mechanismen sind zumeist nicht bewusst. Selbst wenn er sich noch so sehr vornimmt, offen zu beobachten und zu berichten, das Unbewusste spielt dann nicht mit.

Daher müssen achtsamkeitszentrierte Methoden auch Konzepte beinhalten, wie eine therapeutische Beziehung Sicherheit vermitteln kann und somit das Unbewusste des Klienten zur Kooperation einlädt. Einerseits müssen Therapeuten verstehen, was nötig ist, damit sich die Klienten im Verlauf der Therapie immer sicherer fühlen können, andererseits auch, wie sie sich verhalten müssen, um sich des entstehenden Vertrauens würdig zu erweisen.

Hinführen, Einleiten, Vertiefen

Typischerweise beginnt fast jeder Mensch eine Therapie damit, zu erzählen, was er von sich weiß, welche Probleme ihn belasten, welche Erinnerungen ihn quälen oder was ihm sonst bedeutsam erscheint. Kaum jemand fängt von alleine an, den eigenen Zustand im gegenwärtigen Moment zu untersuchen und zu beschreiben. Aber gerade das ist es, was eine achtsame Arbeit von anderen Formen der Zusammenarbeit unterscheidet. Ein Therapeut muss also Wege und Strategien kennen, mit denen er den Patienten vom Alltagsgespräch zu einem achtsamen Austausch führen kann. Oft lässt sich das durch das Angebot einer genaueren Untersuchung einleiten.

Hier ein Beispiel aus einer Therapie mit Karin L., einer 42-jährigen Lehrerin:

KLIENTIN: »Und als er dann auf meinen Mantel zeigte, den ich mir mit so viel Mühe ausgesucht hatte, bin ich fast ausgeflippt.«

THERAPEUTIN: »So 'ne richtig tierische Wut?«

KLIENTIN: »Ja, so 'ne richtig tierische Wut!«

THERAPEUTIN: (Nach einer kleinen Pause) »Hättest du Interesse, diese Wut ein wenig genauer zu erforschen? Denn da kommen wir irgendwie immer wieder hin.«

KLIENTIN: »Stimmt, … ich hätte schon Interesse, aber sie macht mir auch Angst.«

THERAPEUTIN: »Da wär' es wichtig, erst einmal zu entscheiden, was jetzt Vorrang hat, erforscht zu werden: die Wut oder die Angst.«

KLIENTIN: »Ne, das ist schon klar … das ist die Wut.«

THERAPEUTIN: »Okay, gehen wir also mit der Wut. Bei uns machen wir das so: wir nehmen uns ein bisschen Zeit und schauen dann mit viel Sorgfalt nach innen, … was da eigentlich genau los ist. (Frau L. schließt die Augen und scheint in sich hineinzuspüren.) Ja, genau so … also gewissermaßen nach innen forschen, was da ganz genau passiert. (Pause) Wenn du jetzt zum Beispiel der Wut ein klein bisschen Raum lässt.«

KLIENTIN: »Die kommt wie eine Welle hochgeschossen … wie 'ne Hitze.«

THERAPEUTIN: »So richtig heiß.«

KLIENTIN: »Heiß wie eine Feuerwelle.«

THERAPEUTIN: »Sie kommt von unten?«

KLIENTIN: »Ja, sie startet hier ungefähr (Sie deutet auf einen Bereich unterhalb des Bauchnabels.) … und schießt dann wie ein Blitz noch oben.«

THERAPEUTIN: »Da im Bauch scheint der Ursprung zu sein?«

KLIENTIN: »Ja, genau hier.« (Sie deutet noch einmal auf den Bauch.)

THERAPEUTIN: »Ist es da wie ein … ein …«

KLIENTIN: »Wie eine Bombe!«

THERAPEUTIN: »Wär' es okay, noch ein wenig bei dieser Bombe zu bleiben und sie zu studieren?«

KLIENTIN: »Ja, ja, … die hat so was … tödliches.«

Die Therapeutin leitet die Klientin immer wieder auf eine genauere Erforschung des gegenwärtigen Erlebens hin. Sie lädt sie ein, ein wesentliches Element ihrer Erfahrung ganz genau und mit freundlicher Neugier zu untersuchen. Im weiteren, typischen Verlauf der Untersuchung wird die Klientin bei der Innenschau gehalten, um immer tiefer, immer feiner und immer genauer ein inneres Phänomen zu untersuchen. Das kann manchmal nur einige Sekunden dauern, manchmal auch eine ganze Sitzung.

Der Übergang vom Alltagsgespräch zu einer achtsamen Untersuchung ist in der achtsamkeitszentrierten Psychotherapie oft der Anfang eines langen Weges. Dieser führt über verschiedene Ebenen des Erlebens hin zu tief gespeicherten Erfahrungen, die das Leben eines Menschen geformt haben.

Bei Frau L. macht sich – wie oben beschrieben – zunächst ein Gefühl bemerkbar, dann ein körperliches Geschehen. Im weiteren Verlauf, der sich über etwa 35 Minuten hinzieht, werden sowohl die körperlichen als auch die emotionalen Komponenten immer deutlicher. Dabei steigt der überwältigende Impuls in ihr auf, ein Gesicht zu zerkratzen (Frau L. benutzt manchmal sogar das Wort »zerfleischen«), und die Wut verändert sich zu einem »schwarzen Hass«. Schließlich stellen sich Erinnerungen ein an ihre Schwester und verschiedene Szenen, in denen sie sich erniedrigt und verhöhnt fühlt. Erinnerungen, die vollkommen verloren gewesen waren. Der letzte Teil der Sitzung widmet sich einem fundamentalen Gefühl von Demütigung und Hilflosigkeit, aber auch der Bewunderung und Liebe, die sie ihrer Schwester gegenüber empfindet.

Forschen mit Hilfe von Experimenten

Da Achtsamkeit auf das Ziel ausgerichtet ist, die Wirklichkeit immer genauer zu sehen und zu erkennen, lässt sie sich nicht mit therapeutischen Strategien verbinden, die darauf abzielen, Fehlerhaftes zu identifizieren und zu korrigieren. Achtsamkeit ist von Akzeptanz getragen und hat ein nie endendes Interesse an der Wirklichkeit. Wenn etwas im Blickfeld erscheint, das zunächst falsch oder schlimm wirkt, geht es in achtsamer Arbeit *nicht* darum, es zu verändern, sondern es zu erforschen. Deswegen kann eine achtsame therapeutische Arbeit primär keine spezifischen Veränderungsziele definieren und anstreben. Alle Techniken und Strategien, die darauf ausgerichtet sind, sind unbrauchbar.

An diese Stelle muss ein akzeptierendes Untersuchen treten. Als grundlegende Methodik bietet sich daher der Weg an, in einem »experimentellen Vorgehen« (Kurtz, 1990) Situationen zu schaffen, die ein tieferes and genaueres Erforschen des inneren Geschehens ermöglichen.

In der Sitzung streckt Frau L. während achtsamer Selbstbeobachtung spontan ihre Arme nach vorne und krümmt die Finger. Die Therapeutin hält daraufhin vorsichtig ein Kissen hin und lädt sie ein, zu spüren, was die Hände machen wollen. Nach einer Phase des Experimentierens mit verschiedenen Winkeln und Höhen bekommt Frau L. plötzlich ein ganz klares Gefühl dafür, dass sich der Impuls in ihren Händen auf ein Gesicht hin richtet. Augenblicke später erscheint zum ersten Mal das Bild ihrer Schwester. Ein vorsichtiges Explorieren des Kratzimpulses am Kissen (das nun das Gesicht der Schwester repräsentiert) enthüllt die Heftigkeit ihres Hasses und den Wunsch zu »zerfleischen«.

Es geht der Therapeutin also weder darum, den Hass zu entschärfen, noch darum, ihn auszuagieren. Das Ziel ist herauszufinden, was ganz genau die Hände tun wollen und von welchen Kräften dieser Impuls getragen ist.

Die therapeutische Strategie des experimentellen Vorgehens – und einer experimentellen therapeutischen Haltung – macht eine spezielle Methodik notwendig. Diese verhindert, immer wieder in ein lösungsorientiertes Verhalten zu verfallen, das aus anderen, nicht-achtsamkeitszentrierten Verfahren stammt. Jedes Bemühen um Veränderung verhindert das Erforschen. Es steht der Achtsamkeit im Wege, wenn man beispielsweise dem Klienten eine bestimmte Sichtweise nahelegt, auf ihn einwirkt, die Atmung zu verändern, oder ihn auffordert, ein bestimmtes Gefühl stärker auszudrücken.

Dagegen würden achtsame Interventionen eher das Erhalten bestehender, speziell auch Schutz gebender Strukturen fördern wollen, um sie präzise und in ihrer Komplexität zu untersuchen. Das führt oft zu einem paradox anmutenden Vorgehen, indem gerade das gestützt und akzeptierend studiert wird, was ein Problem zu sein scheint (Kurtz, 1990).

»Aufdeckung« mit Hilfe von Achtsamkeit

Sinn der Tiefenforschung

Aus Sicht der klassischen Psychoanalyse geht es in einer Heilbehandlung darum, insbesondere unbewusstes Erleben zu erkunden und zu verstehen. Elemente dieser Erkundungen sind im Wesentlichen: Gefühle, Gedanken, Erinnerungen, Bilder, Träume und manchmal auch körperliche Empfindungen und Impulse. Bewusstwerdung und Reflektion sollen dazu führen, dass schwierige Lebenserfahrungen tiefer verstanden und neu verarbeitet werden können und eine verbesserte Selbstregulation möglich wird.

An diesem Punkt wird deutlich, dass sich die Nutzung der Achtsamkeit für ein solches Vorgehen besonders gut eignet. Gerade eine sich ständig verfeinernde und stabilere Selbstregulation ist ja eines der wichtigen Ziele der Arbeit mit Achtsamkeit. Mit Unterstützung des Therapeuten kann der Klient in Achtsamkeit bedeutsame innere Objekte und Prozesse genau studieren. Der Therapeut hilft bei der Innenwendung, bei der Auswahl eines Arbeitsfokusses und vor allem dabei, tatsächlich so lange und so genau ein bestimmtes Erleben zu erforschen, bis neue und wesentliche Hintergründe aufgedeckt werden können. Jack Kornfield, einer der führenden Vertreter der Einsichtsmeditation im Westen, betont dieses Potential der Achtsamkeit: »Wir müssen ganz besonders die Kunst lernen, unsere Aufmerksamkeit auf die abgeschotteten Bereiche unserer Existenz zu lenken.«

So nähert sich der gemeinsam und genau gesteuerte Forschungsprozess jenen verborgenen inneren Gefühlen und Konflikten, die meist vor langer Zeit in eindringlichen Lernprozessen entstanden sind.

Ein Beispiel:

Michael Z., ein 46-jähriger homosexueller Elektroingenieur mit häufigen und monatelangen Auslandsaufträgen kommt in die Therapie, weil er sich isoliert und einsam fühlt. Er wirkt verschlossen und kühl. Mehrere längere Liebesbeziehungen scheiterten an seiner Neigung, sich zurückzuziehen und »gefühllos« zu werden. In der 12. Sitzung hat er ein Schlüsselerlebnis: Er erkundet in Achtsamkeit eine »Wand«, die sich immer wieder auch gegen seinen Willen und »vollautomatisch« aufrichtet, wenn seine Partner wegen irgendetwas mit ihm unzufrieden waren. Diese »Wand« ist ihm ein Rätsel, er kann nichts gegen sie unternehmen, so sehr er es auch versucht. Die achtsame Erkundung lässt sie zunächst als eine Art »gläserne, zähe« Schicht erscheinen, etwa eine Handbreit dick und undurchdringlich. Als er mit Unterstützung des Therapeuten eine Weile bei diesem Bild beziehungsweise Gefühl verweilt und es genauer erkundet, ist es ihm plötzlich, als ob er sich dahinter duckte. Er kann beobachten, wie dieses duckende Wesen in ihm zu einem Kind wird, dessen Körper und Gefühle er genau empfindet. In den nächsten Minuten fängt er an, zum ersten Mal bewusst nachzuspüren, wie er sich als Kind bei seiner Ursprungsfamilie gefühlt und eingerichtet hatte.

Der Therapeut lädt ihn ein, weiter achtsam zu beobachten, was mit dem Kind los ist und wie es sich fühlt. Es tauchen eine Reihe von Szenen am Esstisch auf, die stellvertretend dafür sind, wie er von seinem Stiefvater ständig behandelt wurde: Ein dauernder Strom von Erniedrigungen, Hohn, Verachtung und zynische Bemerkungen hatten das Gefühl vollkommener Wertlosigkeit hinterlassen. Die Mutter, die ebenfalls unter ihrem Mann litt und ihn nicht liebte, hatte sich aber nicht getraut, sich zu trennen. Sie hatte sich unterworfen, genauso wie sie sich der Familienpatriarchin, ihrer eigenen Mutter, unterworfen hatte. Diese Großmutter dominierte immer noch ihr Leben, denn sie war reich und hart in ihren Bewertungen.

Das Klima machte den Jungen aggressiv, was das Verhalten seines Stiefvaters noch verstärkte und ihn innerlich in einen Abgrund von Selbstverachtung und Selbsterniedrigung führte. Es wird spürbar, dass er damals nur noch die eine Strategie entwickeln konnte, sich abzuschirmen: eben durch diese »Wand«. Später hatte auch noch seine Homosexualität die gewaltige Scham vertieft.

Michael Z. ist dieses innere Erleben seiner Kindheit nicht bewusst. Er weiß nur, dass sein Stiefvater ein »Arschloch« gewesen ist und er oft Prügel bezogen hat. Mit der Großmutter war er bis zu ihrem Tod verfeindet und von ihr enterbt worden. Das tiefere

Erleben des Kindes kommt erst in der achtsamen Erkundung wieder zum Vorschein, und zwar so, dass es von Herrn Z. im ganzen Umfang empfunden und nachvollzogen werden kann.

So wird durch eine sorgsame und achtsame Erkundung innerer, hier kindlicher Prozesse ein Erleben wiedererweckt und nachempfunden, das einen großen Einfluss auf die Art gewonnen hatte, wie sich Herr Z. unbewusst durchs Leben bewegt. Sobald irgendetwas geschieht, was einer Kritik nahe kommt, stellt sich ganz von alleine und automatisch diese Wand ein und er verschwindet für andere Menschen als berührbares Wesen. In der Therapie wird mit Hilfe der Achtsamkeit das Erleben »aufgedeckt«, das ihn mit geformt hat.

Selbstakzeptanz und Integration

Kinder haben die Fähigkeit, unlösbare Situationen einfach aus dem Bewusstsein zu verbannen und sich mit schützendem Verhalten zu retten. So hatte der junge Michael Erniedrigung und Selbstverachtung hinter einer Wand aus Aggression und Unberührbarkeit vor sich selbst und Anderen verstecken können. Damit war leichter zu leben als mit der Scham und den zerstörerischen Gefühlen. Die achtsame Exploration, die sorgsame Erforschung immer tieferer innerer Zustände hatte sie wieder aufgedeckt.

Achtsamkeit führt aber auch zu einer akzeptierenden Haltung dem gegenüber, was zuvor verdammt, verbannt oder verleugnet wurde. Für Michael Z. war das die große Erleichterung: Einen Teil von sich entdeckt zu haben, dem er heute mit Freundlichkeit und Mitgefühl begegnen kann. Es war nicht mehr etwas Unsägliches, das zum Selbstschutz eine Existenz im Schatten des Bewusstseins führen muss.

Die auch vom Therapeuten vorgelebte Haltung der Akzeptanz, die ein Teil achtsamer Beobachtung ist, lässt schwierige Anteile des Ich wieder einen Platz im Leben finden.

Michael Z. berichtet mehrere Monate später, dass er einem alten Bekannten von seinem inneren Zustand und seinen Kindheitserlebnissen erzählt hat, als er gerade wieder diese Wand in sich spürte. Das hatte zu einer sehr tiefen Begegnung zwischen den beiden geführt, die er »wie Liebe« erlebte. Ein Erlebnis, das – wie er selbst mit strahlendem Lächeln bemerkt – so sehr im Gegensatz zu seinem alten Gefühl von Isolation und Einsamkeit steht.

Man könnte eine solche tief empfundene und freundlich erfahrene Selbstentdeckung durch Achtsamkeit als einen Weg der Integration beschreiben (Siegel, 2007). Wie in vielen Therapieformen beschrieben, finden dunkle, in die Schatten der Seele verbannte Anteile ihren Weg ans Licht. Sie werden nicht nur mental erfasst, sondern in aller Tiefe gespürt. So wird es möglich, sich mit ihnen anzufreunden. Das Beobachten und die Akzeptanz geben ihnen einen Platz im Ganzen. Sie wirken nicht mehr aus dem Dunkel, sondern stehen einer intelligenten, vielleicht sogar weisen Beziehungsgestaltung zur Verfügung.

Regression in Achtsamkeit

Gerade wenn man mit Achtsamkeit arbeitet, kommt es häufig vor, dass Klienten von tiefen, lange verborgenen Zuständen erfasst werden, wie es Michael Z. im obigen Beispiel passierte. Sie können sich dann etwa wie ein Kind fühlen, mit all den Einzelheiten, die diese Person als Kind tatsächlich gespürt hat. Dazu können Körperempfindungen, Geräusche, Gerüche, typische Gedanken, eine kindliche Sprache und oft kristallklare Erinnerungen gehören. In der Psychotherapie nennt man dieses Phänomen, das man als Aktivierung »kindhafter« Teile *(siehe »Persönlichkeitsanteile – ein hilfreiches Modell der Innenwelt«. S. 133)* verstehen kann, »Regression«. Es gibt immer wieder Experten, die vor Regression warnen, weil sie eine Reihe von Problemen mit sich bringen kann (Lempp, 2003; Geissler, 2006; Young, C., 2006): Etwa dass die Person sich mit diesem

Kindzustand »identifiziert«, ihn als eine andere Form des Schutzes gebraucht oder dass viele Wiederholungen dieser Erfahrungen die Person noch nachhaltiger mit problematischen Zuständen verschmelzen lassen (Morrell, 1991).

Doch gerade der innere Beobachter macht als entscheidendes Element einen solchen Weg sicher, denn er behält eine reife, ruhige Sicht auf das Ganze. Er verhindert die Identifikation, er bemerkt die Kräfte, die sich unter Umständen hinter dem Kind verstecken wollen und er verändert durch seine Präsenz die ursprüngliche Erfahrung. Man kann die Achtsamkeit und den in ihr enthaltenen Beobachter als fundamentale Ressourcen betrachten, als Quelle außerordentlicher Kraft, die dem Menschen hilft, nicht in seinen Zuständen zu versinken, sondern sie klar zu sehen und wohlwollend zu verstehen.

Selbstregulation und Selbstführung

Schließlich entsteht aus der beobachtenden Position der Achtsamkeit die verstärkte Fähigkeit, sich selbst zu regulieren und zu führen (*vgl. Kapitel »Selbstführung aus der Beobachterperspektive«, S. 129)*. Es wird noch einmal deutlich, dass ein immer früher und leichter gelingendes Bemerken der eigenen Zustände oder Teile es erst möglich macht, bewusst einzugreifen. Wenn es Michael Z. beispielsweise früher auffällt, dass eine »Wand« hochgeht, gibt es ihm auch die Gelegenheit, mit seinem Freund darüber zu sprechen. Dies ist sehr viel schwieriger oder gar unmöglich, wenn er seinen Zustand erst Tage später genauer bemerkt oder überhaupt nicht wirklich weiß, was mit ihm geschieht. Wenn Achtsamkeit regelmäßig geübt wird, entsteht durch Veränderungen im Gehirn (Davidson et al., 2003a; Siegel, 2007) eine neue Kapazität: die Fähigkeit, sich selbst und seine Zustände immer schneller und genauer zu registrieren. Dieses »Registrieren« nützt meist nichts mehr, wenn man schon von einer heftigen emotionalen Reaktion erfasst ist. Dann kann man seine Wut oder seine Verzweiflung nicht mehr stoppen, selbst wenn man bemerkt, dass man von einem speziellen Zustand mitgerissen wird. Dan Goleman (1996) beschreibt Menschen in einem solchen Zustand als »entführt« (highjacked). Doch je früher und genauer die eigenen Zustandsschwankungen vom Beobachter wahrgenommen werden, desto einfacher ist es, innezuhalten, Alternativen zu suchen oder eine größere Pause einzulegen, bevor man etwas klüger weitermacht. Kalu Rinpoche, ein bedeutender tibetischer Lama, wies auf diesen Weg mit folgenden Worten hin: »Es ist äußerste Wachsamkeit und Aufmerksamkeit, die es uns ermöglicht, unser Verhalten zu ändern.«

Therapeutische Transformation in Achtsamkeit

Vorsichtig dosierte Regression in Achtsamkeit erlaubt neben der Entwicklung eines Beobachters noch eine andere Art der Transformation: das nachträgliche Lernen in Bezug auf längst vergangene »Realitäten«. Dieses ist auf andere Art nicht so einfach möglich. Es gibt eine lange Tradition innerhalb der Psychoanalyse, die mit Sandor Ferenczi (1919) und Franz Alexander begann (1946) und die Veränderungen des Klienten so versteht, dass neue oder »korrigierende« Erfahrungen in der Beziehung zum Therapeuten gemacht werden, die den ursprünglichen negativen, aber prägenden Erfahrungen widersprechen. Wenn zum Beispiel bei der Mutter keine Geborgenheit möglich war, kann diese Erfahrung mit dem Therapeuten »nachgeholt« werden.

Auch im Rahmen der Bindungsforschung (zwischen Kind und Mutter) wird diese Möglichkeit betont (Karen, 1994; Cozolino, 2006). Grundsätzlich kommt die Bedeutung der lebendigen Erfahrung für Veränderungsprozesse immer stärker in den Blick der Psychotherapie (Greenberg et al., 1998).

Wie die Beispiele zeigten, erlaubt die Aktivierung alter, meist kindlicher Zustände unter dem Schutz achtsamer Beobachtung dem Klienten-Therapeuten-Team, genauestens zu erforschen, was der Klient als Kind erlebt und gelernt hat. Der

»Kind-Zustand« ist in seiner ganzen Komplexität erlebbar, aber zugleich kann der Beobachter ihn sorgfältig studieren, ohne von seinen Gefühlen verschlungen zu werden. So entsteht eine klare Vorstellung von langandauernden oder traumatischen Erlebnissen, die das Weltbild des Kindes geprägt haben. Grundlegende Einstellungen und Überzeugungen werden sichtbar, die sich noch heute auf Gefühle und das Verhalten eines Menschen steuernd auswirken.

Wenn im Rahmen achtsamer Zustände die frühen Lernprozesse in den Blick kommen, wird meistens auch deutlich, dass das damalige Kind keine Hilfe von Erwachsenen hatte, um seine Erfahrungen so zu verarbeiten, dass es ohne quälenden Verzicht auf grundlegende Bedürfnisse weiter leben kann. So lernen Kinder, auf unbedingt notwendige Voraussetzungen für ein erfülltes Leben zu verzichten und sich mit Schutzmechanismen auszustatten. Zu diesen Voraussetzungen gehören Erwachsene, die den Kindern Sicherheit, ein Gefühl des Umsorgtseins, ein angemessenes Maß an Freiheit, Raum für Authentizität und Anerkennung des eigenen Wertes bieten können.

Auf diesem Hintergrund kann man einen Teil des psychotherapeutischen Vorgehens als die Identifizierung nicht erfüllter Grundbedürfnisse bzw. versäumter Erfahrungen verstehen. Wenn ein Kind beispielsweise nie erleben konnte, wie es ist, sich sicher zu fühlen, überschattet das sein ganzes Leben und scheint schließlich auch noch in den Handlungen und Gefühlen des Erwachsenen durch.

Es reicht aber nicht, dem nun erwachsen gewordenen Menschen zu erklären, dass er sich jetzt sicher fühlen kann. Denn die gefühlte »Unsicherheit« ist vor allem im emotionalen und somatischen Gedächtnis gespeichert, in dem, was heute »implizites« Gedächtnis genannt wird. Inhalte des impliziten Gedächtnisses sind unter normalen Umständen ziemlich veränderungsresistent (Roth, 2003). Jeder weiß: es ist leichter, etwas anderes zu denken, als etwas anderes zu fühlen.

Wenn aber im Rahmen achtsamer Wiederbelebung früher Kindzustände die ursprünglichen neuronalen und somatischen Aktivierungen wieder vergegenwärtigt werden, dann stehen sie auch für neue Erfahrungen zur Verfügung (Nadel, 1994; Nader, 2003; Ecker et al., 2016). In unserem Beispiel: ein sicherer Raum kann kreiert und dann erfahren werden, und zwar im aktivierten Kind-Zustand.

Zum Verständnis psychischer Veränderungsprozesse tragen neue Erkenntnisse über komplexe adaptive Systeme *(siehe Exkurs »Der Mensch als ein sich selbst organisierendes lebendiges System«, S. 133)* und über die Neurobiologie des Lernens *(siehe Glossar »Lernen durch Erfahrung«, S. 268)* bei.

Ein Beispiel aus einer Therapie mit Walter M., einem 32-jährigen »ewigen« Studenten der Philosophie:

Herr M. erforscht und durchleidet im Laufe von etwa 25 Sitzungen den Mangel an Unterstützung in seinem Leben. Er verfällt wiederholt in depressive Zustände, die mit der Erinnerung verbunden sind, wie er als Sechsjähriger seine Mutter durch einen Autounfall verlor. Diese Erinnerungen sind mit noch weiter zurückliegenden Erinnerungen verschmolzen, die ebenfalls durch Gefühle der Einsamkeit und des Verlassenseins ausgelöst werden. Der Therapeut verbringt viel Zeit damit, die entsprechenden somatisch-affektiven Zustände zu erforschen und die Entwicklung einer Sprache zu unterstützen, die sein Lebensgefühl ausdrückt. Es wird klar, warum es Herrn M. nie gelungen war, sich auf eine warme, unterstützende Beziehung einzulassen. Der Therapeut berührt den Klienten bis zu diesem Zeitpunkt kaum. In der 25. Sitzung macht Herr M. wiederholt Andeutungen, dass er eine solche unterstützende »Welt« – wie er es nannte – wenigstens ein Mal in seinem Leben gerne kennen gelernt hätte.

Der Therapeut bietet an, sich nebeneinander auf den Boden zu setzen und dass Herr M. sich an ihn anlehnen könne. Dies wird ausführlich besprochen und vorbereitet. Als sie es dann tatsächlich mit großer Bewusstheit und Langsamkeit (eben achtsam) ausprobieren, gibt es für Herrn M. zunächst eine lange Kette von Reaktionen, die es ihm unmöglich machen, irgendetwas anderes als Spannung und Angst zu empfinden. Dieses Erleben wird erforscht und besprochen.

Als Herr M. nach mehreren Sitzungen auf dem Boden – ohne dass unmittelbar zuvor irgendetwas Ungewöhnliches passiert war – plötzlich nachgibt und sich leicht und ohne Widerstand anlehnen kann, bricht noch einmal eine Lawine heftiger Gefühle aus ihm hervor: Trauer, Erleichterung, Freude, Schmerz. Während mehrerer Sitzungen wird das Annehmen einer »Stütze« – so beschreibt es Herr M. – schließlich immer leichter und selbstverständlicher, was später dazu führt, dass er auch mit seiner Freundin heilsame Erfahrungen von Nähe und Unterstützung machen kann.

Achtsamkeit erlaubt, sich solchen inneren Zuständen zu nähern, ohne von ihnen verschlungen zu werden, und sie als nur *eine* Realität des Ichs zu sehen und zu erleben. Gerade das macht ein kooperatives Vorgehen zwischen dem Therapeuten und dem beobachtenden Selbst des Klienten erst möglich. Der Therapeut bleibt Therapeut, selbst wenn er im therapeutischen Zusammenspiel umschriebene Rollen übernimmt, um einem Klienten im »Kind-Zustand« bestimmte Erfahrungen zu vermitteln. Achtsamkeit ermöglicht, Übertragungen und Identifikationen im Rahmen zu halten und damit der Sorge vieler Psychotherapeuten entgegenzuwirken, zu sehr persönlich verwickelt zu werden.

Die Achtsamkeit des Therapeuten

In Zeiten, in denen auch westlich orientierte Psychotherapeuten die Bedeutung der Achtsamkeit für ihre praktische Tätigkeit erkennen, ist die Versuchung sehr groß, ein paar Bücher zum Thema zu lesen oder an einem Wochenendkurs teilzunehmen und dann davon auszugehen, mit Klienten in Achtsamkeit arbeiten zu können. Doch Achtsamkeit ist kein bloßes Handwerkszeug, sie erfordert eine vertiefte Praxis aufseiten der helfenden Person. Denn Achtsamkeit basiert auf einer verfeinerten Wahrnehmung, auf radikaler Akzeptanz, auf nie nachlassendem Interesse und auf liebevoller Präsenz – Qualitäten, die in westlich etablierten Therapien oft nicht im Vordergrund stehen.

Ein in Achtsamkeit geschultes Bewusstsein ermöglicht, dass der Therapeut als Modell für Haltung und innere Einstellung dienen kann. Wenn dieses Vorbild nicht gegeben ist, kann der Klient sich nicht orientieren und der notwendige Rahmen für zunehmende Achtsamkeit und ihre heilsame Wirkung ist nicht gegeben (Safran, 2006; Hick & Bien, 2010). Unter den vielen Faktoren, die ein achtsamer Therapeut zum therapeutischen Prozess beitragen kann, können folgende hervorgehoben werden (vgl. Fulton, 2009; Siegel 2012):

- Seine präsente und ungeteilte Aufmerksamkeit sowie das für Achtsamkeit so charakteristische gleichbleibende Interesse und die genaue Beobachtung können an sich schon zu einer »korrigierenden Erfahrung« werden.
- Die Fähigkeit des Therapeuten, intensive Gefühle wahrzunehmen und auszuhalten, erweitert die Fähigkeit des Klienten, sich ihnen ebenfalls zuzuwenden und sie durchzuarbeiten.
- Seine akzeptierende Haltung ermöglicht es auch dem Klienten, eigene Anteile ohne Selbstkritik anzunehmen und zu verstehen.
- Erhöhte Empathiefähigkeit.
- Höhere Toleranz gegenüber den eigenen Grenzen, einschließlich der Grenzen des Wissens.
- Tieferes Verständnis darüber, wie Menschen ihre eigene Welt erschaffen.
- Besserer Umgang mit den eigenen narzisstischen Problemen bezogen auf Selbstbild und Selbstwert des Therapeu-

ten, die sich im therapeutischen Prozess als Hindernis erweisen können.

- Stärkung der Fähigkeit, Theorien und Modelle als solche zu erkennen und nicht an sie gebunden zu sein oder sie für »wahr« zu halten.
- Glück und Freude des Therapeuten können sich positiv auf den Therapie-Erfolg auswirken (Bien, 2006, S. 217; Germer et al., 2009, S. 109).

Es gibt bisher leider nur vereinzelte Versuche, Achtsamkeitsschulung schon früh in die Ausbildung von Therapeuten zu integrieren. Ein solches Vorgehen scheint aber deutlich positive Effekte hervorzurufen (Grepmair & Nickel, 2007; Gehart & McCollum, 2008; Fulton, 2009).

Exkurs:

Studie zur Achtsamkeit der Psychotherapeuten

Erstmals wurde in einem Kontrollgruppendesign untersucht, welche Auswirkungen ein Meditationstraining der Psychotherapeutinnen auf ihre Therapien bzw. ihre Patienten hat. Die Studie wurde in der Inntalklinik, einer Fachklinik für integrierte Psychosomatik und Ganzheitsmedizin in Simbach am Inn, in den Jahren 2004–2006 durchgeführt.

Jeweils neun Diplompsychologinnen in Psychotherapieausbildung wurden nach dem Zufallsprinzip einer Kontrollgruppe oder einer täglichen Zen-Meditationsgruppe zugewiesen. Sie bekamen außerdem die Anweisung, während ihrer psychotherapeutischen Arbeit achtsam zu sein. Therapeutinnen der Meditationsgruppe behandelten im Rahmen eines integrativen psychotherapeutischen Konzepts 63, jene der Kontrollgruppe 61 Patientinnen und Patienten in je zwei wöchentlichen Einzelgesprächen. Davon waren 80 % Frauen und 20 % Männer.

Der von den Patienten jeweils am Ende der Stunden ausgefüllte »Stundenbogen« zeigte eine signifikant höhere Bewertung der Einzelpsychotherapie in der Therapeutinnen-Zen-Trainingsgruppe in Bezug auf Klärungsperspektive und Problemlösungsperspektive. In der Beziehungsperspektive war kein Unterschied feststellbar.

Die subjektiv wahrgenommenen Ergebnisse der gesamten stationären Behandlung haben die Patienten mit den meditationsgeübten Therapeutinnen bei der Entlassung signifikant höher bewertet als in der Kontrollgruppe. Die Patienten der Meditationsgruppe zeigten auch eine signifikant höhere Veränderungsrate ihrer Symptome (Grepmair & Nickel, 2007).

Unter dem Einfluss von Achtsamkeit verändern sich die Innenwahrnehmung, die Beziehung zwischen Therapeut und Klient und die Techniken und Strategien auf grundlegende Weise. Für Therapeuten und Berater, welche die Kraft und Bedeutung der Achtsamkeit voll ausschöpfen wollen, erzwingt sie eine Konfrontation mit eigenen Automatismen und unbewussten Haltungen: vom Machen zum Sein, vom Besser-Wissen zum Offen-Sein und Neugierig-Bleiben, vom Verändern zum Forschen und Verstehen, vom Reflektieren zum präsenten Wahrnehmen, von der defizitorientierten Diagnostik zu wertschätzender Anerkennung von Anpassungsleistungen, von der Konfrontation zur Sicherheit. Damit wird der Therapeut auch zum Modell für Selbstakzeptanz und größeren inneren Frieden. Ein Frieden, der einen fundamentalen Heilungsprozess erst möglich macht.

Ein achtsamer Therapeut ist also mehr als jemand, der ein paar neue Kniffe kennt. Er kann zu einem wirklichen Begleiter heranwachsen, wenn er für sich Qualitäten erworben hat, durch die er leidenden Menschen einen heilsamen Raum zur

Verfügung stellen kann. Jack Kornfield macht deutlich, welche Anforderungen damit verbunden sind: »Es bedarf einer beharrlichen Disziplin, einer ernsthaften Schulung, damit wir unsere alten geistigen Gewohnheiten aufgeben und eine neue Art des Sehens entdecken und aufrecht erhalten können.« Eine solche Anforderung an einen Therapeuten entspricht eher der, die man einem Meditationslehrer entgegenbringen würde. Achtsamkeit stammt ja aus dieser Tradition. Man würde ihm kein Vertrauen entgegenbringen, wenn er nicht selbst die Wege kennt, die er lehrt.

Dabei bekommt ein in Achtsamkeit arbeitender Therapeut ein einzigartiges Geschenk: Sein therapeutisches Wirken wird auch für ihn selbst zur Übung auf dem eigenen Weg. Er kommt bereichert und regeneriert aus seinen Sitzungen, seine Fähigkeit zur Achtsamkeit vertieft sich und die Arbeit nährt auch ihn selbst.

Übungen

»Das Kind zu Hause«: Prägungen durch die Ursprungsfamilie

Zeitbedarf: Etwa 20 Minuten.
Zweck: Aufsuchen eines Kind-Zustandes in Achtsamkeit, um Prägungen aus der Kindheit zu untersuchen und zu verstehen.
Grobstruktur: Achtsame Erkundung der Gefühle und Eindrücke im Elternhaus.
Anmerkung: Diese Übung ist vor allem für diejenigen Personen geeignet, die bereits grundlegende Erfahrungen mit Achtsamkeit haben.

- Beginnen Sie, mit der Aufmerksamkeit nach innen zu gehen. Nehmen Sie Ihren Körper wahr und nehmen Sie sich Zeit, um ein paar Minuten achtsam den Atem zu beobachten.
- Dann erlauben Sie sich, ein Bild Ihres Elternhauses oder der elterlichen Wohnung entstehen zu lassen. Nähern Sie sich

in der Phantasie diesem Ort, verweilen Sie an der Türe, treten Sie dann ein. Gehen Sie herum und lassen Sie in Ruhe alles auf sich wirken. Lassen Sie sich von Situationen, Personen oder Orten anziehen, die besondere Gefühle auszulösen scheinen, und verweilen Sie dort. Erlauben Sie sich, wieder in die Welt des Kindes einzusteigen. Lassen Sie den inneren Beobachter dabei bemerken, wie Ihr Körper reagiert, welche Gefühle auftauchen und welche Erinnerungen sich aufdrängen *(mindestens 5–10 Minuten)*.

- Erlauben Sie dem inneren Beobachter zu bemerken, wie kindliches Erleben lebendig wird: Was scheint das Kind zu beeindrucken?
  - Welche Empfindungen im Körper und welche Gefühle kommen zurück?
  - Welche Objekte und Personen tauchen auf?
  - Was scheinen sie auszudrücken?
  - Was für einen Eindruck hat das Kind von der Welt?
  - Was hält es von den Menschen um sich herum?
  - Was hält es von sich selbst?
- Was registriert der Beobachter?
- Wie schützt sich das Kind? (Körperaktivierungen, Gefühle, Strategien)
- Welche Lehren scheint das Kind intuitiv aus seinen Erfahrungen zu ziehen?
- Welche Erfahrungen (mit wem) hätte das Kind gebraucht, um sich besser zu fühlen?
- Können Sie selbst dem Kind Verständnis entgegenbringen?
- Können Sie sich ihm innerlich zuwenden und es lieben?

»Ein wichtiger Mensch«: Was formt meine Beziehung?

Zeitbedarf: 20–30 Minuten.

Zweck: Die Beziehung zu einem wichtigen Menschen tiefer erforschen; Beschützerstrategie und das Beschützte besser verstehen; vielleicht auch Grundlagen für ein wesentlicheres Gespräch mit dieser Person schaffen.

Grobstruktur: Achtsame Vergegenwärtigung des Erlebens im Zusammensein mit einer wichtigen Person und Beobachtung der automatischen Reaktionen.

- Wählen Sie einen Menschen aus, der Dinge in Ihnen auslöst, die Sie tiefer verstehen möchten.
- Beginnen Sie, mit der Aufmerksamkeit nach innen zu gehen, und werden Sie achtsamer für Ihre Innenwelt. Nehmen Sie Ihren Körper wahr und beobachten Sie für eine Weile den Atemfluss.
- Dann stellen Sie sich vor, die Person säße neben Ihnen. Lassen Sie dann das *innere* Geschehen – all das, was in Gegenwart dieser Person typischerweise passiert – ablaufen, ohne es aktiv zu beeinflussen. Nehmen Sie sich dafür mindestens 5–10 Minuten Zeit.
- Was registriert der innere Beobachter?
  - Was passiert im Körper?
  - Welche Gefühle und Impulse tauchen auf?
  - Worauf scheint sich der Körper vorzubereiten?
  - Öffnet er sich oder verschließt er sich?
  - Welche intuitive Strategie scheint er zu verfolgen?
  - Stellen sich Erinnerungen ein?
- Beobachten Sie möglichst genau und differenziert, welcher Zustand sich einstellt:
  - Welcher Teil scheint zu reagieren?
  - Wie versucht er, Ihnen zu helfen?
- Falls sich ein schützender Teil einstellt:
  - Was in Ihnen versucht er zu beschützen?
  - Gibt es alte Erinnerungen, die mit den berührten Verletzlichkeiten zu tun haben?
  - Was würde passieren, wenn der beschützende Teil nicht helfen könnte?
  - Klingt eine tiefere Sehnsucht an?

»Eine unangenehme Situation«: Welche Kräfte formen mein Verhalten?

Zeitbedarf: 15–20 Minuten.
Zweck: Achtsame Erforschung des eigenen Erlebens in einer (unangenehmen) Situation auf dem Hintergrund der Dynamik von Beschützer und Beschütztem.
Grobstruktur: Vergegenwärtigung des Erlebens in einer unangenehmen Situation mit Fokussierung auf den Körper. Teile der Persönlichkeit identifizieren, die dabei aktiviert werden. Eine bessere Beziehung zu ihnen finden.

- Wählen Sie eine schwierige Situation aus, mit der Sie unzufrieden sind.
- Beginnen Sie, mit der Aufmerksamkeit nach innen zu gehen, und werden Sie achtsamer für Ihre Innenwelt. Nehmen Sie Ihren Körper wahr und beobachten Sie für eine Weile den Atemfluss.
- Lassen Sie dann das Geschehen in der Situation – all das, was dann typischerweise passiert – in Zeitlupe möglichst plastisch vor Ihrem inneren Auge ablaufen. Sammeln Sie konkrete Eindrücke, zum Beispiel von der Umgebung, der Atmosphäre, weiteren relevanten Aspekten dieses Momentes wie Wortwechsel, Ausdrucksweise und Gesichtsausdruck der anderen beteiligten Person(en).
- Beobachten Sie dabei einige Minuten, wie sich der Zustand Ihres Körpers verändern will.
  - Erlauben Sie ihm, spontanen Impulsen zu folgen.
  - Bemerken Sie, was seine intuitive Strategie zu sein scheint.
  - Welche Gefühle sind damit verbunden?
  - Welche älteren Erinnerungen tauchen auf?
- Was registriert der Beobachter?
  - Wie versucht Ihr Körper, Sie zu schützen?
  - Was ist das für eine Strategie und in welcher Weise hilft sie?
  - Welcher Teil von Ihnen ist aktiviert?

  - Was würde passieren, wenn Sie keinerlei Schutz hätten? Was wäre das Schlimmste, das passieren könnte?
  - Welcher Teil in Ihnen wird beschützt? Können Sie sich ihm zuwenden und ihn verstehen?
- Wissen Sie etwas über seine Erfahrungsgeschichte?
- Falls Sie schon Erfahrungen mit dem achtsamen inneren Dialog *(siehe S. 176)* haben, können Sie sich an dieser Stelle dem Beschützer-Teil oder dem beschützten Teil zuwenden.

»Eiswürfelübung«: Umgang mit unangenehmen Empfindungen

Zeitbedarf: Etwa 10 Minuten.
Zweck: Schwierige Empfindungen besser zu tolerieren und ein Interesse auch an Erlebnissen zu gewinnen, die schwer auszuhalten sind. Haltungsänderung von »schnell weg damit!« zu: »Was ist denn da genau los?«
Grobstruktur: Halten eines Eiswürfels in Achtsamkeit.
Quelle: »Ice Meditation« (Gehart & McCollum, 2008, S. 189).

- Holen Sie sich einen Eiswürfel aus dem Kühlschrank und setzen Sie sich für eine Achtsamkeitsübung hin. Halten Sie den Eiswürfel in Ihren Händen, die wie eine Schale ineinander liegen sollten. Die Hände liegen auf Ihrem Schoß, locker und entspannt, so dass das entstehende Schmelzwasser abfließen kann.
- Beginnen Sie, mit der Aufmerksamkeit nach innen zu gehen, und werden Sie achtsam für Ihre Innenwelt. Nehmen Sie Ihren Körper wahr und beobachten Sie für eine Weile den Atemfluss.
- Dann lassen Sie Ihre Aufmerksamkeit auf Ihren Empfindungen in den Händen ruhen: die Kälte, Schmerzempfindungen, Nässe, Feuchtigkeit in Ihrer Kleidung usw. Beobachten Sie auch die Impulse, etwas zu ändern, innere Dialoge und inneres Ringen. Brechen Sie ab, falls es zu unangenehm wird. Nehmen Sie sich dafür etwa 5–10 Minuten Zeit.

- Was registriert der Beobachter?
- Was passiert im Körper?
- Welche Gefühle und Impulse tauchen auf?
- Worauf scheint sich der Körper vorzubereiten?
- Öffnet er sich oder verschließt er sich?
- Welche intuitive Strategie scheint er zu verfolgen?
- Stellen sich Erinnerungen ein?
- Welcher innere Dialog entsteht?

- Beobachten Sie möglichst genau und differenziert, welcher Zustand sich einstellt:
  - Welcher Teil scheint zu reagieren?
  - Wie versucht er, Ihnen zu helfen?
- Erlauben Sie sich anschließend, ein paar Minuten zu reflektieren, wie Sie mit unangenehmen Erfahrungen normalerweise umgehen. Welche Vor- und Nachteile hat dieses automatische Verhalten?

Exkurs:

Mitgefühl und Selbstmitgefühl

Wir haben Akzeptanz als einen der vier essenziellen Bausteine der Achtsamkeit beschrieben. Wenn die akzeptierende Wahrnehmung auf ein leidendes Wesen trifft, dann entsteht – zumindest aus buddhistischer Sicht – Mitgefühl. Ein akzeptierender Blick auf die eigenen leidenden Anteile führt zu Selbstmitgefühl. Wenn man unter Mitgefühl den Wunsch versteht, das leidende Wesen möge vom Leiden befreit werden und glücklich sein, so wäre Selbstmitgefühl dadurch charakterisiert, dass man sich das nicht nur für andere sondern auch für sich selbst wünscht. Das Thema Selbstmitgefühl hat in den letzten Jahren in Forschung und Praxis sehr viel Aufmerksamkeit auf sich gezogen, da es ein großes Potenzial enthält, Leiden zu verringern.

Einen wesentlichen Beitrag dafür, dass die Forschung das

Selbstmitgefühl entdeckte, lieferte die texanische Psychologin Kristin Neff (2012). Sie entwickelte auf der Grundlage eines buddhistischen Menschenbildes ein Konzept von Selbstmitgefühl. Sie definiert »Self-Compassion« als eine warmherzige, verstehende und akzeptierende Haltung gegenüber den als negativ erlebten Aspekten der eigenen Person und der eigenen Erfahrung. Ihr Modell und der daraus entstandene Fragebogen unterscheidet drei Dimensionen:

- Die erste ist Freundlichkeit und eine verstehende Haltung dem eigenen Leiden sowie jenen Anteilen gegenüber, die einem selbst als ungenügend erscheinen. Diese bildet den Gegenpol zu der weit verbreiteten Haltung von Selbstverurteilung und Selbstkritik, die viel zu persönlichem Leiden beiträgt.
- Die zweite Dimension ist menschliche Verbundenheit. Im Sinne der buddhistischen Psychologie werden leidvolle Erfahrungen als ein unvermeidbarer Teil des menschlichen Lebens verstanden, als das Resultat eines komplexen Zusammenspiels vieler innerer und äußerer Ursachen. Im Gegensatz dazu fühlen sich viele Menschen für ihr eigenes Unglück verantwortlich, sie entwickeln Schuldgefühle, schämen sich und erleben sich von anderen, vordergründig glücklichen Menschen getrennt und isoliert.
- Der dritte Aspekt beschreibt ein achtsames Gewahrsein auch schmerzhafter Empfindungen, Gefühle und Gedanken und von leidenden Persönlichkeitsanteilen, allerdings ohne sich in übermäßiger Weise mit ihnen zu identifizieren. Der Gegensatz dazu wäre eine starke und damit belastende Identifizierung mit allem Schmerzvollen.

Es mehren sich die Hinweise, dass die Zunahme von Selbstmitgefühl einen Schlüsselmechanismus für die Wirkung von achtsamkeitsbasierten Programmen darstellt (Baer, 2010; Van Dam et al., 2011). So erwiesen sich in einer achtsamkeitsbasierten Behandlung depressiver Menschen die Erhöhung von Achtsamkeit und Selbstmitgefühl als Faktoren, die zur Verringerung der depressiven Symptomatik beitrugen (Kuyken et al., 2010).

Wie kann man nun Selbstmitgefühl entwickeln und weiter kultivieren? Wenn Mitgefühl aus dem unmittelbaren Kontakt mit einem leidenden Wesen erwächst, besteht der erste Schritt zum Selbstmitgefühl darin, mit dem eigenen Leiden und dem damit verbundenen Schmerz tiefer in Berührung zu kommen. Dieser Schritt der Selbstwahrnehmung wird aber normalerweise so gut es geht vermieden. Da die Achtsamkeit die wache Wahrnehmung des Körpers und der Gefühle verfeinert und intensiviert, fördert sie auf diesem Wege gleichsam als Nebenwirkung auch das Mitgefühl für sich selbst. Das Verständnis dafür, wie Leiden entsteht, und für die eigenen Bedürfnisse, Selbstliebe und Selbstfürsorge folgen auf natürliche Weise als weitere Schritte.

Auch wenn eine Achtsamkeitspraxis zumeist nicht ausdrücklich darauf abzielt, Selbstmitgefühl zu kultivieren, scheint sie es trotzdem zu fördern. Allerdings wird es in letzter Zeit in den unterschiedlichsten Programmen immer häufiger auch explizit angesprochen und gezielt geübt. Zwei Beispiele für Programme, die das Selbstmitgefühl in den Vordergrund rücken, sind das »Mindful Self-Compassion Program« (Neff & Germer, 2013) und das »Mindfulness-Based Compassionate Living« (Brink & Koster, 2013)

Weiterführende Literatur: Baer (2010), Kuyken et al. (2010), Van Dam et al. (2011), Brink & Neff (2012), Neff & Germer (2013), Koster (2013), Desmond (2015).

Übung

Selbstmitgefühl und Mitgefühl

Zeitbedarf: Etwa 20 Minuten
Zweck: Kultivierung von Selbstmitgefühl und Mitgefühl
Grobstruktur: Sich dem eigenen Körper zuwenden und mit ihm in eine gute Beziehung kommen.
Quellen: Germer, Neff & Hölzel (2012) u.a.

- Nehmen Sie die Ihnen bereits vertraute Körperhaltung für eine Achtsamkeitsübung ein. Geben Sie sich ein paar Minuten Zeit, zunächst den Atem zu beobachten und dann die Aufmerksamkeit zu erweitern, um schließlich – soweit das möglich ist – den ganzen Körper im Fokus zu halten.
- Suchen Sie ganz bewusst eine freundliche und liebevolle innere Haltung zu sich selbst, vielleicht so, wie eine liebende Mutter ihr Kind anschauen würde.
- In dieser Haltung wenden Sie sich wieder der Atmung zu und machen Sie sich bewusst, dass Ihre Lungen jetzt und jeden Tag Ihren Körper mit Sauerstoff versorgen. Bemerken Sie, wie Sie dafür Ihren Lungen gegenüber Wertschätzung und Dankbarkeit empfinden. Wenden Sie sich in dieser wohlwollenden Weise auch anderen Teilen Ihres Körpers zu, um sie mit Wertschätzung und Dankbarkeit im Bewusstsein zu halten.
- In einem weiteren Schritt sind Sie eingeladen, folgende vier Sätze langsam und in Stille immer wieder zu sich zu sagen: *Möge ich sicher sein ... möge ich in Frieden leben ... möge ich freundlich zu mir selbst sein ... möge ich mich selbst so akzeptieren, wie ich bin ...* (Sie können diese Sätze auch so weit verändern, dass sie genau für Sie passen.)
- Zwischendurch können Sie auch immer wieder zu Körperempfindungen zurückkehren, um sie mit Freundlichkeit und Wohlwollen wahrzunehmen.
- Wenden Sie sich dann einem Körperteil zu, der des Mit-

gefühls bedarf, etwa weil er nicht so perfekt ist, wie Sie es gerne hätten, weil er mit unangenehmen Erfahrungen verknüpft ist oder schmerzt oder Sie ihn aus anderen Gründen normalerweise ablehnen.

- Bleiben Sie dabei im inneren Wohlwollen und verbinden Sie es mit diesem Bereich Ihres Körpers, indem Sie auch ihn mit Freundlichkeit wahrnehmen.
- Dabei können Sie die für Sie passenden Sätze innerlich wiederholen – wie etwa:
  Möge ich sicher sein ... möge ich in Frieden leben ... möge ich freundlich zu mir selbst sein ... möge ich mich selbst so akzeptieren wie ich bin ...
- Sie können dabei auch mit der Aufmerksamkeit zwischen einzelnen Bereichen Ihres Körpers hin und her pendeln. Sie können das so lange tun, bis es Ihnen möglich ist, auch die ansonsten »problematischen« Regionen Ihres Körpers liebevoll im Bewusstsein zu halten.
- Und schließlich haben Sie auch die Möglichkeit, Ihr Wohlwollen und Ihre Liebende Güte mit allen leidenden Lebewesen zu teilen und die Verbundenheit mit ihnen zu spüren, indem Sie folgende Sätze innerlich immer wieder zu sich selbst sagen:
  Mögen alle Lebewesen in Sicherheit leben ... mögen alle Lebewesen in Frieden leben ... mögen alle Lebewesen mit Leichtigkeit leben ... mögen alle Lebewesen glücklich sein.
- Gegen Ende der Übung können Sie noch einmal kurz zu Ihrem Atem zurückkehren, und dann einen angenehmen Übergang zum Alltagsbewusstsein suchen.

Variante der Übung:

Selbstmitgefühl gegenüber einem als schwierig erlebten Persönlichkeitsanteil

Falls Sie schon mit der Arbeit an inneren Anteilen vertraut sind (S. 173–185), können Sie die gleiche Übung auch mit Teilen Ihrer Persönlichkeit machen. Statt Ihrer Lunge wenden Sie sich dann zum Beispiel Ihrem »inneren Kritiker«, einem »inneren Kind«, oder jedem anderen Teil zu, der Ihrer Aufmerksamkeit bedarf. Auch ihnen kann durch Ihr Mitgefühl geholfen werden. Entsprechende Sätze würden dann etwa so lauten:

Mögest Du sicher sein ..., mögest Du in Frieden leben ..., möge Dir Freundlichkeit begegnen ..., mögest Du so akzeptiert sein, wie Du bist.

Nachtrag: Kritische Stimmen zu ethischen Aspekten der Anwendung von Achtsamkeit

Aufgrund ihrer zunehmenden Popularität werden vermehrt auch ethische Aspekte der modernen Anwendung der Achtsamkeit, etwa in Form von Achtsamkeitskursen oder ihr Einsatz in der Psychotherapie, diskutiert. Im Folgenden sollen drei Aspekte dieser Diskussion beleuchtet werden:

(1) Das Spannungsfeld zwischen Religion und Wissenschaft, in dem sich die Achtsamkeit bewegt. Dabei ist sie Kritikern der einen Extremposition zu religiös, jenen der anderen Seite zu säkular (vgl. Compson, 2017).

(2) Die Neoliberalismus-Kritik, die sich mit dem Einsatz von Achtsamkeit für potenziell unheilsame Ziele beschäftigt.

(3) Die Szientismus-Kritik, die den großen Stellenwert der Ergebnisse wissenschaftlicher Untersuchungen bei der Legitimation der Achtsamkeit hinterfragt.

Kritik an der buddhistischen und damit religiösen Einbettung der Achtsamkeit

Wenn in einer säkularen Gesellschaft argumentiert wird, Religion habe in bestimmten Bereichen wie der Psychotherapie keinen Platz, stellt sich die Frage, ob man die Achtsamkeit nicht aus ihrer religiösen Einbettung herauslösen kann. In der Anwendung der Achtsamkeit in der Psychotherapie wird diese Frage zumeist dahingehend beantwortet, dass es sehr wohl eine weltliche, nicht religiöse, d.h. säkulare Form der Achtsamkeit gibt. Man könne Achtsamkeit lehren und lernen, ohne buddhistische Inhalte zu vermitteln oder gar Buddhist sein oder werden zu müssen.

Darüber hinaus verkörperten jene Formen des Buddhismus, auf die sich die Achtsamkeitsbewegung beruft, eine Erfahrungswissenschaft, bei der man keineswegs an etwas glauben müsse: Buddha hat in seiner Rede an die Kalamer seinen Schülern empfohlen, sie sollten nichts glauben, nur weil es eine Autoritätsperson sagt oder es in heiligen Büchern steht. Sie sollten alles an ihrer eigenen Erfahrung prüfen. Eine der vom Buddhismus ausgehenden Faszinationen liegt darin, dass er mit der modernen Wissenschaft verträglich scheint. So wird der Dialog zwischen Buddhismus und Wissenschaft etwa in den »Mind and Life-Konferenzen« gepflegt. Der Dalai Lama äußerte sich dahingehend, dass die Lehren des Buddhismus letztlich keine Religion darstellten, sondern eine Wissenschaft des Geistes.

Kritik an der Achtsamkeit als verborgene Vermittlung buddhistischer Lehren

Jon Kabat-Zinn wollte im Jahre 1978 sein Stressbewältigungsprogramm möglichst vielen Menschen zugänglich machen und als »Public-Health-Maßnahme« etablieren. Aus diesem Grund entschied er sich dafür, all das, was ihm aus seiner buddhistischen Meditations- und Yogapraxis als hilfreich und wertvoll erschien, in seinen Gruppen zu vermitteln, ohne sich dabei explizit auf den Buddhismus zu beziehen. Er wollte keine Vorurteile gegenüber all dem wecken, was nach Religion, Buddhismus, New Age oder Esoterik klingen könnte. Zu dieser Zeit befürchtete er, dass Vorurteile den Zugang zu seinem Angebot eingeschränkt hätten. Kabat-Zinn musste sich später der Kritik stellen, Buddhismus vermittelt zu haben, ohne dass er dies benannt hätte.

In einer seiner Rechtfertigungslinien erklärt Kabat-Zinn, dass es in den Achtsamkeitskursen nicht um buddhistische Lehren gehe, sondern um universelle Wahrheiten, die sich in vielen Religionen und Weisheitslehren fänden. Eine zweite Argumentationslinie schreibt im Kontext der Psychotherapie den Klienten die Möglichkeit zur Wahl des Vorgehens zu. Man müsse sie zum »Konsumentenschutz« über die Hintergründe des Vorgehens informieren, damit sie im Sinne einer informierten Einwilligung über die Mittel und Wege in der Therapie mitentscheiden können.

»McMindfulness«-Kritik

In einer Gegenbewegung wurde genau diese Säkularisierung der Achtsamkeit zum Gegenstand der Kritik: Achtsamkeit werde zum bloßen »Junk-Food«, wenn man sie aus dem größeren, buddhistischen Kontext herauslöst, dessen Ziel in der Befreiung vom Leiden liegt und der auch ethische Aspekte berücksichtigt. Sie werde dadurch ihres zentralen Kerns und eines wesentlichen Teils ihrer Wirksamkeit beraubt. Die Vermittlung der Achtsamkeit als reines mentales Training sei eine Reduktion, die darüber hinaus die Gefahr in sich berge, dass Achtsamkeit für unheilsame Zwecke eingesetzt wird (vgl. Purser & Loy, 2013).

Kapitalismus- und Neoliberalismus-Kritik

In diese Richtung gehen die Kapitalismus- und Neoliberalismus-Kritik, wenn sie vor Ansätzen warnen, in denen etwa Achtsamkeitskurse zur Stressbewältigung von Arbeitgebern gefördert werden, um die Leistungsfähigkeit ihrer Mitarbeiter und damit ihren Profit zu erhöhen. Durch deren höhere Stressresistenz würden krankmachende Arbeitsbedingungen aufrecht erhalten, anstatt sie zu verändern. In dieselbe Richtung weist die kritische Sicht auf den Einsatz der Achtsamkeit zur Selbstoptimierung etwa bei Studierenden und Börsenmitarbeitern oder beim Militär. Auch im Bereich der Psychotherapie müsse man sich die Frage stellen, welchen Zielen die Achtsamkeit im Rahmen des Gesundheitssystems dient. Steht dabei wirklich das Wohl des Individuums im Vordergrund? Oder ist es nicht vielmehr dessen Anpassungsfähigkeit an krankmachende Verhältnisse, die Wiederherstellung seiner Arbeitskraft und das Einsparen von Mitteln für Krankenstände und vorzeitige Pensionszahlungen?

Szientismus-Kritik

Die Szientismus-Kritik beschäftigt sich mit dem Stellenwert der Wissenschaft bei der Legitimation der Achtsamkeit und ihres Wertes in unserer Gesellschaft. Zwei Formen der Reduktion der Achtsamkeit greifen demnach eindeutig zu kurz: Die Reduktion ihrer Auswirkungen auf das, was man in randomisierten und kontrollierten Studien messen kann, und ihre Reduktion auf einen neurowissenschaftlich beschreibbaren Zustand des Gehirns. Achtsamkeit sei keineswegs nur in unserem Gehirn zu verorten. Ein umfassenderes Verständnis erlangt man, wenn man die »vier E« berücksichtigt – embodied, embedded, enactive und extended (Thompson, 2017): Embodied meint, dass Wahrnehmen, Denken, Fühlen und Empfinden nicht ohne den Körper möglich sind. Embedded steht dafür, dass Achtsamkeit ebenso wenig auf das Individuum beschränkt ist. Sie ist vielmehr eingebettet in den jeweiligen kulturellen Kontext jedes Menschen. Enactive bedeutet, dass Achtsamkeit nur in der Interaktion der Menschen mit ihrer Umwelt zu ergründen ist, und Extended schließlich, dass sie durch all das Wissen, das die Menschheit über die Formen des Bewusstseins und die Achtsamkeit angesammelt hat, erweitert wird.

Zusammenfassung

(1) Zum Spannungsfeld zwischen Religion und Wissenschaft: Man kann es nicht nur als Problem, sondern vielmehr als Stärke der Achtsamkeit sehen, dass sich im Spektrum zwischen religiös und säkular viele Möglichkeiten ihrer Interpretation und Anwendung ergeben. Aus der Sicht einer postsäkularen Gesellschaft im Sinne von Habermas (2008) ist es sogar genau diese Verbindung, aus der sie ihre breite und vielseitige Anziehungskraft und ihren besonderen Nutzen schöpfen kann. Auch im Kontext der Psychotherapie muss ihre Verortung auf diesem Kontinuum jeweils angepasst mit Blick auf das Wohl jedes einzelnen Klienten erfolgen.

(2) Zur Neoliberalismus-Kritik: Eine stete explizite und implizite Berücksichtigung ethischer Aspekte in der Anwendung von Achtsamkeit ist zu fordern. Die Ziele der Praxis sind im Einzelfall zu reflektieren und zu hinterfragen.

(3) Auch bei der Szientismus-Kritik geht es um eine Erweiterung der Perspektive. Selbst die höchsten Auflösungen von Bildern unseres Gehirns in Zuständen von Achtsamkeit erfassen nur kleine Ausschnitte dessen, was die Achtsamkeit ausmacht. Sie darauf zu reduzieren, würde ihrer Komplexität in keiner Weise gerecht.

Danksagung

Wer – wie wir – ein Buch über Achtsamkeit schreibt, blickt sicherlich auf Erfahrungen mit Lehrern zurück, die Herz und Geist berührten und bewegten. Von einigen lernten wir im persönlichen Kontakt. Viele haben uns aber auch durch ihre Veröffentlichungen in Büchern oder über aufgezeichnete Vorträge, Übungen und das Internet inspiriert. Namentlich nennen möchten wir: Bhante Kassapa von der Rock Hill Hermitage in Sri Lanka, Osho und Richard Smith, Shinzen Young sowie Ron Kurtz und Richard C. Schwartz.

Außerdem durften wir von Kollegen, Freunden, Ausbildungsteilnehmern und nicht zuletzt von unseren Klienten und Patienten lernen. Wir danken allen aus ganzem Herzen.

Bei der Entstehung dieses Buches haben wir zudem reiche Unterstützung von vielen Seiten erhalten. Wir möchten uns besonders bei Ingeborg Dietz bedanken, deren Beitrag den zweiten Teil des Buches sehr vorangetragen hat. Barbara Gieseler hat in vielen Stunden das Register zusammengestellt und uns auf Fehler hingewiesen. Und unsere Unterstützer im Verlag, Dr. Heinz Beyer und Katharina Arnold sowie Stephanie Born bei der Neuauflage (2019), haben tatkräftig mitgewirkt, dass ein Buch aus einem Guss entstehen konnte. Wir danken ihnen für die konstruktive Zusammenarbeit, die Dialogbereitschaft und insbesondere für ihre Offenheit, sich immer wieder unserer Wünsche mit Geduld und Einfühlungsvermögen anzunehmen. Prof. Jürgen Kriz hat uns nicht nur mit seinem Vorwort unterstützt, sondern auch auf Verbesserungsmöglichkeiten im Text hingewiesen.

Und schließlich möchten wir unseren Ehepartnerinnen danken, die uns den Rücken frei gehalten haben, wenn wir stunden- und tageweise am Schreibtisch verschwanden. Wir haben durchaus Hoffnung, dass unsere intensive Auseinandersetzung mit Achtsamkeit auch ihnen langfristig zu Gute kommen wird.

ANHANG

Glossar: Schlüsselbegriffe der Achtsamkeit

Achtsamkeits-basierte Therapieformen: Psychotherapieverfahren und Übungsprogramme, in die neben den bewährten »klassischen« Therapieelementen Achtsamkeit als zusätzlicher Baustein eingefügt wird: MBSR, MBCT, ACT und DBT und andere, die weniger verbreitet sind.

Achtsamkeits-zentrierte Therapieformen: Achtsamkeits-zentrierte Psychotherapieverfahren, bei denen Achtsamkeit eine zentrale Rolle spielt, wie Hakomi, Internal Family Systems und Focusing.

Akzeptanz- und Commitmenttherapie (ACT): Verhaltensanalytischer Psychotherapieansatz, der Komponenten von Achtsamkeit wie Akzeptanz, Gegenwärtigkeit und Disidentifikation (kognitive Defusion) integriert. ACT versucht, Vermeidungsverhalten in Bezug auf unangenehme Erlebnisweisen abzubauen und wertebezogenes, engagiertes Handeln aufzubauen. ACT wird im Einzelsetting und in Gruppen eingesetzt.

Grundlegende Herangehensweisen von ACT sind:

- Akzeptanz fördern: die Akzeptanz negativer Empfindungen, von Gedanken und Schmerz fördern, um an den wichtigen Zielen arbeiten zu können.
- Achtsamkeitsfördernde Methoden und Übungen: Aufmerksamkeit auf das Hier und Jetzt lenken, ohne zu bewerten.
- Kognitive Defusion: Gedanken als Gedanken erkennen und den Fluss ihrer Buchstaben und Worte nicht als eine gegebene Realität ansehen.
- Werte formulieren: Klärung und Formulierung eigener Werte und Ziele und von Handlungsschritten zu deren Erreichung.
- Engagiert handeln: Handlungen zur Erreichung der formu-

lierten Ziele in Angriff nehmen. Vermeidungsverhalten aufgeben.

Weiterführende Literatur: Hayes et al. (2007), Wengenroth (2008).
Link: Association for Contextual Behavioral Science. *Informationen zu ACT.*
▶ https://contextualscience.org/act

Akzeptanz: Akzeptanz ist die für Achtsamkeit charakteristische wohlwollende Haltung allen Erfahrungen gegenüber. Dabei wird nichts bewertet und nichts abgelehnt. Man will auch nichts verändern oder anders haben, als es ist. Im Rahmen der Achtsamkeitspraxis wird diese Haltung der Akzeptanz nach innen im Selbstbezug, aber auch nach außen gegenüber der Umwelt geübt. Der Kultivierung dieser spezifischen Haltung wird ein Teil der transformatorischen Wirkung der Achtsamkeitspraxis zugeschrieben.

Akzeptanz kann nicht erzwungen werden, sie entsteht auf natürliche Weise, wenn etwas aus einer Haltung von »Liebender Güte« *(siehe »Fokus der Aufmerksamkeit«, S. 30)* betrachtet wird. Wenn ein leidendes Wesen mit Liebender Güte betrachtet wird, entstehen »Mitgefühl« und der Impuls zu helfen.

Akzeptanz ist auch eine der drei von Carl Rogers als »Kernvariablen« beschriebenen Wirkfaktoren in der Gesprächspsychotherapie. Sie entspricht einer inneren Haltung des Therapeuten, in der jedes Verhalten und Denken des Patienten wohlwollend angenommen und willkommen geheißen wird.

Alltagsbewusstsein: Alltagsbewusstsein ist ein Bewusstseinszustand, der sich vom Zustand der Achtsamkeit unterscheidet. Er ist gekennzeichnet durch unbemerkt »automatisches« Wahrnehmen, Denken, Fühlen und Handeln und durch die Abwesenheit des Inneren Beobachters *(→ Beobachter, Innerer)*. Die Automatismen folgen den angeborenen und/oder gelernten und im impliziten Gedächtnis gespeicherten Schemata. Jeder Mensch hat eine gewisse Zahl unterschiedlicher Funktionszustände (Teile, Schemata) zur Verfügung, die auch als (Alltags-)Trancen verstanden werden können.

Anfängergeist: Anfängergeist ist ein Begriff aus dem Zen-Buddhismus (Suzuki, 1975). Er beschreibt eine Haltung, die Dinge so zu betrachten, als ob sie zum ersten Mal wahrgenommen würden, eine Haltung von Offenheit und Unvoreingenommenheit, einer im besten Sinne kindhaften Neugier. Das Gegenteil von Anfängergeist ist die Annahme, etwas schon zu kennen oder schon alles darüber zu wissen. Dies führt dazu, dass man für neue und umfassende Erfahrungen nicht mehr offen ist.

Im Rahmen von Achtsamkeit wird der Anfängergeist durch Gegenwärtigkeit und nicht-konzeptuelles Wahrnehmen und Denken kultiviert.

Benennen oder Etikettieren: Zentrale Technik in einigen Vipassana-Traditionen *(→ Vipassana)*, bei der auftauchende Objekte (innerlich) benannt werden, um sie sich bewusst zu machen und sie anschließend wieder loszulassen (z. B. mit den Worten: Gedanke, Geräusch, Bild, Gefühl).

Beobachter, Innerer: Der »Beobachter« bzw. der »Innere Beobachter« ist ein Hilfskonstrukt, das sich auf die Fähigkeit des Menschen bezieht, innere und äußere Phänomene im jeweils gegenwärtigen Moment zu verfolgen. Die Kultivierung des Beobachters durch das Training von Zuständen des Beobachtens bzw. des Gewahrseins ermöglicht, zunehmend konzentrierter, kontinuierlicher, feiner und genauer wahrzunehmen.

Das Beobachten aus einer übergeordneten, höheren Perspektive erlaubt, die Wirklichkeit ohne Vorlieben und möglichst »rein« zu betrachten. Zur Selbsterforschung wird die Aufmerksamkeit auf Elemente der Selbstorganisation gerichtet wie körperliche Empfindungen und Rhythmen, Gefühle, Affekte, Gedanken, Impulse, Erinnerungen und innere Bilder. Ein zentraler Teil der Übung des Beobachtens liegt darin, Impulse zwar wahrzunehmen, aber sie nicht automatisch in Handlungen umzusetzen, etwa bei der Sitzmeditation auf ein Jucken nicht umittelbar mit Kratzen zu reagieren.

Langfristiges Trainieren des Beobachters führt zu wesentlichen Qualitäten des damit verbundenen Seinszustandes: wohlwollendes, Anteil nehmendes Interesse, Ruhe, Gleichmut, Wachheit, Konzentration und eine tief gehende Akzeptanz allen beobachteten Phänomenen gegenüber.

Weiter kultiviert, verschmilzt der innere Beobachter letztendlich mit dem aus spirituellen Traditionen stammenden Konzept »Zeuge«, das auf transpersonale Ebenen verweist.

Bindungstheorie: Jeder Mensch ist mit Verhaltenssystemen ausgestattet, die das Überleben der Spezies sichern. Dazu gehört beim Kind das »Bindungsverhalten«, wobei man vier Bindungstypen unterscheidet: Sichere Bindung, unsicher vermeidende Bindung, unsicher ambivalente Bindung und desorganisierte Bindung. Kinder mit sicherer Bindung können Nähe und Distanz zur Bezugsperson angemessen regulieren. Die in der Achtsamkeitspraxis geübten Fähigkeiten zeigen Parallelen zu jenen, über die sicher gebundene Personen verfügen.

Dialektisch-Behaviorale Therapie (DBT): Von Marsha Linehan entwickelter Therapieansatz für Menschen mit Persönlichkeitsstörungen, der anregt, Komponenten von Achtsamkeit als Fähigkeiten zu üben *(siehe Exkurs »DBT«, S. 51)*.

Disidentifikation: Disidentifikation ist der Prozess einer systematischen Unterscheidung des Wahrnehmenden, also des »Inneren Beobachters« einerseits, vom Wahrgenommenen, den Objekten der Wahrnehmung, dem Beobachteten andererseits.

Disidentifikation ist ein wesentlicher transformatorischer Wirkmechanismus der Achtsamkeitspraxis. Diese Loslösung von Identifikationen ist ein bedeutender Teil von Persönlichkeitsentwicklung.

Geprägt wurde dieser Begriff ursprünglich von Roberto Assagioli (1982, 1992) im Rahmen der von ihm entwickelten »Psychosynthese«.

Gleichmut: Gleichmut zählt neben Konzentration und Klarblick zu den drei zentralen Wirkungen der Achtsamkeitspraxis. Gleichmut kann als Zustand verstanden werden, der bei fortschreitender Übung zu einem »Persönlichkeitszug« wird – also einer überdauernden Qualität der Persönlichkeit – und somit immer häufiger und leichter abrufbar ist. Gleichmut ist ein Gegenpol zu Gier und Anhaften, aber auch zu Hass und Ablehnung, zwei der drei Ursachen von Leid aus buddhistischer Sicht.

Hakomi: In den 1970er Jahren von Ron Kurtz (1994) entwickelte achtsamkeits-zentrierte, tiefenpsychologisch fundierte und körperorientierte Psychotherapiemethode *(siehe Exkurs »Hakomi-Methode«, S. 203).*

Innehalten: Die Fähigkeit, innehalten zu können, ist – in Hinblick auf Selbstführung – eine der wesentlichsten Auswirkungen von Achtsamkeit. Innehalten geschieht im Zeitraum zwischen Wahrnehmung und Verhaltens-Reaktion. Die entstehende »Lücke« ermöglicht, aus der Position des inneren Beobachters genau zu beobachten, was passiert, und normalerweise im Alltagsbewusstsein ablaufende, automatische Verhaltensmuster zu unterbrechen. Diese Unterbrechung eröffnet neue Optionen: genauer wahrzunehmen, was ist, auf neue, besonnenere und eventuell zweckmäßigere Weise zu handeln oder eine Handlung auch zu unterlassen.

Klarblick: Klarblick zählt neben Konzentration und Gleichmut zu den drei zentralen Auswirkungen der Achtsamkeitspraxis. Unter Klarblick verstehen wir die Fähigkeit, die Wirklichkeit immer mehr so wahrzunehmen, wie sie ist. Klarblick ist auch eine Folge von Gleichmut, indem alles ohne Vermeidung oder Anhaften betrachtet werden kann. Sie ist ebenso eine Folge von Konzentration, indem man sich immer stabiler und ausdauernder der Beobachtung von Phänomenen zuwenden kann, mit einem zunehmend verfeinerten Instrumentarium der Beobachtung. Konzepte werden als Konzepte erkannt und verstellen dadurch weniger die Sicht auf die Dinge. So wird die Wahrnehmung weiter und »blinde Flecken« verringern sich.

Konzentration: Konzentration zählt neben Klarblick und Gleichmut zu den drei zentralen Fähigkeiten, die in der Achtsamkeitspraxis geübt werden. Unter Konzentration verstehen wir die Fähigkeit, die Aufmerksamkeit zu lenken und mit ihr auf dem gewählten Objekt zu verweilen. Die Aufmerksamkeit kann dabei auf einen konkreten Gegenstand fokussiert sein, zum Beispiel das Heben und Senken der Bauchdecke beim Atmen oder sich gegenüber dem Fluss des Gewahrseins weiten und öffnen. Es ist auch möglich, sie ganz ohne Objekt auf das Gewahrsein selbst zu richten.

Lernen durch Erfahrung: Neurobiologische Lern-Theorien erläutern, wie Erfahrungen und der Gebrauch des Gehirns dessen neuronale Architektur gestalten (Kandel et al., 1995; Schacter & Scarry, 2000; Roth, 2003). Für Veränderungsprozesse ist wichtig, dass eingeschliffene Erregungsmuster aktiviert werden müssen, um sie durch Verknüpfung mit neuen Erfahrungen zu verändern (Nadel, 1994; Panksepp, 1998; Spitzer, 2002; Nader, 2003; Duvarci & Nader, 2004) *(→ Neuroplastizität).*

Nader et al. (2000) zeigen, dass auch alte Angsterinnerungen in einen labilen Zustand zurückkehren, wenn sie reaktiviert werden. Um sie erneut zu speichern, ist die Synthese bestimmter Proteine notwendig. Wenn in dieser labilen Phase die Produktion der entsprechenden Proteine in den Amygdala blockiert wird, geht die Erinnerung verloren. Dies trifft auch für den Hippocampus zu, der für die Organisation bewusster Erinnerungen zuständig ist (Debiec et al., 2002).

Mindfulness-Based Cognitive Therapy (MBCT): Achtsamkeitsbasierte kognitive Therapie, ein Gruppenprogramm auf verhaltenstherapeutischer Basis, ursprünglich entwickelt zur Rückfallprophylaxe bei depressiven Störungen von Segal et al. (2008) *(siehe Exkurs »MBCT«, S. 47)*.

Mindfulness-Based Stress Reduction (MBSR): Das derzeit bekannteste und am weitesten verbreitete achtsamkeitsbasierte Übungsprogramm im Rahmen von Gruppen. Entwickelt von Jon Kabat-Zinn, mit nachgewiesener Wirkung in unterschiedlichsten Anwendungsfeldern *(siehe Exkurs »MBSR«, S. 65)*.

Mitgefühl: Die buddhistische Psychologie versteht das Entstehen von Mitgefühl als ein Ergebnis sich vertiefender Achtsamkeit. Durch genaue Beobachtung werden viele Aspekte des Lebens immer bewusster und tiefer erkannt. In der Folge werden auch die Wahrnehmung und das Verstehen von Leid in allen Formen immer wesentlicher. Daraus erhebt sich schließlich ein umfassendes Mitgefühl mit einem liebenden Charakter, verbunden mit dem Impuls zu helfen. Im Gegensatz dazu hat Mitleid einen leidenden Charakter. Für die Kultivierung von Mitgefühl gibt es im Buddhismus auch spezifische Übungen.

Monkey-mind: Monkey-mind oder »Affengeist« ist eine buddhistische Beschreibung von mentalen Prozessen, die in der Regel durch Unstetigkeit und hohe Ablenkbarkeit gekennzeichnet sind. Der ungeschulte Geist springt mit seiner Aufmerksamkeit von Objekt zu Objekt, wie ein Affe von Baum zu

Baum hüpft, hier von einer Frucht kostet, dort von einer anderen, und dabei nie zur Ruhe kommt. Jeder Außenreiz führt zu einer automatischen Reaktion.

Geistestraining durch Achtsamkeit bedeutet in dieser Metapher, die »affenartige« Natur des Geistes zu erkennen und ihn zu »zähmen«. Der Affe wird dazu erzogen, an einem Ort zu verweilen, eine Frucht auszukosten. Ein anderer in diese Richtung weisender Begriff ist »Schmetterlingsgeist«.

Neuroplastizität: Neuroplastizität beschreibt die lebenslange Fähigkeit des menschlichen Gehirns, sich benutzungsabhängig zu verändern und anzupassen. Ständig bilden sich neue Verknüpfungen (Synapsen) und ihre Stärke kann zunehmen oder sich verringern. Auch können neue Nervenzellen gebildet werden, z.B. im Hippocampus, wo dieser Mechanismus Bedeutung für das Langzeitgedächtnis haben soll. Auf diese Weise führen wiederholte Erfahrungen zu strukturellen Veränderungen im Nervenzell-Netzwerk. Dem »Hebb'schen Axiom« entsprechend (»cells which fire together wire together«), bilden sich bei paralleler Aktivierung von Nervenzellen neue »Verdrahtungen« bzw. verstärken sich die Verbindungen. Die »Hardware« unseres Gehirns verändert sich ständig. Je häufiger bestimmte Nervenzellverbände genutzt werden, desto leichter wird die Aktivierung dieser Muster.

Dies gilt sowohl für dysfunktionale Muster wie für erstrebenswerte Erlebens- und Verhaltensweisen, wie den Zustand von Achtsamkeit. Es gibt deutliche Hinweise, dass regelmäßige Achtsamkeitspraxis zu solchen strukturellen Veränderungen im Gehirn führt, speziell im Frontalbereich *(→ S. 300)*.

Neuroplastizität ist eine der Grundlagen des Lernens *(→ Lernen durch Erfahrung)*.

Phänomenologie: Phänomenologie als philosophische Richtung beschäftigt sich mit dem Bewusstseinserleben. Husserl (1859–1938), Heidegger (1889–1976), Merleau-Ponty (1908–

1961) und andere setzen sich mit der Notwendigkeit auseinander, sich »objektiver« Theorien zu enthalten, um sich dem wahren Wesensgehalt eines Gegenstandes zu nähern. Erkenntnis erwächst aus dem unmittelbaren Erleben. Insbesondere Merleau-Ponty betont die ursprüngliche Totalität der Wahrnehmungen.

Die Phänomenologie steht vorschnellen Interpretationen skeptisch gegenüber. Stattdessen wird der subjektive und konkrete Erfahrungsbereich des Alltags in den Mittelpunkt des menschlichen Lebens gestellt. Insofern liefert die Phänomenologie einen westlichen philosophischen Hintergrund für die Nutzung der Achtsamkeit.

Präfrontale Regionen: Die folgenden Gehirnregionen werden als präfrontale Regionen zusammengefasst: rostraler cingulärer Cortex, orbitofrontaler Cortex, medialer und ventraler präfrontaler Cortex. Sie stehen in enger Verbindung mit der »Insel« und sind für Achtsamkeit von zentraler Bedeutung (vgl. Siegel, 2007, S. 69).

Präsenz: Präsenz bezeichnet ein vollständiges Da-Sein im gegenwärtigen Moment, erfüllt vom Bewusstsein auf verschiedenen Ebenen wie: Geist – Gefühl – Leib, Du – Ich, hier – dort. Zustände von Präsenz können auch Auswirkungen auf andere Menschen haben, indem durch Resonanzphänomene in ihnen ähnliche Zustände hervorgerufen werden.

Retreat: Geplante Ruhepause oder Rückzug von der gewohnten Umgebung, um einer intensiven meditativen bzw. spirituellen Praxis nachzugehen *(siehe »Retreats: Rückzug zu intensiver Praxis«, S. 102).*

Satipatthana: Ein grundlegender buddhistischer Text zur Achtsamkeit ist die Satipatthana Sutta, die Lehrrede Buddhas von den vier Grundlagen der Achtsamkeit: Betrachtung von

Körper, Gefühlen, Geist und Geistobjekten (vgl. Nyanaponika, 2000).

Shamatha-Weg: Shamatha ist ein (tibetisch-) buddhistischer Weg zur Schulung von Konzentration und Achtsamkeit, der darin gipfelt, dass dieser Geisteszustand mühelos stundenlang aufrechterhalten werden kann *(siehe Exkurs »Shamatha-Weg«, S. 87)*.

Somatische Marker: Die Theorie der »somatischen Marker« wurde von dem angesehenen Neurowissenschaftler Antonio Damasio entwickelt und beschreibt den Regelkreis: emotionales Erfahrungsgedächtnis – aktuell ausgelöste Emotionen – körperliches Signalsystem. Danach nimmt das Gehirn Emotionen nicht direkt in sich selbst wahr, sondern nur auf dem Umweg über den Körper. Das emotionale Erfahrungsgedächtnis bewertet innere und äußere Geschehnisse ständig, schnell und meist unbewusst. Entsprechend dieser Einschätzung entstehen über Nervenimpulse und Hormonausschüttungen augenblicklich in der Peripherie – überall im Leib – Aktivierungszustände (somatische Marker), die dann im Großhirn in die weitere Handlungsplanung einfließen. Diese automatische Aktivitäts- und Stimmungsregulierung bleibt meist unbemerkt. Sowohl die Körpersignale als auch die entsprechenden Gefühle werden nur bewusst, wenn sie sehr stark sind oder man genauer – achtsamer – hinspürt. Das emotionale Erfahrungsgedächtnis wiederum kann vom Frontallappen moduliert werden.

Trance: Fokussierter Bewusstseinszustand, in dem in der Regel die Umgebung ausgeblendet ist und unwillkürliche Prozesse vorherrschen; in Abgrenzung zu Achtsamkeit (vgl. Harrer, 2018).

Vipassana: Unter Vipassana- oder Einsichtsmeditation versteht man eine Praxis der Achtsamkeit, die auf die ältesten überlieferten Redensammlungen des historischen Buddha zurückgeht. Ziel ist es, auf dem Wege der Geistesschulung »höchste Realitäten« zu erkennen und das Leid zu überwinden. Vipassana ist unabhängig von religiös-konfessionell und weltanschaulichen Vorstellungen und stark diesseitsorientiert – also auf die Befreiung des Bewusstseins in diesem Leben gerichtet. Der Weg baut auf der systematischen Bewusstwerdung aller fortwährend entstehenden und vergehenden Phänomene im gegenwärtigen Moment auf und bietet eine sehr differenzierte Methodik an.

Zeuge: Hilfskonstrukt spiritueller Traditionen zur Beschreibung des nicht-identifizierten Beobachtens *(→ Beobachter, Innerer).*

Ken Wilber beschreibt das Zeugenbewusstsein in »Einfach ›das‹. Tagebuch eines ereignisreichen Jahres« so:

»Dieses durchgängige oder konstante Bewusstsein während aller Zustände – Wachen, Träumen und Schlafen – tritt oft nach vielen Jahren der Meditationspraxis auf; in meinem Fall waren es 25 Jahre. Dieser Zustand ist ganz einfach zu erkennen: Man ist im Wachzustand bewusst, und wenn man dann einschläft und Träume einsetzen, bleibt man sich dieses Träumens bewusst. Dies ist mit luzidem Träumen verwandt, aber es gibt einen kleinen Unterschied: Normalerweise beginnt man beim luziden Träumen, den Traum zu manipulieren: (...) Beim Bewusstsein des ständigen Bezeugens dagegen besteht kein Wunsch, irgendetwas zu verändern, das im Bewusstsein auftaucht; man ist einfach und unschuldig Zeuge. Es ist ein wunschloses Gewahrsein, ein spiegelähnliches Gewahren, das alles, was sich zeigt, gleichermaßen und unparteiisch wiedergibt. Man bleibt also im Traumzustand bewusst, ist dessen Zeuge und ändert nichts daran (auch wenn man dies könnte, wenn man wollte; meist will man dies aber nicht).

Wenn man dann in den Zustand des traumlosen Tiefschlafs

übergeht, bleibt man trotzdem bewusst, nur dass man jetzt nichts als die weite, reine Leerheit ohne jeglichen Inhalt gewahrt. Allerdings kann man hier eigentlich nicht mehr von ›Gewahren‹ sprechen, weil dabei die Dualität aufhört. Es ist eher so, dass hier nur noch das reine Bewusstsein selbst ist, ohne Eigenschaften, Inhalte, Subjekte und Objekte, eine weite, reine Leerheit, die nicht ›nichts‹ ist, aber trotzdem nicht qualifizierbar« (Wilber, 2006, S. 74–75).

Studien zur Wirkung von Achtsamkeit

Um einen kleinen Einblick in die Anwendungsfelder von Achtsamkeit zu geben, wurden aus der Vielzahl von Publikationen vor allem Übersichtsarbeiten ausgewählt. Diese Reviews und Metaanalysen fassen die Wirkungen von Achtsamkeit in bestimmten Bereichen zusammen. Reviews erheben systematisch die zu einem Thema veröffentlichten Studien, wählen methodisch annehmbare Studien aus und berichten von den Wirkungen. Metaanalysen errechnen aus den Daten vergleichbarer Studien die sog. Effektstärken, die dann als klein, mittel oder groß klassifiziert werden.

Achtsamkeit in Medizin und Psychotherapie

Angst

- Laut einer Metaanalyse von 18 Studien führen unterschiedliche Arten von Achtsamkeitsübungen auch ohne Einbettung in ein achtsamkeitsbasiertes Programm zu einer Reduktion von Angst. Während sich bei diesen »standalone-Übungen« kleine bis mittlere Effektstärken zeigen (Blanck et al., 2018), waren die Effektstärken bei manualisierten Programmen mittel bis groß (Khoury et al., 2013).
- 48 Patienten mit generalisierter Angststörung weisen nach Absolvierung eines MBSR-Programms im Kontrollgruppenvergleich weniger Angst auf. Sie reagieren auch mit weniger Angst und Distress auf einen Stresstest und machen positivere Aussagen über sich selbst (Hoge et al., 2013).
- Eine Metaanalyse von 19 Studien mit achtsamkeits- und akzeptanzbasierten Interventionen zeigt im Prä-Post-Vergleich eine »robuste und substanzielle« Verringerung der Angst und der depressiven Begleitsymptomatik (Vøllestad et al., 2012).

- MBSR bei 16 Personen mit einer sozialen Phobie: Besserung von Angst, Depression und Selbstwert; verringerte negative Emotionen und geringere Reaktivität der Amygdalae während der Atembeobachtung (Goldin & Gross, 2010).

Alterung und Demenz

- Ab dem 40. Lebensjahr nehmen das Gewicht und das Volumen des menschlichen Gehirns in jeder Dekade normalerweise um durchschnittlich etwa fünf Prozent ab. Ein Review berichtet von drei Studien mit Langzeitmeditierenden, bei denen sich dieser Abbau verlangsamte. Gemessen wurden die graue Substanz im rechten Stirnhirn, das Gesamtvolumen der grauen Substanz und Nervenfaserbündel, die weiter auseinander liegende Hirnregionen miteinander verbinden. Es wird postuliert, dass dabei drei Faktoren zusammenwirken: ein verringerter Abbau durch geringere Entzündungsprozesse und neuroprotektive Faktoren, die Vermehrung von Synapsen (Nervenzellverbindungen) und in einigen Regionen die Neubildung von Nervenzellen (Luders, 2014).
- Ein Review zitiert zwölf ausgewählte Studien mit positiven Auswirkungen von MBSR, MBCT und meditativer Praxis auf das altersbedingte Nachlassen kognitiver Leistungen, wie Aufmerksamkeit, Gedächtnis, Informationsverarbeitung und Wahrnehmung. Das Durchschnittsalter in acht Studien lag zwischen 60 und 80 Jahren. Die Bereitschaft der Studienteilnehmer, zu üben, war groß, die Ausfallrate gering. Zusammenfassend mehren sich die Hinweise, dass Achtsamkeitspraxis bei älteren Menschen die altersbedingte Abnahme kognitiver Leistungen verzögern kann (Gard et al., 2014).
- Ein Review berichtet von zwei Studien mit achtsamkeitsbasierten Interventionen mit Menschen mit leichter kognitiver Beeinträchtigung. In einer Pilotstudie zeigte sich ein Trend zur Verbesserung der Kognition, der Lebensqualität und des Wohlbefindens. In einer anderen war die Ver-

schlechterung der Gedächtnisleistungen im Vergleich zur Kontrollgruppe geringer, während sich die depressive Symptomatik in höherem Ausmaß reduzierte. Bei Personen, die ein Nachlassen der eigenen kognitiven Leistung beobachteten, nahmen in drei Interventionsstudien die Sorgen über die Gedächtnisstörungen ab (Berk et al., 2017).

Aufmerksamkeitsdefizit-Hyperaktivitäts-Syndrom (ADHS)

- Ein Review über 10 Studien zur Wirkung achtsamkeitsbasierter Verfahren bei ADHS berichtet über eine mittlere Effektstärke sowohl für die Aufmerksamkeitsleistung als auch für die Hyperaktivität/Impulsivität. Die Veränderungen der Aufmerksamkeit waren bei den Erwachsenen größer als bei Kindern und Jugendlichen, jene der Hyperaktivität/Impulsivität waren altersunabhängig (Cairncross & Miller, 2016).

Autismus-Spektrum-Störungen

- Die australische Arbeitsgruppe um Renee Cachia (2016) bezieht sich auf 6 Interventionsstudien mit der störungsspezifisch modifizierten Anwendung von Achtsamkeit bei 161 Menschen mit Störungen aus dem Autismus-Spektrum (ASS): Die Achtsamkeitstrainings fanden in unterschiedlichen Settings statt, mit Eltern-Kind-Dyaden, in der parallelen Arbeit mit Jugendlichen und ihren Eltern, sowie nur mit von ASS betroffenen Erwachsenen. Sie führen bei Kindern zu einer Reduktion von Begleitsymptomen wie Angst und Problemen beim Denken. Bei Adoleszenten verbessert sich die soziale Ansprechbarkeit und das Wohlbefinden; Aggression reduziert sich. Bei hochfunktional autistischen Erwachsenen reduzieren sich Angst, Depression und Gedankenkreisen, während sich die positiven Gefühle verstärken.
- Bei 47 Müttern mit 13- bis 19-jährigen Kindern mit Störungen aus dem Autismus-Spektrum reduzierte sich nach einem achtsamkeitsbasierten Programm der Stresslevel. Das

Training (Mindfulness-Based Positive Behavior Support – MBPBS) bestand aus einem Drei-Tages-Training und einer 30-wöchigen Begleitung bei der Implementierung des Gelernten. Der Stresslevel reduzierte sich auch bei 45 Müttern mit Kindern mit intellektueller Beeinträchtigung, die das gleiche Programm durchliefen. Bei den Jugendlichen kam es in beiden Gruppen zu einer signifikanten Reduktion von aggressivem und zerstörerischem Verhalten sowie einer Zunahme von regelkonformem Verhalten (Singh et al., 2019).

Borderline-Störungen (DBT)

- Christian Stiglmayr et al. (2014) berichten vom ersten Jahr der Berliner Borderline Studie. Von 78 Patienten, die die DBT begonnen hatten, absolvierten 47 dieses erste Therapiejahr. Sie verbesserten sich signifikant in Bezug auf selbstverletzendes Verhalten, die Anzahl der stationären Krankenhausaufenthalte, den Schweregrad der Borderline-Symptome und die Psychopathologie. Am Ende des ersten Behandlungsjahres erfüllten 77 % der Patienten nicht mehr die Diagnosekriterien einer Borderline-Persönlichkeitsstörung.
- Metastudie: Basierend auf 26 Studien fanden sich bei der Behandlung von Menschen mit Borderline-Persönlichkeitsstörungen mit DBT im Kontrollgruppenvergleich mittlere Effektstärken (Kliem et al., 2010).

Burnout und Stressbewältigung

- In einem Review werden in den ausgewählten 23 Studien die Effekte von MBSR und in einer Studie die Kombination von MBSR mit Elementen aus MBCT untersucht. Nur zwei dieser Studien werden als methodisch hochwertig eingeschätzt, 14 sind von mittlerer und 6 von geringer Qualität. Die größten Auswirkungen zeigen sich im Bereich von emotionaler Erschöpfung, Distress, Depression, Angst und berufsbezogenem Stress. Bei zunehmender Achtsamkeit verbessern sich die Leistungsunzufriedenheit, das (arbeitsbezogene) Selbstmitgefühl, die Qualität des Schlafes und die Entspannung (Janssen et al., 2018).

- Ein Review zum Einfluss achtsamkeitsbasierter Interventionen auf biologische Marker von Stress analysiert 45 Studien. Einzeln betrachtet senken alle Formen der Praxis den systolischen Blutdruck. Übungen zur Fokussierung der Aufmerksamkeit verringern auch den Cortisolspiegel und Offenes Gewahrsein führt zur Abnahme der Herzfrequenz. Alle Meditationsformen zusammengenommen reduzieren Cortisol, C-reaktives Protein, Blutdruck, Herzfrequenz, Triglyzeride und den Tumornekrosefaktor-alpha (Pascoe et al., 2017).
- Ein Review beschreibt in 6 von 8 Studien eine statistisch signifikante Reduktion von Burnout bei Mitarbeitern im Gesundheitswesen und bei Lehrern durch verschiedene achtsamkeitsbasierte Verfahren (Luken & Sammons, 2016).
- Eine Metaanalyse von 19 Studien fasst zusammen, dass achtsamkeitsbasierte Verfahren im Arbeitskontext Stress reduzieren, anderen Methoden aber nicht unbedingt überlegen sind (Virgili, 2015).

Depressive Störungen

- Ein umfassender Überblick zum Einsatz von MBCT kommt zu folgenden Schlussfolgerungen: MBCT wurde zur Rückfallprophylaxe bei wiederkehrenden depressiven Erkrankungen entwickelt. Systematische Reviews belegen die Wirksamkeit in diesem Kontext. Eindeutig belegt ist die Überlegenheit von MBCT in Kombination mit Pharmakotherapie gegenüber der üblichen Behandlung bzw. einer alleinigen medikamentösen Therapie. Im Vergleich mit aktiven Kontrollgruppen findet sich diese Überlegenheit nur in einzelnen Studien bzw. bei bestimmten Patientengruppen. Es muss Gegenstand zukünftiger Forschung sein, für welche Patienten MBCT die wirksamere Intervention ist. Reviews, die sich mit den Wirkmechanismen und Mediatoren der Wirkung von MBCT beschäftigen, weisen auf die Bedeutung der Achtsamkeit mit ihrer Komponente des Decentering hin, auf die Verringerung von Rumination (Gedankenkreisen) als repetitives Nachdenken über die Vergangenheit und des Sorgenmachens (worry) als negative Gedanken über die Zukunft. Darüber hinaus scheint die Förderung von Mitgefühl und positiven Affekten ebenso von Bedeutung wie eine verringerte kognitive und emotionale Reaktivität. Limitierend ist die beschränkte Zugänglichkeit von MBCT insbesondere in ländlichen Bereichen. Möglichkeiten, den beschränkten Zugang zumindest teilweise auszugleichen, ergeben sich aus den positiven Ergebnissen von Studien über die Wirksamkeit der Vermittlung von MBCT in Selbsthilfebüchern und im Online-Modus (MacKenzie et al., 2018).

- Eine Studie untersuchte insgesamt 424 Personen mit wiederkehrenden Depressionen, die per Zufall zwei Gruppen zugeordnet wurden: In einer wurde über zwei Jahre mit einer medikamentösen antidepressiven Erhaltungstherapie behandelt, in der anderen wurde die antidepressive Medikation abgesetzt oder verringert und stattdessen eine MBCT-Gruppe besucht. Innerhalb von 24 Monaten zeigten sich keine wesentlichen Unterschiede der beiden Therapien bezüglich Rückfällen, Symptomatik, Lebensqualität und Kosten. Eine Überlegenheit der Behandlung mit MBCT fand sich bei Personen mit Missbrauch und Gewalterfahrungen in der Kindheit. MBCT sei insbesondere bei dieser Personengruppe und bei jenen Menschen eine wertvolle Alternative zur Therapie mit Antidepressiva, die eine nicht-medikamentöse Behandlung bevorzugen. Darüber hinaus stellt sie eine wertvolle Ergänzung der medikamentösen Behandlung bei Hoch-Risiko-Patienten dar (Kuyken et al., 2015).
- Eine Metaanalyse von sechs kontrollierten Studien mit 593 Patienten kommt zu dem Schluss, dass MBCT eine ef-

fektive Intervention zur Rückfallprophylaxe von Depressionen zumindest bei jenen Personen darstellt, die drei oder mehr depressive Episoden hinter sich haben (Piet & Hougaard, 2011).

- Eine Metaanalyse inkludiert 13 Studien, in denen 1046 Menschen mit einer akuten Depression bzw. depressiven Symptomen im Iran, in den Niederlanden, in den USA und anderen Ländern mit MBCT behandelt wurden. Am Ende der Intervention ist MBCT in 10 Studien einer unspezifischen Kontrollgruppe überlegen, in 6 Studien entspricht die Wirksamkeit jener der aktiven Kontrollintervention. Zu den in 5 Studien untersuchten späteren Zeitpunkten nach 2–10 Monaten (im Durchschnitt 5,7 Monate) sind die Ergebnisse heterogener. In vier dieser Studien sind im Follow-Up die Ergebnisse mit jenen von aktiven Therapien vergleichbar (Goldberg et al., 2019).

Gynäkologie und Geburtshilfe

- Clarissa Schwarz (2015) berichtet von vier randomisierten kontrollierten Studien zu unterschiedlichen Geburtsvorbereitungskursen mit Achtsamkeit. Schwangere, die an einem MBCP-Kurs (Mindfulness-Based Childbirth and Parenting) teilgenommen hatten, geben im Vergleich zur Kontrollgruppe weniger Stress, weniger Angstzustände und weniger negative Affekte an. Nach einem Wochenendkurs verringern sich Depression sowie die Angst vor der Geburt und die Selbstwirksamkeitserwartung erhöht sich, wobei sich die Unterschiede zur Kontrollgruppe nach der Geburt noch vergrößern. Teilnehmerinnen berichten, dass sie die Achtsamkeit auch in der ersten Zeit mit dem neugeborenen Kind einsetzen und sie ihnen helfe, auch für sich selbst Pausen zur Erholung zu nutzen, sowie die Signale des Neugeborenen besser wahrzunehmen und dann positiv darauf zu reagieren.
- Bei 115 menopausalen Frauen mit fünf oder mehr heftigen Wallungen am Tag oder in der Nacht verringert sich durch

MBSR die Beeinträchtigung durch die Hitzewallungen. Die Lebensqualität und der Schlaf verbessern sich signifikant (Carmody et al., 2011).

Krebs

- Christina Luberto und ihre Arbeitsgruppe (2019) präsentieren die Anwendung eines modifizierten MBCT-Programms anhand einer Fallstudie mit einer etwa 30-jährigen Frau mit frühzeitig erkanntem Brustkrebs, die zwei Jahre nach Abschluss der Therapie mit beidseitiger Mastektomie, Chemotherapie und Strahlentherapie eine massive Rezidivangst entwickelte. Nach acht wöchentlichen, jeweils 50-minütigen Einzelsitzungen hatte die übermäßige gedankliche Beschäftigung mit einem möglichen Rückfall klinisch signifikant abgenommen. Die Frau untersuchte ihren Körper nicht mehr so häufig, las weniger in medizinischen Journalen über Rückfälle und versicherte sich nicht mehr ständig bei ihrem Ehemann, wohl keinen Rückfall zu bekommen. Die Besserungen hielten auch nach einem Monat und nach drei Monaten nach Therapieende an. Das subjektive Erleben der Frau bestätigte die von den Autoren gebildeten Hypothesen zu den Wirkmechanismen der Intervention. Das Üben von Decentering erlebte sie als hilfreich im Umgang mit den Sorgen. Die Schulung der Aufmerksamkeitssteuerung verringerte das automatisierte Überwachen des Körpers. Es gelang ihr, ihren Körper nicht wertend wahrzunehmen, beim Katastrophendenken gelang eine kognitive Neubewertung, die erhöhte Toleranz gegenüber Unsicherheit im Umgang mit dem verbleibenden Risiko verringerte die Angst und die erhöhte Distress-Toleranz schützte sie vor ständigem sich vergewissernden Verhalten.
- In ihrer systematischen Übersichtsarbeit und Metaanalyse schließen Heidemarie Haller et al. (2017) 10 Studien mit 1709 Frauen mit Brustkrebs ein, die ein MBSR- oder MBCT-Programm absolvierten. Im Vergleich zur sonst üblichen

Behandlung finden sich nach der Intervention signifikante Effekte auf die gesundheitsbezogene Lebensqualität, auf Fatigue, Schlaf, Stress, Angst und Depression. Im Follow-up zeigen sich nach sechs Monaten signifikante Auswirkungen auf Angst und Depression, nach zwölf Monaten auf Angst. Im Vergleich zu anderen aktiven Interventionen sind nach der Intervention signifikante Effekte nur bei Angst und Depression nachweisbar. Um die klinische Relevanz der Befunde zu klären, sei weitere Forschung notwendig.

- MBCR (Mindfulness-Based Cancer Recovery) verbessert bei Menschen mit Krebs und bei Survivors Depression, Angst, Schlaf und Fatigue, verringert den Cortisolspiegel und den Blutdruck und wirkt sich auf die Länge der Telomere aus (Carlson, 2016).

Multiple Sklerose

- Ein systematischer Review über drei Studien im Kontrollgruppendesign mit insgesamt 183 Teilnehmerinnen (80 % Frauen) berichtet von positiven Auswirkungen achtsamkeitsbasierter Interventionen bei Kranken mit Multipler Sklerose auf Lebensqualität, psychische Gesundheit (Angst und Depression) und auf körperliche Symptome (Müdigkeit, Gleichgewichtsstörungen, Schmerz), die zum Teil auch noch nach drei und sechs Monaten anhalten (Simpson et al., 2014).

Psychosen, Schizophrenie

- Eine Metaanalyse von zehn kontrollierten Studien bei Menschen mit Psychosen errechnet eine kleine, aber signifikante Effektstärke von achtsamkeits- und akzeptanzbasierten Interventionen auf die psychotische Symptomatik insgesamt. Das Gruppenformat ist der Einzeltherapie überlegen, wobei sich die Studien auch in der Methodik unterscheiden. In Bezug auf einzelne Symptome zeigt sich eine mittlere Effektstärke bei der depressiven Symptomatik, allerdings kein signifikanter Effekt bei den Positiv- oder Negativ-Symptomen und dem durch Halluzinationen ausgelösten Stress (Louise et al., 2018).

- Drei wiederholt stationär in der Psychiatrie aufgenommene Patienten wurden dazu angeleitet, ihre Aufmerksamkeit auf die Fußsohlen zu lenken, wenn sie in Situationen kommen, die normalerweise Wut auslösen. Diese einfache Übung verringert die verbale und körperliche Aggression (Singh et al., 2007b).

Schlafstörungen

- Gong et al. (2016) analysieren sechs randomisierte kontrollierte Studien mit insgesamt 330 Teilnehmern mit Schlafstörungen. Ergebnis: Signifikante Verkürzung der Zeit, in der die Teilnehmer nächtlich wach sind, und signifikante Verbesserungen der Schlafqualität. Die Schlafstörungen waren meist primäre Insomnien oder sie traten im Rahmen von depressiven Störungen und Krebserkrankungen auf. Eine Studie, bei der sich besonders hohe Effektstärken zeigen, wurde mit Personen mit einem Durchschnittsalter von 66 Jahren durchgeführt.

Schmerz

- Achtsamkeitsbasierte Verfahren verringern im Vergleich zu Kontrollgruppen – mit üblicher Behandlung, passiven Kontrollen und psychoedukativen Unterstützungsgruppen – signifikant den Schmerz. Zu diesem Ergebnis kommt eine Metaanalyse anhand von 30 randomisierten kontrollierten Studien. Darüber hinaus verringern sich die Depressionswerte und die Lebensqualität erhöht sich. Während die Qualität der Evidenz für die Veränderung von Schmerz als gering eingeschätzt wird, ist sie für Depression hoch, für Lebensqualität – die psychische Gesundheit betreffend – mittel, die körperliche Gesundheit betreffend nur gering (Hilton et al., 2017).

- In einer Pilotstudie mit 12 Patienten mit chronischen Schmerzen reduzieren sich nach einem neunwöchigen Programm zur Kultivierung von Mitgefühl die Schmerzstärke und die Wut. Die Teilnehmer können den Schmerz besser akzeptieren (Darnall, 2015).

Somatisierungsstörungen, Reizdarmsyndrom, Fibromyalgie und chronisches Müdigkeitssyndrom

- Shaheen Lakhan und Kerry Schofield (2013) beziehen sich in ihrem systematischen Review auf 25 und in ihrer Metaanalyse auf 12 Studien. Die Effektstärken bei Somatisierungsstörungen sind klein. Die klarsten Ergebnisse zeigen sich beim Reizdarmsyndrom, indem sich Schmerz, Symptomstärke und Lebensqualität verbessern. Allerdings bleiben Depression und Angst unverändert. Auswirkungen auf diese beiden zeigen sich beim chronischen Müdigkeitssyndrom. Bei der Fibromyalgie nimmt die Symptomstärke mit grenzwertiger Signifikanz ab. MBSR und MBCT sind unspezifischen und eklektischen Programmen überlegen. Da diese Gruppe von Störungsbildern das Gesundheitssystem oft herausfordert, kann in diesem Bereich auch der kleine Beitrag achtsamkeitsbasierter Interventionen zu einer wertvollen Komponente im Gesamtbehandlungsplan werden.

Sucht

- Ein systematischer Review (Li et al., 2017) bezieht sich auf 42 Studien mit achtsamkeitsbasierten Sucht-Behandlungen. 34 der Studien sind randomisierte kontrollierte Studien in einem breiten Anwendungsbereich, etwa im Justizsystem. Die Abhängigkeit betrifft Alkohol, Kokain, Marihuana, Opioide, Stimulanzien und Zigaretten. Die Interventionen sind unspezifisch entweder MBSR, MBCT, Vipassana-Meditation etc., oder suchtspezifische Programme wie Mindfulness-Based Relapse Prevention (MBRP), Mindfulness-Oriented Recovery Enhancement (MORE) und eine

Kombination aus motivierender Gesprächsführung und Achtsamkeitsmeditation. Als Kontrollgruppen dienen die sonst übliche Behandlung, Psychoedukation und Entspannungsgruppen, aber auch kognitive Umstrukturierung u.a. Sechs Studien untersuchen kurze Achtsamkeitsinterventionen im Labor beispielsweise in ihren Auswirkungen auf Craving. Die Ergebnisse: Die Effekte auf die Frequenz und die Schwere des Suchtmittelgebrauchs sind mit jenen von aktiven Kontrollgruppen vergleichbar. Bei Zigarettenrauchern erhöhen die Interventionen die Abstinenzrate. Anderen Behandlungsformen überlegen sind achtsamkeitsbasierte Interventionen in ihren Auswirkungen auf das Suchtmittelverlangen (Craving), auf eine Entzugssymptomatik und Konsequenzen, die sich aus dem Substanzgebrauch ergeben. Einige Studien berichten von positiven Zusammenhängen zwischen dem Ausmaß der Übungspraxis und der Veränderung des Substanzgebrauchs. In Subgruppenanalysen erweist sich das MORE-Programm als effektiver, es beinhaltet über die Achtsamkeit hinaus noch andere, von postulierten Wirkmechanismen abgeleitete Komponenten wie Genusstraining und kognitive Neubewertung. Bei Personen, die mehrere Substanzen missbrauchen, sind die Interventionen wirksamer als bei jenen, die nur von einer Kategorie von Substanzen abhängig sind. Studien mit reinen Männergruppen zeigen größere Effekte als jene mit reinen Frauengruppen oder gemischten Gruppen. Limitierend wirken sich kleine Fallzahlen, kurze Beobachtungszeiträume und hohe Dropout-Raten aus. Nur etwa die Hälfte der kontrollierten Studien beziehen neben den Angaben der Teilnehmer auch Urinanalysen oder sonstige Möglichkeiten der Verifizierung der Berichte der Teilnehmer mit ein.

- Eric Garland und Matthew Howard (2018) ergänzen diesen Review durch Hinweise auf Studien, die mögliche Wirkmechanismen von achtsamkeitsbasierten Programmen auf die

Behandlung von Suchtverhalten untersuchen. Neurowissenschaftliche Befunde bestätigen ihre Hypothese zur Restrukturierung des Belohnungssystems. Danach verringert sich durch das Achtsamkeitstraining die Bedeutsamkeit des Suchtmittels. Im Gegenzug dazu spricht das Belohnungssystem wieder vermehrt auf natürliche Belohnungen an, etwa jene, die vor der Entwicklung der Sucht bedeutsam waren. Das MORE-Programm führt im Kontrollgruppenvergleich bei chronischen Schmerzpatienten zu einer solchen physiologisch messbaren erhöhten Ansprechbarkeit auf natürliche Stimuli. Diese wiederum geht mit einem verringerten Verlangen nach Opioiden einher. Auch werden nach dem MORE-Programm erhöhte Aktivitäten in jenen Bereichen des Gehirns festgestellt, die für den Genuss natürlicher angenehmer Reize zuständig sind, und die funktionale Konnektivität bestimmter Bereiche mit dem Frontalhirn erhöht sich. Diese sind für die Verhaltenssteuerung zuständig.

Als zentralen Wirkmechanismus postulieren die Autoren die durch die Achtsamkeitspraxis geschulte Fähigkeit, aus dem Autopilotenmodus auszusteigen und Automatismen zu durchbrechen. Sie verringert die Reaktivität auf stressauslösende Reize und beschleunigt die Erholung von belastenden Ereignissen. Möglicherweise achtsamkeitsspezifisch ist die Entkopplung der Schritte, die zum Substanzgebrauch führen: Zunächst lösen jene Reize, die an den Gebrauch der Substanz erinnern, weniger bis kein Substanzverlangen mehr aus. Und selbst wenn doch ein Craving spürbar wird, nimmt der Freiheitsgrad zu, das Verlangen nicht in eine Handlung umzusetzen und entgegen den sonst wirksam werdenden Automatismen nicht zur Substanz zu greifen. Diese Entkopplungen scheinen aber erst nach einem längeren Achtsamkeitstraining aufzutreten.

Die Autoren fragen, ob Achtsamkeitspraxis nicht mehr sein kann, als eine von mehreren möglichen Interventionen zur

Rückfallprävention in die Sucht – ob sie nicht zur Basis einer Lebensstilveränderung werden kann, die über das Acht-Wochen-Programm hinausgeht. Wenn analog zum Zwölf-Schritte-Programm eine lebenslange Teilnahme an den Gruppensitzungen empfohlen wird, kann Achtsamkeit von einem suchtorientierten Lebensstil zu einem Leben führen, das sich im Sinne des »Recovery-Modells« an Wohlbefinden und Lebensqualität orientiert.

Tinnitus

- In einer randomisierten kontrollierten Studie (McKenna et al., 2017) wurden 39 Patienten mit einem chronischen, als belastend empfundenen Tinnitus einer MBCT-Gruppe und 36 einer Entspannungs-Kontrollgruppe zugeordnet. In beiden Gruppen zeigen sich eine signifikante Verringerung von Stärke und Lautheit des Tinnitus, Distress, Angst, Depression und tinnitusbedingten Einschränkungen. Die Reduktion ist in der MBCT-Gruppe stärker, insbesondere der Einfluss auf Katastrophengedanken und Vermeidungsverhalten, auch die Akzeptanz des Tinnitus ist größer. Die Veränderungen in der MBCT-Gruppe scheinen auch nach sechs Monaten nachhaltiger zu sein als in der Entspannungsgruppe. Bemerkenswert ist der Befund, dass in beiden Gruppen die Achtsamkeit zunimmt, wenn auch in der MBCT-Gruppe in einem höheren Ausmaß. Es ist anzunehmen, dass auch das Entspannungstraining die Körperwahrnehmung schult. Die Ausfallsrate beträgt in der MBCT-Gruppe 5%, beim Entspannungstraining 11%. In der MBCT-Gruppe übten die Teilnehmer mehr. Nebenwirkungen werden in beiden Gruppen von je einem Teilnehmer berichtet: bei MBCT trat nach sechs Monaten eine erhebliche Depression, bei der Entspannung Angst auf, die beide auf Veränderungen von Lebensumständen und nicht auf die Interventionen zurückführten. In jeder der beiden Gruppen gibt es bei je drei Teilnehmern eine Verschlechterung. Die Veränderungen sind insgesamt vergleichbar mit jenen, die mit anderen anerkannten Methoden erreicht werden.

- In einer Pilotstudie nahmen acht Patienten mit chronischem Tinnitus an einem achtwöchigen MBTSR-Programm (Mindfulness Based Tinnitus Stress Reduction) teil. In der quantitativen und qualitativen Erhebung nach dem Programm erzählen die Teilnehmer davon, dass sie den Tinnitus nicht mehr als unerträglich erleben, dass es im Gegensatz zu früher möglich sei, ihn wahrzunehmen, ohne ihn zu bewerten, und dass er jetzt einfach da sein dürfe. Depression und Angst nehmen ab und die Wahrnehmung des Körpers verändert sich. Dieser bedürfe der Fürsorge und Liebe (Gans et al., 2013).

Traumafolgen

- Die Metaanalyse von Tanya Hopwood und Nicola Schutte (2017) bezieht sich auf 18 Studien mit insgesamt 1219 Personen und 21 untersuchten Gruppen. Großteils männliche Kriegsveteranen mit diagnostizierter posttraumatischer Belastungsstörung (PTSD) nahmen an achtsamkeitsbasierten Interventionen – meist MBSR – teil. Im Vergleich zu Wartelisten-Kontrollgruppen aber auch zu aktiven Kontrollen und Placebo zeigt sich bezüglich der Reduktion der Symptome einer PTSD eine mittlere Effektstärke. Längere Achtsamkeitsinterventionen sind dabei effektiver. Die Effektstärken sind insgesamt vergleichbar mit jenen bei anderen psychischen Erkrankungen. In den Interventionsgruppen erhöht sich auch die Achtsamkeit mit mittlerer Effektstärke. In einigen der Studien werden ausdrücklich keine Nebenwirkungen beobachtet, während viele Autoren auf die Frage der Nebenwirkungen gar nicht eingehen. In einer Studie verschlechtert sich die Symptomatik sowohl bei einem Teilnehmer der Interventionsgruppe als auch bei einem der Kontrollgruppe.

Übergewicht

- Achtsamkeitsbasierte Interventionen verändern mit großer Effektstärke das Essverhalten wahrscheinlich nachhaltiger als etwa reine Diätprogramme. Sie verringern emotional gesteuertes und impulsives Essen und beeinflussen den Umgang mit Heißhungerattacken. Sie wirken sich positiv auf körperliche Aktivität aus, verringern Angst und Depression und verbessern die Stressbewältigung. Ob die Interventionen das Gewicht bzw. den Body-Mass-Index verringern, scheint von mehreren Faktoren abzuhängen: ob das Programm nur am Essverhalten ansetzt oder explizit auch auf eine Gewichtsreduktion abzielt, ob es verhaltenstherapeutische Elemente wie die ACT integriert und ob es sich bei den Teilnehmern um übergewichtige »Normalpersonen« handelt oder um Personen mit klinisch relevanten Symptomen wie Binge-Eating. Die Gewichtsreduktion ist bei jenen Interventionen größer, die nicht nur zu formaler Praxis anleiten, sondern diese mit informeller Praxis kombinieren (Carrière et al., 2018).

Zwangserkrankungen

- Es gibt nur wenige Studien zum Einsatz von Achtsamkeit bei Zwangserkrankungen. So findet die Arbeitsgruppe um Lucy Hale (2013) nur vier Studien: zwei Einzelfallstudien, eine mit drei Fällen und eine quasi-randomisierte Studie einer Gruppentherapie. Studien mit ACT sind nicht berücksichtigt. In den beiden Einzelfällen reduziert sich die schwere Zwangssymptomatik. Die Möglichkeiten der Teilhabe am Leben und die Lebensqualität verbessern sich wesentlich. In der dritten Studie fallen zwei von fünf Patienten aus, Achtsamkeitsübungen (Bodyscan und Gedanken beobachten) reduzieren die Zwangsgedanken. Die einzige kontrollierte Studie wurde mit 17 Studenten mit Zwangssymptomatik durchgeführt. Von den zehn Teilnehmern der Interventionsgruppe fielen zwei aus, die verbleibenden

Teilnehmer berichten über eine große und signifikante Abnahme der Zwangssymptome. Durch die geringen Fallzahlen ist die Aussagekraft des Reviews limitiert, die beobachteten Verbesserungen und die hohe Ausfallrate sind vergleichbar mit den Ergebnissen von anderen Formen der Psychotherapie bei Zwangserkrankungen.

- In einer deutschsprachigen qualitativen Studie wurden zwölf Patienten mit einer Zwangserkrankung unmittelbar nach der Absolvierung eines achtwöchigen MBCT-Programms in einem halbstrukturierten Interview befragt. Zwei Drittel berichten von einer Verringerung der Zwangssymptomatik. Sie sind eher dazu bereit, auch unangenehme Gefühle zuzulassen, können bewusster und aktiver in der Gegenwart leben und die Stimmung und der Schlaf verbessern sich (Hertenstein et al., 2012).

Unterschiedliche Erkrankungen

- Eine Metaanalyse von 23 Reviews zu MBSR und MBCT mit 115 Studien und insgesamt 8683 Studienteilnehmern kommt zu dem Schluss, dass die Wirksamkeit achtsamkeitsbasierter Interventionen zur Verbesserung körperlicher und psychischer Symptome nachgewiesen sei und zwar als Ergänzung bei der Behandlung von Krebs, kardiovaskulären Erkrankungen, chronischen Schmerzen, Depression, Angsterkrankungen und auch in der Prävention bei gesunden Erwachsenen und bei Kindern (Gotink et al., 2015).
- Ein Review über 209 Studien mit über 12000 Patienten zeigt mittlere Effektstärken im Prä-Post-Vergleich und im Vergleich mit Wartelisten-Kontrollgruppen. Im Vergleich mit anderen aktiven Therapieverfahren zeigt sich allerdings keine Überlegenheit der achtsamkeitsbasierten Verfahren (Khoury et al., 2013).

Grundsätzliches

Willoughby Britton (2019) stellt im Titel ihrer Studie die Frage, ob es auch bei Achtsamkeit »zu viel einer guten Sache« geben könne. Sie bezieht sich auf das Yerkes-Dodson-Gesetz, das die kognitive Leistungsfähigkeit in Abhängigkeit vom Arousal – dem allgemein-nervösen Erregungsniveau – beschreibt. Dieses Gesetz gilt für viele positive Phänomene und besagt, dass diese sich bei einer Zunahme, die über ein Optimum hinausgeht, ins Negative verkehren. Eine umgekehrte U-Kurve beschreibt diese Dosis-Wirkungs-Beziehung, bei der sich die kognitive Leistungsfähigkeit bei einer Steigerung des Erregungsniveaus bis zu einem Maximalwert steigert, dann aber wieder abfällt, wenn es sich weiter erhöht. Britton plädiert für einen mittleren Weg, wenn sie meint, bei der Achtsamkeit könne es ein Zuwenig, aber ebenso ein Zuviel an Selbstbeobachtung, Körperwahrnehmung, Emotionsregulation und Bereitschaft zur Exposition gegenüber unangenehmen Reizen geben. Auch beim Ausmaß des Übens gebe es unter bestimmten Umständen eine zu hohe, unter Umständen sogar unheilsame Dosis.

In vielen der referierten Studien kommt die Forschung der gesellschaftlichen und auch von Geldgebern formulierten Forderung nach, achtsamkeitsbasierte Vorgehensweisen durch Wirksamkeitsnachweise zu legitimieren. Methodisch erfolgt dies nach dem »Goldstandard« randomisierter und kontrollierter Studien, der für die Pharmaforschung gilt. Es gibt viele Einwände gegen dieses Vorgehen im Bereich der Achtsamkeit. Vieles von dem, was eine Achtsamkeitspraxis bewirkt, ist in diesen Designs wohl nicht zu erfassen – etwa durch standardisierte Fragebögen, die ansonsten in der Medizin eingesetzt werden. Darüber hinaus erinnern Miguel Farias und Catherine Wikholm (2015) in ihrem Buch »The Buddha Pill« (2015) an die Wurzeln der Achtsamkeit, wenn sie schreiben:

»Meditation wurde nicht entwickelt, damit unser Leben weniger stressig ist oder wir unser Wohlbefinden verbessern. Ihr primärer Sinn war viel radikaler: die Zerstörung unserer Vorstellung davon, wer wir sind; uns bis in den Kern des Bewusstseins unseres Seins zu erschüttern, sodass wir erkennen, dass dort ›nichts‹ ist. Aber das ist keineswegs das, womit Meditationskurse im Westen beworben werden. Meditation wird modernisiert und als natürliche Pille verkauft, die unseren Geist beruhigt und uns glücklicher macht« (S. 144, Übersetzung der Autoren).

Achtsamkeit in unterschiedlichen Anwendungsfeldern

Gesundheitswesen

- Eine über Europa verteilte Arbeitsgruppe um Tim Lomas (2018) beleuchtet in einem systematischen Review und einer Metaanalyse 81 Studien mit 3805 Teilnehmern aus dem Gesundheitsbereich: Ärzte, Pflegepersonen, Therapeuten, Psychologen und Berater und sonstige im Gesundheitswesen und der Behindertenarbeit tätige Menschen. In 27 der darin enthaltenen Interventionsstudien erhöht sich die Achtsamkeit, in sechs Studien findet sich keine signifikante Veränderung. In neun von 16 Studien verringert sich die Angst mit mittleren Effektstärken. In elf von 22 Studien verbessern sich Parameter von Burnout mit kleinen bis mittleren Effektstärken, am wenigsten die emotionale Erschöpfung. In 25 von 37 Interventionsstudien verändert sich der wahrgenommene Stress mit insgesamt kleinen bis mittleren Effektstärken. Einige Studien berichten von einer Zunahme von Lebensqualität und Resilienz, Kohärenzsinn und von der Zunahme positiver Affekte. Von 28 Interventionsstudien beobachten 16 eine Verbesserung der Job-Performanz mit einer insgesamt kleinen bis mittleren Effektstärke.

- In einer Kohortenstudie mit 27 klinisch tätigen Ärzten reduzieren sich nach einem MBSR-Kurs Distress und Burnout signifikant. Achtsamkeit und das Erleben von Sinnhaftigkeit nehmen zu. Die Abnahme von Distress korreliert mit einer weniger bewertenden Haltung und weniger Reaktivität, jene der emotionalen Erschöpfung mit »bewusstem Handeln« und ebenfalls einer »weniger bewertenden Haltung« – jeweils Facetten der Achtsamkeit. Patienten geben an, dass sich die Beziehung zu ihren Ärzten nach dem Besuch des MBSR-Kurses verbessert. Weniger Depersonalisierung bei Ärzten hat zur Folge, dass sich deren Patienten im Erleben ihrer Erkrankung besser verstanden fühlen (Dobkin et al., 2016).

Gefängnisse

- In einer Literaturübersicht werden sieben Studien mit achtsamkeitsbasierten Interventionen in Gefängnissen in den USA und im Iran mit Jugendlichen im Alter von 13–24 Jahren beleuchtet. Positive Aspekte ergeben sich in vier Themenbereichen: Akzeptanz der Intervention, Stressreduktion, Selbstregulation und Umgang mit Aggression und Wut (Murray et al., 2018).
- Review über Studien zu »Meditation« in Gefängnissen, d.h. über Zehntage-Vipassana-Retreats, Transzendentale Meditation und MBSR: Die Erfolge bestehen in einem höheren psychischen Wohlbefinden, in einer Reduktion von Substanzgebrauch und in weniger Rückfällen (Himelstein, 2011).
- 113 MBSR-Kurse bei 1350 Gefängnisinsassen in sechs Gefängnissen führen zu weniger Feindseligkeit, mehr Selbstwert und weniger Stimmungsschwankungen. Das Training ist wirksamer bei Frauen und bei Gefangenen vor der Entlassung (Samuelson et al., 2007).

Paarbeziehung, Paartherapie

- 22 Paare, die am MBRE-Programm (Mindfulness-Based Relationship Enhancement) teilnahmen, sind danach in ihrer Beziehung signifikant zufriedener, fühlen sich zugleich autonomer und verbundener, es fällt ihnen leichter, den Partner zu akzeptieren und sie haben weniger Beziehungsstress als die Paare in der Wartelisten-Kontrollgruppe. Die Veränderungen halten über den dreimonatigen Beobachtungszeitraum an (Carson et al., 2004).

Retreats

- Eine Metaanalyse fasst die Aussagen von 19 Studien zu den Auswirkungen von Achtsamkeits-Retreats bei einer nichtklinischen Population von Erwachsenen zusammen, wobei sich 14 Studien auf Vipassana-Retreats beziehen. Im Vorher-Nachher-Vergleich zeigen sich signifikante Effekte auf Wohlbefinden, Stress, Angst und depressive Symptome. Die Effektstärken variieren zwischen klein (bei Wohlbefinden und Depression), mittel (bei Angst) und groß (bei Stress). Bei der Zunahme der Achtsamkeit zeigt sich eine mittlere Effektstärke (McClintock et al., 2019).

Schule

- Achtsamkeit ist auch im Bildungsbereich angekommen. So wurden in den Vereinigten Staaten und im U.K. mehrere Programme entwickelt, die sich großteils aus Komponenten von MBSR zusammensetzen – wie das »Mindfulness in Schools Programm« und die Programme »Mindful Schools«, »Learning to BREATHE« und »Mindful Education«. Ein systematischer narrativer Review (Felver et al., 2016) beleuchtet insgesamt 21 Studien mit insgesamt 3414 Schülern. Beforscht wurden diese Programme und andere Achtsamkeitsübungen wie etwa das Wahrnehmen der Fußsohlen beim Stehen. Die Schüler waren zwischen 5 und 17 Jahren, im Durchschnitt 12,3 Jahre alt. Im Mittel bestanden die Interventionen aus 17 Sitzungen (4–60) mit einer Dauer von 5 Minuten bis 2 Stunden, in einem Zeitraum zwischen 2 und 24 Wochen. Die in den Studien erhobenen Veränderungen sind sehr unterschiedlich. In einigen Studien verringern sich Verhaltensauffälligkeiten, Angst, Depression, emotionale Regulationsstörungen, Probleme mit Aufmerksamkeit und Leistung, in einer Studie Suizidideen. Häufig wird auch eine Steigerung des prosozialen psychosozialen Verhaltens beobachtet, etwa Engagement in der Klasse, soziale Fertigkeiten, sozial-emotionale Kompetenz, positiver Affekt und Optimismus. An physiologischen Veränderungen zeigt sich eine Verringerung von erhöhtem Blutdruck und von Schlafstörungen.

- Mit dem Training von Achtsamkeit bei den Lehrpersonen beschäftigt sich ein systematischer Review in einer narrativen Synthese (Emerson et al., 2017). Die selektierten zwölf Publikationen berichten von der Wirkung von achtsamkeitsbasierten Interventionen bei Lehrern. Auch für Lehrer wurden durch Anpassung und Ergänzung des MBSR-Programms berufsspezifische Programme entwickelt, wie das »Stress Management and Relaxation Training in Education« (SMART), das sich zu etwa 70 % mit MBSR überschneidet, oder das CARE-Programm (Cultivating Awareness and Resilience in Education). Die Auswirkungen dieser und anderer Programme sind vielfältig: Es reduzieren sich Angst und Depression; Wohlbefinden und Lebenszufriedenheit erhöhen sich. Zeitdruck vermindert sich ebenso wie die Burnout-Komponente der Leistungsunzufriedenheit. In vier Studien verbessert sich die Emotionsregulation mit zum Teil mittlerer Effektstärke. Die Selbstwirksamkeitserwartung erhöht sich in einigen Studien ebenso wie die Achtsamkeit und das Selbstmitgefühl. Es gibt allerdings auch Studien, bei denen sich in einigen der Parameter kein Unterschied zu den Kontrollgruppen zeigt.

- »Dem Gift Zitronenlimonade hinzufügen« betiteln Edward Sellman und Gabriella Buttarazzi (2019) eine kritische Studie zu Achtsamkeit in der Schule. Sie stellen die Frage, inwieweit sich Achtsamkeit mit einem leistungs- und zielorientierten Unterricht verträgt, und vertreten die Ansicht, dass Achtsamkeit kein Allheilmittel zur Verringerung von Leiden sei, wenn die Erziehung selbst toxisch ist. Um diese Widersprüche aufzulösen, benötige Achtsamkeit Lehrpersonen, die Achtsamkeit als einen Weg des Seins in der Erziehung verkörpern, und eine kontemplative Pädagogik, die von einer achtsamen Art des Seins und der Beziehungsgestaltung durchdrungen ist.

Sport

- Lucia Bühlmayer et al. (2017) beziehen in ihren metaanalytischen Review neun Studien ein, in denen 290 Sportler unterschiedlicher Disziplinen mit achtsamkeitsbasierten Interventionen gecoacht wurden: Leichtathleten, Radfahrer, Dart-Spieler, Hammerwerfer, Hockeyspieler, Judokämpfer, Rugby-Spieler, Läufer, Volleyballspieler und Schützen. Die Dauer der Interventionen lag zwischen vier Wochen und mehr als zwei Jahren, die Häufigkeit der Praxis zwischen zwei Mal täglich und einmal die Woche. Die mittlere Dauer der einzelnen Sitzungen lag bei 50–60 Minuten. Die Interventionen waren der »Mindfulness-Acceptance and Commitment Approach« (MAC) – eine auf Sport abgestimmte Variante der ACT, Mindfulness Meditation Therapy, »Acem Meditation« und ausgewählte Achtsamkeitsübungen kombiniert mit Yoga. Erhoben wurden drei Arten von Parametern: (1) solche, die indirekt auf die Leistung schließen lassen, wie Sauerstoffaufnahme und die Herzfrequenz; (2) Faktoren, welche die Leistung beeinträchtigen, wie etwa Angst, bzw. (3) Parameter, die auf Stress hinweisen, wie die Cortisolausschüttung. Die Achtsamkeitspraxis wirkt sich auf der körperlichen Ebene ebenso aus wie auf der psychischen, und verbessert mit einer großen Effektstärke die Leistung in den Präzisionssportarten wie Pistolenschießen und Dart.

Nachhaltigkeit

- Im Rahmen des Projekts BiNKA (Bildung für nachhaltigen Konsum durch Achtsamkeitstraining) machen sich Daniel Fischer und seine Arbeitsgruppe (2017) systematisch auf die Suche nach empirischen Befunden zu den Zusammenhängen zwischen Achtsamkeit und nachhaltigem Konsum. Schlussendlich wählen sie sieben Studien aus und untersuchen diese im Hinblick darauf, ob sie Ergebnisse zu vier hypothetischen Mechanismen enthalten, über welche die Achtsamkeit zu einem nachhaltigen Konsum beitragen kann: (1) Förderung von nicht-materiellen Werten und Wohlbefinden; (2) Förderung von prosozialem Verhalten; (3) Erhöhung der Kongruenz im Sinne einer Verringerung der Kluft zwischen Werten, Absicht und Handlung, und (4) Unterbrechung von Routinen und Automatismen. Bei großen methodischen Limitierungen insbesondere in der Auswahl der Stichproben fokussieren die Studien hauptsächlich auf die erste Hypothese der Förderung von nicht-materiellen Werten und von Wohlbefinden als zentrale Konstrukte. Sie finden positive Beziehungen zwischen Komponenten der Achtsamkeit und (nicht-materiellen) Werten bzw. Wohlbefinden. Die zweite Hypothese – betreffend das Potenzial von Achtsamkeit, prosoziales Verhalten zu fördern – wird weitgehend vernachlässigt, auch wenn mehrere Studien von der Zunahme von Selbstmitgefühl, Empathie und moralischer Verantwortung für andere berichten. Zur dritten Hypothese der Verringerung der Inkongruenzen zwischen Werten und Verhalten gibt es keine expliziten Erhebungen, auch wenn in einer Studie Teilnehmer berichten, sie hätten ihr Verhalten besser unter Kontrolle. Erstaunlich wenig Beachtung findet das in der vierten Hypothese enthaltene Potenzial der Achtsamkeit als Antidot zum Autopilotenmodus. In dieser Richtung wird von einer positiven Beziehung zwischen der Achtsamkeitskomponente »Handeln mit Bewusstheit« und der »greenness« von Studienteilnehmern sowie von einem milden Zusammenhang zwischen dieser Komponente mit zwanghaftem Kaufverhalten berichtet.

Online-Interventionen

- Der Trend, achtsamkeitsbasierte Interventionen zunehmend auch online anzubieten, wirft die Frage auf, inwiefern sich deren Wirksamkeit von »Face-to-Face-Angeboten« unterscheidet. Zwei Metaanalysen untersuchen die Effekte von Online-Angeboten, zum einen bei acht, zum anderen bei 15 randomisierten kontrollierten Studien. In der ersten Studie (Jayawardene et al., 2017) wird die Effektstärke von Online-Interventionen berechnet, die sich an das MBSR-Programm anlehnen. Bei den gesunden Erwachsenen ergibt sich ein großer Effekt für die Abnahme von wahrgenommenem Stress, ein mittlerer für die Zunahme von Achtsamkeit. Im Vergleich zur Effektstärke klassischer MBSR-Gruppen ist der Effekt auf die Abnahme von Stress ähnlich, aber jener auf die Zunahme von Achtsamkeit geringer.

  Die zweite Metaanalyse (Spijkerman et al., 2016) bezieht neben Studien mit Gesunden etwa zur Hälfte Studien mit ein, an denen Menschen mit Angsterkrankungen und Depression, chronischem Schmerz, Tinnitus und Krebs teilnahmen. Die Online-Interventionen beinhalteten Elemente von MBSR, MBCT und ACT. Auch in dieser Metaanalyse finden sich die vielversprechendsten Ergebnisse im Bereich von Stress, in einer Höhe, die den in Gruppen vermittelten Trainings entspricht. Auch wenn sich bei Angst und Depression Verbesserungen ergeben, sind diese geringer als bei den Interventionen mit einem persönlichen Kontakt. Dieses Ergebnis kann aber auch dadurch mitbedingt sein, dass diesbezüglich bei den gesunden Teilnehmern keine Änderungen zu erwarten sind.

Mitgefühlsbasierte Interventionen

- Das zunehmende Interesse an Interventionen zur Förderung von Mitgefühl und Selbstmitgefühl führte zur Entwicklung von mindestens sechs empirisch abgesicherten Interventionsprogrammen: Compassion Focused Therapy (CFT), Mindful Self-Compassion (MSC), Compassion Cultivation Training (CCT); Cognitively-Based Compassion Training (CBCT), Cultivating Emotional Balance (CEB) und Loving-Kindness and Compassion Meditations (LKM & CM). Eine Metaanalyse (Kirby et al., 2017) von 21 Interventionsstudien mit diesen und anderen Programmen und 1285 Teilnehmern kommt zu dem Ergebnis, dass sich bei allen untersuchten Variablen mittlere Effektstärken zeigen, bei Mitgefühl, Selbstmitgefühl, Achtsamkeit, Depression, Angst, Distress und Wohlbefinden. In den vier Studien mit einer aktiven Kontrollgruppe fallen die Effektstärken etwas geringer aus, bleiben aber immer noch im mittleren Bereich. Die Autorengruppe weist auf die Einschränkungen hin, dass es immer noch keine Übereinkunft über eine Definition und die Messung von Mitgefühl gibt, dass der Fokus mehr auf Selbstmitgefühl liegt, dass die Studien keine klinischen Populationen einbeziehen und dass in zwölf der Studien einer der Entwickler des jeweiligen Programms als Autor beteiligt ist.

Auswirkungen auf Gehirn und Immunsystem

Strukturelle und funktionelle Veränderungen im Gehirn

- In einem Review und einer Metaanalyse von 78 Untersuchungen mit bildgebenden Verfahren an 527 Versuchspersonen finden Kieran Fox et al. (2016) für vier Grundformen meditativer Praxis verlässlich unterscheidbare Muster von Aktivierungen und Deaktivierungen bestimmter Areale im Gehirn – für fokussierte Aufmerksamkeit, offenes Gewahrsein, Mitgefühls- und Liebende Güte-Meditation und Mantra-Rezitation. Einige Gehirnregionen sind methodenübergreifend involviert: die Inselregion, die prämotorische Rinde und supplementär-motorische Areale, der dorsale anteriore cinguläre Cortex und Bereiche des Frontalhirns. Dabei stellt eine Konvergenz der Ergebnisse der Studien mehr die Ausnahme als die Regel dar. Die Metaanalyse findet mittlere Effektstärken sowohl für Aktivierungen als auch für Deaktivierungen in bestimmten Hirnregionen.

- Aus der Perspektive ihrer Wirkmechanismen beleuchten Britta Hölzel und ihre Gruppe (2011) die Vielzahl von neurowissenschaftlichen Befunden, die rund um Achtsamkeit erhoben wurden. Da ist zunächst die Aufmerksamkeitslenkung, die mit dem vorderen cingulären Cortex in Verbindung gebracht wird. Veränderungen der Körperwahrnehmung werden in der Inselregion und dem temporoparietalen Übergang verortet. Die durch Achtsamkeit leichter mögliche emotionale Neubewertung von Reizen ist von der Funktion dorsaler Regionen des präfrontalen Cortex abhängig. Andere Komponenten der Emotionsregulation durch Achtsamkeit wie die Nicht-Reaktivität oder die Löschung konditionierter Reaktionen bzw. von Gedächtnisinhalten werden mit Funktionen des ventromedialen präfrontalen Cortex, des Hippocampus und den Amygdalae verknüpft. Der in der Achtsamkeit zentrale Perspektivenwechsel im Sinne des Einnehmens einer Beobachterposition wird mit dem medialen präfrontalen Cortex, dem cingulären Cortex, der Insel und dem temporoparietalen Übergang in Zusammenhang gebracht. In einer großen Zahl von Studien zeigen sich bei einer Schulung der Achtsamkeit Veränderungen in all diesen Gehirnregionen.
- Eine differenzierte Zusammenschau der Ergebnisse vieler Studien unter dem Gesichtspunkt der Dauer der Achtsamkeits- bzw. Meditationspraxis findet sich bei Fadel Zeidan (2015). Sie lässt die Bandbreite des Potentials erahnen, das

sich durch unterschiedliche Intensitäten einer entsprechenden Praxis erschließen lässt.

- In Zuständen von Achtsamkeit ohne besondere Schulung etwa beim Benennen von Emotionen oder bei erhöhtem Körpergewahrsein mit verringertem Gedankenwandern finden sich Aktivierungen im präfrontalen Cortex (PFC), eine Hemmung der Amygdalae und eine verringerte Aktivität des Default-Mode-Netzwerks (DMN).
- Nach einem kurzen Achtsamkeitstraining (< 1 Woche) finden sich ebenfalls erhöhte Aktivitäten in Regionen, die beim Körpergewahrsein eine Rolle spielen: in der rechten vorderen Inselregion und in sekundären somatosensorischen Rindenarealen (S2). Die Aktivität des DMN ist reduziert (weniger Gedankenwandern), der orbitofrontale Cortex aktiver (Belohnungszentren), ebenso der rostrale anteriore cinguläre Cortex (rACC – gemeinsam mit dem PFC verbesserte kognitive Kontrolle und Emotionsregulation) und die Amygdalae sind weniger aktiviert (Emotionsregulation).
- Nach einem achtwöchigen MBSR-Kurs finden sich erhöhte Aktivierungen im PFC (kognitive Kontrolle), in der rechten vorderen Insel und in S2. An strukturellen Veränderungen finden sich eine verringerte Dichte der grauen Substanz in den Amygdalae, eine erhöhte Dichte im Hippocampus (Gedächtnis), am temporoparietalen Übergang (TPJ) und dem hinteren cingulären Cortex (PCC) (selbstreferentielle Funktionen).
- Bei Langzeitmeditierenden (> 1000 Stunden) finden sich während der Meditation Aktivierungen im rACC, in der rechten vorderen Insel, im Putamen und im PFC; das DMN ist deaktiviert. Überdauernde Veränderungen finden sich in S2, im Thalamus und in der hinteren Inselregion, weniger Aktivierung im PFC und im DMN.

Immunsystem

- David Black und George Slavich (2016) sehen in 20 ausgewählten Studien vorläufige Hinweise darauf, dass sich achtsamkeitsbasierte Interventionen auch auf der biologischen Ebene auswirken. Es finden sich Veränderungen bei Markern von Abwehr- und Entzündungsprozessen, von zellvermittelter Immunität und von Alterungsprozessen.

Weiterführende Informationen

Websites zum Thema Achtsamkeit

- Black, D. S. (ed.). *Mindfulness Research Monthly. American Mindfulness Research Association.* Monatlicher Newsletter zu neuen Studien über Achtsamkeit.
  ▶ https://goamra.org/publications/mindfulness-research-monthly/
- Dietz, T. & Dietz I. *Informationen zum Thema Achtsamkeit einschließlich Audiofiles.*
  ▶ https://dietz-coaching.com
- Hakomi Institute of Europe. *Informationen zu Hakomi.*
  ▶ https://www.hakomi.de
- Harrer, M. E. *Umfassende Informationen zu Achtsamkeit.*
  ▶ https://www.achtsamleben.at
  ▶ https://www.burnoutundachtsamkeit.at
  ▶ https://www.achtsamkeitinderpsychotherapie.at
- Mindful Awareness Research Center (MARC). *Informationen zu achtsamem Gewahrsein: Forschung, Trainings, Übungen, Audiofiles.*
  ▶ https://www.uclahealth.org/programs/marc
- MiEN. Mindfulness in Education Network. *Informationen zu Achtsamkeit in der Pädagogik.*
  ▶ http://www.mindfuled.org/
- The Mindfulness Initiative. *Achtsamkeitsinitiative einer überparteilichen Gruppe von Parlamentariern in Großbritannien.*
  ▶ https://www.themindfulnessinitiative.org/
- Mitgefühl und Selbstmitgefühl
  ▶ https://www.christinebraehler.com/de/ (Seite zu Selbstmitgefühl)
  ▶ http://www.compassion-training.org/ (Download eines multimedialen Buches zu Mitgefühl von Tania Singer und Matthias Bolz)

- https://chrisgermer.com/ (Seite von Christopher Germer)
- https://self-compassion.org/ (Seite von Kristin Neff)

- Achtsamkeit und Nachhaltigkeit: Bildung für nachhaltigen Konsum durch Achtsamkeitstraining
  - http://achtsamkeit-und-konsum.de
- Wallace et al. Santa Barbara Institute for Conscious Studies. *Informationen über Forschung, Trainings, das Shamatha Project u.a.; Audiofiles.*
  - https://www.sbinstitute.com/

Vertiefende Angebote zum Thema Achtsamkeit

Achtsamkeitsbasierte Stressreduktion und Achtsamkeitsbasierte Kognitive Therapie

- Achtsamkeitsschulung sowie Weiterbildung zu achtsamkeitsbasierten Interventionen (MBSR und MBCT) werden u.a. im Rahmen des mbsr-mbct-Verbandes angeboten
  - Deutschland: https://www.mbsr-verband.de
  - Österreich: https://mbsr-mbct.at/
  - Schweiz: https://www.mindfulness.swiss/
- bei Arbor Seminare
  - https://www.arbor-seminare.de/
- am Institut für Achtsamkeit und Stressbewältigung
  - https://www.institut-fuer-achtsamkeit.de/
- In Amerika organisiert das »Center for Mindfulness« an der University of Massachusetts Fortbildungen
  - https://www.ummhealth.org/center-mindfulness
- und am Europäischen Zentrum für Achtsamkeit
  - https://www.mbsr-institut-freiburg.de/
- Die Verbände für Achtsamkeit und Mindfulness in Deutschland, Österreich und der Schweiz
  - https://www.themindfulrevolution.org/de

Das Wunder der Achtsamkeit: Thich Nhat Hanh

Thich Nhat Hanh ist ein vietnamesischer, buddhistischer Mönch und Friedensaktivist, der ein spirituelles Zentrum in Plum Village, in der Nähe von Bordeaux gegründet hat. Es gibt in Europa auch andere Zentren, in denen in Seminaren und Retreats speziell auch Achtsamkeitspraxis vermittelt wird.

▸ https://plumvillage.org/ (englisch)
▸ https://intersein.de/ (deutsche Sangha).

Selbsterforschung durch Achtsamkeit: HAKOMI

Selbsterforschung mit Hilfe von Innerer Achtsamkeit mit der HAKOMI-Methode kann man im Rahmen von Selbsterfahrung, Psychotherapie oder Psychotherapieausbildung in Seminaren oder bei HAKOMI-Therapeuten kennenlernen.

▸ https://www.hakomi.de/

Vipassana Meditations-Retreats

Vipassana, eine zentrale buddhistische Meditationstechnik, wird an vielen Orten der Welt in Zehntageskursen in der Tradition von S. N. Goenka gelehrt.

▸ https://www.dhamma.org/de/

Zen und Kontemplation

Im Rahmen von Zen werden Zazen (Sitzmeditation), Gehmeditation, Vorträge und konzentriertes Tätigsein während mehrtägiger Übungsperioden (Sesshins bzw. Retreats) vermittelt und geübt.

Verein Spirituelle Wege e. V. – Zen und Kontemplation

▸ https://www.spirituelle-wege.de

Diamantweg-Buddhismus

Lama Ole Nydahl hat mit seinen Schülern mehr als 420 Zentren der Karma Kagyü Linie gegründet. Sie befinden sich vor

allem in Mittel- und Osteuropa und stehen heute unter der spirituellen Leitung des 17. Karmapa Thaye Dorje.
▶ https://www.diamantweg-buddhismus.de/

Weiterführende Literatur

Achtsamkeit

- Bays, J. C. (2016). *Achtsam durch den Tag. 53 federleichte Übungen zur Schulung der Achtsamkeit* (6. Auflage). Oberstorf: Windpferd.
- Germer, C. K. (2010). *Der achtsame Weg zur Selbstliebe: Wie man sich von destruktiven Gedanken und Gefühlen befreit.* Freiburg/Br.: Arbor.
- Gunaratna, V. F. (1970). *The Satipatthana Sutra and its Application to Modern Life.* Kandy, Sri Lanka: Buddhist Publication Society.
- Gunaratana, B. (2009). *Mindfulness in Plain English.* Abrufbar unter: https://www.vipassana.com/meditation/mindfulness_in_plain_english.html
- Harrer, M. E. (2013). *Burnout und Achtsamkeit.* Stuttgart: Klett-Cotta.
- Hölzel, B. & Brähler, C. (Hrsg.) (2015). *Achtsamkeit mitten im Leben. Anwendungsgebiete und wissenschaftliche Perspektiven.* München: O. W. Barth.
- Huppertz, M. (2021). *Die Kunst da zu sein. Häufig, selten und nie gestellte Fragen zur Achtsamkeit.* Frankfurt/M.: Mabuse.
- Mischke Reeds, M. (2015). *8 Keys to Practicing Mindfulness. Practical Strategies for Emotional Health and Well Being.* New York: Norton.
- Nyanaponika (1976). *The Power of Mindfulness.* Kandy, Sri Lanka: The Buddhist Publication Society.
- Nyanaponika (2000). *Geistestraining durch Achtsamkeit* (8. Auflage). Herrnschrot: Verlag Beyerlein & Steinschulte.

Freie Version abrufbar unter: https://www.palikanon.com/diverses/satipatthana/satipattana.html

- Purser, R. E., Forbes, D. & Burke, A. (eds.) (2016). *Handbook of Mindfulness. Culture, Context, and Social Engagement.* Cham: Springer.
- Siegel, D. J. (2007). *Das achtsame Gehirn.* Freiamt: Arbor.
- Singer, W. & Ricard, M. (2008). *Hirnforschung und Meditation.* Frankfurt: Suhrkamp.
- Tart, C. T. (1996). *Die innere Kunst der Achtsamkeit: Ein Handbuch für das Leben im gegenwärtigen Moment.* Freiamt: Arbor.
- Tart, C. T. (2001). *Mind Science: Meditation Training for Practical People.* Novato: Wisdom Editions.
- Thich Nhat Hanh (1988). *Das Wunder der Achtsamkeit.* Berlin: Theseus.
- Thich Nhat Hanh (2004). *Jeden Augenblick genießen. Übungen zur Achtsamkeit.* Stuttgart: Theseus.
- Wetzel, S. (2017). *Achtsamkeit und Mitgefühl. Mut zur Muße statt Hektik und Burnout* (3. Auflage). Stuttgart: Klett-Cotta.
- Weiss, H., Harrer, M. E. & Dietz, Th. (2022). *Das Achtsamkeits-Übungsbuch* (8. Auflage). Stuttgart: Klett-Cotta.

Buddhistische Psychologie

- Anderssen-Reuster, U. & von Brück, M. (2022). *Buddhistische Basics für Psychotherapeuten.* Stuttgart: Schattauer.
- Batchelor, S. (2007). *Buddhismus für Ungläubige* (11. Auflage). Frankfurt/M.: Fischer.
- Beck, C. J. (1990). *Zen im Alltag.* München: Knaur.
- Kornfield, J. (2008). *Das weise Herz. Die universellen Prinzipien buddhistischer Psychologie.* München: Arkana.
- McLeod, K. (2001). *Wake Up to Your Life. Discovering the Buddhist Path of Attention.* New York: HarperCollins.
- Nyanatiloka (2000). *Das Wort des Buddha.* Stammbach – Herrnschrot: Verlag Beyerlein & Steinschulte.
- Wallace, B. A. (2006). *Die Achtsamkeits-Revolution. Aktivieren Sie die Kraft der Konzentration.* Frankfurt/M.: O. W. Barth.

- Welwood, J. (2010). *Psychotherapie & Buddhismus. Der Weg persönlicher und spiritueller Transformation.* Freiburg/B.: Arbor.
- Yongey Mingyur Rinpoche (2007). *Buddha und die Wissenschaft vom Glück. Ein tibetischer Meister zeigt, wie Meditation und Bewusstsein den Körper und das Bewusstsein verändert.* München: Goldmann Arkana.

Selbstführung, Teilearbeit

- Dietz, I. & Dietz, T. (2011). *Selbst in Führung. Achtsam die Innenwelt meistern. Wege zur Selbstführung in Coaching und Selbst-Coaching* (3. Auflage). Paderborn: Junfermann.
- Hesse, P. U. (2003). *Teilearbeit: Konzepte von Multiplizität in ausgewählten Bereichen moderner Psychotherapie* (2. Auflage). Heidelberg: Verlag für systemische Forschung im Carl Auer Verlag.
- Holmes, T. (2017). *Reisen in die Innenwelt. Systemische Arbeit mit Persönlichkeitsanteilen* (8. Auflage). München: Kösel.
- Mayer, H. (2022). *Ich steh mir selbst nicht mehr im Weg. Innere Persönlichkeitsanteile erkennen, verstehen und heilen.* München: Knaur.
- Rosenberg, M. B. (2016). *Gewaltfreie Kommunikation: Eine Sprache des Lebens* (12. Auflage). Paderborn: Junfermann.
- Schrör, T. (2016). *Führungskompetenz durch achtsame Selbstwahrnehmung und Selbstführung: Eine Anleitung für die Praxis.* Wiesbaden: Springer Gabler.

Achtsamkeit in der Psychotherapie

- Anderssen-Reuster, U. (Hrsg.) (2011). *Achtsamkeit in Psychotherapie und Psychosomatik* (2. Auflage). Stuttgart: Schattauer.
- Brown, K. W., Creswell, J. D. & Ryan R. M. (eds.) (2015). *Handbook of Mindfulness. Theory, Research, and Practice.* New York: Guilford.
- Cole, J. D. & Ladas-Gaskin, C. (2007). *Mindfulness Centered Therapies.* Seattle: Silver Birch Press.

- Didonna, F. (ed.) (2008). *Clinical Handbook of Mindfulness*. Berlin: Springer.
- Epstein, M. (1998). *Gedanken ohne den Denker. Das Wechselspiel von Buddhismus und Psychotherapie*. Frankfurt/M.: Fischer.
- Germer, C. K. & Siegel, R. D. (Hrsg.) (2014). *Weisheit und Mitgefühl in der Psychotherapie*. Freiburg/Br.: Arbor.
- Germer, C. K., Siegel, R. D. & Fulton, P. R. (Hrsg.) (2009). *Achtsamkeit in der Psychotherapie*. Freiamt: Arbor.
- Grepmair, L. J. & Nickel, M. K. (2007). *Achtsamkeit des Psychotherapeuten*. Wien, New York: Springer.
- Harrer, M. E. & Weiss, H. (2016). *Wirkfaktoren der Achtsamkeit – wie sie die Psychotherapie verändern und bereichern*. Stuttgart: Schattauer.
- Harrer, M. E. (2018). *Hypnose und Achtsamkeit. Zwei Schwestern auf dem Tandem*. Heidelberg: Carl-Auer.
- Heidenreich, T. & Michalak, J. (Hrsg.) (2009). *Achtsamkeit und Akzeptanz in der Psychotherapie*. (3. Auflage). Tübingen: dgvt-Verlag.
- Hick, S. F. & Bien, T. (2010). *Achtsamkeit in der therapeutischen Beziehung*. Freiburg/Br.: Arbor.
- Knuf, A. & Hammer, A. (Hrsg.) (2013). *Die Entdeckung der Achtsamkeit in der Arbeit mit psychisch kranken Menschen*. Köln: Psychiatrie Verlag.
- Siegel, D. J. (2012). *Der achtsame Therapeut. Ein Leitfaden für die Praxis*. München: Kösel.
- Weiss, H., Johanson, G. & Monda, L. (2019). *Hakomi – Achtsamkeitszentrierte Körperpsychotherapie: Theorie und Praxis*. Stuttgart: Klett-Cotta.

Transpersonale Psychologie

- Wilber, K., Engler, J. & Brown, D. P. (1988). *Psychologie der Befreiung. Perspektiven einer neuen Entwicklungspsychologie – die östliche und die westliche Sicht des menschlichen Reifungsprozesses*. Bern, München, Wien: Scherz.

- Wilber, K. (2006). *Einfach »das«* (3. Auflage). Frankfurt/M.: Fischer.
- Wilber, K. (2017). *Integrale Meditation. Wachsen, erwachen und innerlich frei werden.* München: O.W. Barth.

Achtsamkeit in Beziehungen und Partnerschaft

- Gehart, D. R. (2012). *Mindfulness and Acceptance in Couple and Family Therapy.* New York: Springer.
- Kramer, G. (2009). *Einsichts-Dialog. Weisheit und Mitgefühl durch Meditation im Dialog.* Freiamt: Arbor.
- Welwood, J. (2014). *Bewusst lieben. Ein Weg des Erwachens.* Freiburg/Br.: Arbor.

Achtsamkeit in der Pädagogik

- Altner, N. (2012). *Achtsamkeit im Kindergarten. Wie das Miteinander gelingt.* Weinheim, Basel: Beltz.
- Kabat-Zinn, M. & Kabat-Zinn, J. (2015). *Mit Kindern wachsen. Die Praxis der Achtsamkeit in der Familie.* Freiburg/Br.: Arbor.
- Kaltwasser, V. (2016). *Praxisbuch Achtsamkeit in der Schule. Selbstregulation und Beziehungsfähigkeit als Basis von Bildung.* Weinheim, Basel: Beltz.
- Kaltwasser, V. (2018). *Persönlichkeit und Präsenz. Achtsamkeit im Lehrerberuf* (2. Auflage). Weinheim, Basel: Beltz.
- Rechtschaffen, D. (2016). *Die achtsame Schule. Achtsamkeit als Weg zu mehr Wohlbefinden für Lehrer und Schüler.* Freiburg/Br.: Arbor.

Achtsamkeit und Essen

- Bays, J. C. (2009). *Achtsam essen: Vergiss alle Diäten und entdecke die Weisheit deines Körpers.* Freiamt: Arbor.

Literatur

Albani, C., Kächele, H., Pokorny, D. & Blase, G. (2008). *Beziehungsmuster und Beziehungskonflikte. Theorie, Klinik und Forschung.* Göttingen: Vandenhoeck & Ruprecht.

Alexander, F. & French, T. M. (1946). *Psychoanalytic Therapy: Principles and Application.* New York: Ronald Press Company.

Assagioli, R. (1982). *Die Schulung des Willens. Methoden der Psychotherapie und der Selbsttherapie* (7. Auflage). Paderborn: Junfermann.

Assagioli, R. (1992). *Handbuch der Psychosynthesis.* Paderborn: Junfermann.

Baer, R. A. (2010). Self-Compassion as a Mechanism of Change in Mindfulness- and Acceptance-Based Treatments. In Baer, R. A. (ed.). *Assessing Mindfulness and Acceptance Processes in Clients: Illuminating the Theory and Practice of Change.* Oakland, CA: New Harbinger. S. 135–53.

Baer, R. A. (2013). Measuring Mindfulness. In Williams, J. M. G., Kabat-Zinn, J. (eds.) *Mindfulness. Diverse Perspectives on its Meaning, Origin and Applications.* New York: Routledge. S. 241–262.

Baer, R. A., Smith, G. T., & Allen, K. B. (2004). Assessment of Mindfulness by Self-Report. The Kentucky Inventory of Mindfulness Skills. *Assessment, 11*(3), 191–206. https://doi.org/10.1177/1073191104268029

Baer, R. A., Smith, G. T., Hopkins, J. et al. (2006). Using Self-Report Assessment Methods to Explore Facets of Mindfulness. *Assessment, 13*(1), 27–45. https://doi.org/10.1177/1073191105283504

Baer, R. A., Smith, G. T., Lykins, E. et al. (2008). Construct Validity of the Five Facet Mindfulness Questionnaire in Meditating and Nonmeditating Samples. *Assessment, 15*(3), 329–342. https://doi.org/10.1177/1073191107313003

Bateson, G. (1987). *Geist und Natur.* Frankfurt/M.: Suhrkamp.

Beck, C. J. (1993). *Nothing Special. Living Zen.* New York: HarperCollins. Dt. (1995): *Einfach Zen.* München: Droemer Knaur.

Bergomi, C., Tschacher, W. & Kupper, Z. (2014). Konstruktion und erste Validierung eines Fragebogens zur umfassenden Erfassung von Achtsamkeit: Das Comprehensive Inventory of Mindfulness Experiences. *Diagnostica, 60*(3), 111–125. https://doi.org/10.1026/0012-1924/a000109

Berk, L., van Boxtel, M. & van Os, J. (2017). Can Mindfulness-Based Interventions Influence Cognitive Functioning in Older adults? A Review and Considerations for Future Research. *Aging & Mental Health, 21*(11), 1113–1120. https://doi.org/10.1080/13607863.2016.1247423

Berne, E. (1975). *Was sagen Sie, nachdem Sie »Guten Tag« gesagt haben? Psychologie des menschlichen Verhaltens* (3. Auflage). München: Kindler.

Bien, T. (2006). *Mindful Therapy. A Guide for Therapists and Helping Professionals.* Boston: Wisdom.

Bishop, S. R., Lau, M., Shapiro, S. et al. (2004). Mindfulness: A Proposed Operational Definition. *Clinical Psychology: Science and Practice, 11*(3), 230–241. https://doi.org/10.1093/clipsy.bph077

Black, D. S. & Slavich, G. M. (2016). Mindfulness Meditation and the Immune System: A Systematic Review of Randomized Controlled Trials. *Annals of the New York Academy of Sciences, 1373*(1), 13–24. https://doi.org/10.1111/nyas.12998

Blanck, P., Perleth, S., Heidenreich, T. et al. (2018). Effects of Mindfulness Exercises as Stand-Alone Intervention on Symptoms of Anxiety and Depression: Systematic Review and Meta-Analysis. *Behaviour Research and Therapy, 102,* 25–35. https://doi.org/10.1016/j.brat.2017.12.002

Boorstein, S. (2000). *Retreat – Zeit für mich. Das Dreitageprogramm.* Freiburg/Br.: Herder.

Brink, E. & Koster, F. (2013). *Mitfühlend leben: Mit Selbst-Mitgefühl und Achtsamkeit die seelische Gesundheit stärken: Mindfulness-Based Compassionate Living – MBCL.* München: Kösel.

Britton, W. B. (2019). Can Mindfulness be Too Much of a Good Thing? The Value of a Middle Way. *Current Opinion in Psychology, 28,* 159–165. https://doi.org/10.1016/j.copsyc.2018.12.011

Buchheld, N. (2000). *Achtsamkeit in der Vipassana-Meditation und Psychotherapie. Die Entwicklung des »Freiburger Fragebogens zur Achtsamkeit« (FFA).* Frankfurt/M.: Peter Lang.

Buchheld, N., Grossman, P. & Walach, H. (2001). Measuring Mindfulness in Insight Meditation (Vipassana) and Meditation-based Psychotherapy: The Development of the Freiburg Mindfulness Inventory (FMI). *Journal for Meditation and Meditation Research, 1,* 11–34.

Bühlmayer, L., Birrer, D., Röthlin, P. et al. (2017). Effects of Mindfulness Practice on Performance-Relevant Parameters and Performance Outcomes in Sports: A Meta-Analytical Review. *Sports Medicine, 47*(11), 2309–2321. https://doi.org/10.1007/s40279-017-0752-9

Bundschuh-Müller, K. (2004). »Es ist was es ist sagt die Liebe …« Achtsamkeit und Akzeptanz in der Personzentrierten und Experientiellen Psychotherapie. In Heidenreich, T. & Michalak, J. (Hrsg.) *Achtsamkeit und Akzeptanz in der Psychotherapie.* Tübingen: dgvt-Verlag. S. 405–455.

Burpee, L. C. & Langer, E. J. (2005). Mindfulness and Marital Satisfaction. *Journal of Adult Development, 12*(1), 43–51. https://doi.org/10.1007/s10804-005-1281-6

Cachia, R. L., Anderson, A. & Moore, D. W. (2016). Mindfulness in Individuals with Autism Spectrum Disorder: A Systematic Review and Narrative Analysis. *Review Journal of Autism and Developmental Disorders, 3*(2), 165–178. https://doi.org/10.1007/s40489-016-0074-0

Cairncross, M. & Miller, C. J. (2016). The Effectiveness of Mindfulness-Based Therapies for ADHD: A Meta-Analytic Review. *Journal of Attention Disorders* (epub). https://doi.org/10.1177/1087054715625301

Cardaciotto, L. A., Herbert, J. D., Forman, E. F. et al. (2008). The Assessment of Present-Moment Awareness and Acceptance. The Philadelphia Mindfulness Scale. *Assessment, 15*(2), 204–223. https://doi.org/10.1177/1073191107311467

Carlson, L. E. (2016). Mindfulness-Based Interventions for Coping with Cancer. *Annals of the New York Academy of Sciences* (epub). https://doi.org/10.1111/nyas.13029

Carmody, J., Crawford, S., Salmoirago-Blotcher, E. et al. (2011). Mindfulness Training for Coping with Hot Flashes: Results of a Randomized Trial. *Menopause, 18*(6), 611–620. https://doi.org/10.1097/gme.0b013e318204a05c

Carrière, K., Khoury, B., Günak, M. M. et al. (2018). Mindfulness-Based Interventions for Weight Loss: A Systematic Review and Meta-Analysis. *Obesity Reviews, 19*(2), 164–177. https://doi.org/10.1111/obr.12623

Carson, J. W., Carson, K. M. & Gil, K. M. et al. (2004). Mindfulness-Based Relationship Enhancement. *Behavior Therapy, 35*(3), 471–494. https://doi.org/10.1016/S0005-7894(04)80028-5

Cayoun, B. A. (2005). *From Co-Emergence Dynamics to Human Perceptual Evolution: The Role of Neuroplasticity during Mindfulness Training.* Keynote address presented at the 2005 National Conference of the New Zealand Psychological Society, Otago University, Dunedin, New Zealand.

Chadwick, D. (2000). *Crooked Cucumber: The Life and Teaching of Shunryu Suzuki.* New York: Broadway Books.

Chua, H. F., Boland, J. E. & Nisbett, R. E. (2005). Cultural Variation in Eye Movements During Scene Perception. *PNAS, 102,* 12629–12633. https://doi.org/10.1073/pnas.0506162102

Cole, J. D. & Ladas-Gaskin, M. A. (2008). *Mindfulness Centered Therapies.* Seattle: Pacific Healing Arts.

Compson, J. F. (2017). Is Mindfulness Secular or Religious, and Does It Matter? In Monteiro, L. M., Compson, J. F. & Musten, F. (eds.) *Practi-*

tioner's Guide to Ethics and Mindfulness-Based Interventions. Cham: Springer International Publishing. S. 23–44.

Cozolino, L. (2006). *The Neuroscience of Human Relationships: Attachment and the Developing Social Brain.* New York: Norton & Co. Dt. (2007). Die Neurobiologie menschlicher Beziehungen. Kirchzarten: VAK.

Creswell, J. D., Way, B. M., Eisenberger, N. I. & Lieberman, M. D. (2007). Neural Correlates of Dispositional Mindfulness During Affect Labeling. *Psychosomatic Medicine, 69,* 560–565. https://doi.org/10.1097/PSY.0b013e3180f6171f

Damasio, A. R. (2000). *The Feeling of What Happens.* New York: Harcourt Brace & Company. Dt. (2001): *Ich fühle, also bin ich.* München: List.

Darnall, B. D. (2015). Compassion Cultivation in Chronic Pain May Reduce Anger, Pain, and Increase Acceptance: Study Review and Brief Commentary. *Health Care. Current Reviews, 3*(2), 142. https://doi.org/10.4172/2375-4273.1000142

Davidson, R. J. & Harrington, A. (eds.) (2002). *Visions of Compassion. Western Scientists and Tibetan Buddhists Examine Human Nature.* New York: Oxford University Press.

Davidson, R. J., Kabat-Zinn, J., Schumacher, J. et al. (2003a). Alterations in Brain and Immune Function Produced by Mindfulness Meditation. *Psychosomatic Medicine, 65*(4), 564–570. https://doi.org/10.1097/01.PSY.0000077505.67574.E3

Davidson, R. J., Scherer, K. R. & Hill Goldsmith, H. (eds.) (2003b). *Handbook of Affective Sciences.* Oxford: Oxford University Press.

Debiec, J., LeDoux, J. E. & Nader, K. (2002). Cellular and Systems Reconsolidation in the Hippocampus. *Neuron, 36*(3) 527–538. https://doi.org/10.1016/S0896-6273(02)01001-2

Desmond, T. (2015). Self-Compassion in Psychotherapy. Mindfulness-Based Practice for Healing and Transformation. New York: Norton.

Dietz, I. & Dietz, Th. (2008). Empathie mit der inneren Familie. *Kommunikation und Seminar,* 14–17.

Dietz, I. & Dietz, T. (2011). *Selbst in Führung. Achtsam die Innenwelt meistern. Wege zur Selbstführung in Coaching und Selbst-Coaching* (3. Auflage). Paderborn: Junfermann.

Dimidjian, S. & Linehan, M. M. (2003). Defining an Agenda for Future Research on the Clinical Application of Mindfulness Practice. *Clinical Psychology: Science and Practice, 10*(2) 166–171. https://doi.org/10.1093/clipsy.bpg019

Dobkin, P. L., Bernardi, N. F. & Bagnis, C. I. (2016). Enhancing Clinicians' Well-Being and Patient-Centered Care Through Mindfulness.

Journal of Continuing Education in the Health Professions, 36(1), 11–16. https://doi.org/10.1097/CEH.0000000000000021

Duvarci, S. & Nader, K. (2004). Characterization of Fear Memory Reconsolidation. *Journal of Neuroscience, 24*(42), 9269–9275. https://doi.org/10.1523/JNEUROSCI.2971-04.2004

Ecker, B., Ticic, R. & Hulley, L. (2016). *Der Schlüssel zum emotionalen Gehirn. Mit Gedächtnisrekonsolidierung die Ursachen von Symptomen beseitigen.* Paderborn: Junfermann.

Emerson, L. M., Leyland, A., Hudson, K. et al. (2017). Teaching Mindfulness to Teachers: A Systematic Review and Narrative Synthesis. *Mindfulness, 8*(5), 1136–1149. https://doi.org/10.1007/s12671-017-0691-4

Ende, M. (1988). *Momo.* München: dtv.

Engler, J. (1984). Therapeutic Aims in Psychotherapy and Meditation: Developmental Stages in the Representation of Self. *The Journal of Transpersonal Psychology, 16*(1), 25–61.

Engler, J. (2006). Being Somebody and Being Nobody: A Reexamination of the Understanding of Self in Psychoanalysis and Buddhism. In Safran, J. D. (ed.) *Psychoanalysis and Buddhism.* Boston: Wisdom Publications. S. 35–79.

Farias, M. & Wikholm, C. (2015). *The Buddha Pill: Can Meditation Change You?* London: Watkins.

Felver, J. C., Celis-de Hoyos, C. E., Tezanos, K. et al. (2016). A Systematic Review of Mindfulness-Based Interventions for Youth in School Settings. *Mindfulness, 7*(1), 34–45. https://doi.org/10.1007/s12671-015-0389-4

Ferenczi, S. (1980). Technical Difficulties in the Analysis of a Case of Hysteria: Including Observations of Larval Forms of Onanism and Onanistic Equivalents (J. I. Suttie, Trans.). In Rickman, J. (ed.) *Further Contributions to the Theory and Technique of Psychoanalysis.* New York: Brunner/Mazel. (Original work published 1919). S. 291–294.

Ferrucci, P. (2005). *Werde was du bist: Selbstverwirklichung durch Psychosynthese* (15. Auflage). Reinbek: Rowohlt.

Figley, C. R. (ed.) (1995). *Compassion Fatigue: Coping with Secondary Traumatic Stress Disorder in those who Treat the Traumatized.* New York: Brunner/Mazel.

Fischer, D., Stanszus, L., Geiger, S. et al. (2017). Mindfulness and Sustainable Consumption: A Systematic Literature Review of Research Approaches and Findings. *Journal of Cleaner Production, 162,* 544–558. https://doi.org/10.1016/j.jclepro.2017.06.007

Fishbane, M. D. (2007). Wired to Connect: Neuroscience, Relationships, and Therapy. *Family Process, 46*(3), 395–412. https://doi.org/10.1111/j.1545-5300.2007.00219.x

Fjorback, L. O. & Walach, H. (2012). Meditation Based Therapies – A Systematic Review and Some Critical Observations. *Religions, 3*(4), 1–18. https://doi.org/10.3390/rel3010001

Fox, K. C. R., Dixon, M. L., Nijeboer, S. et al. (2016). Functional Neuroanatomy of Meditation: A Review and Meta-Analysis of 78 Functional Neuroimaging Investigations. *Neuroscience and Biobehavioral Reviews, 65*, 208–228. https://doi.org/10.1016/j.neubiorev.2016.03.021

Fulton, P. R. (2010). Anatta. In Hick, S. F. & Bien, T. (eds.). *Achtsamkeit in der therapeutischen Beziehung*. Freiburg/Br.: Arbor. S. 88–110.

Fulton, P. R. (2009). Achtsamkeit als klinisches Training. In Germer, C. K., Siegel, R. D. & Fulton, P. R. (Hrsg.) *Achtsamkeit in der Psychotherapie*. Freiamt: Arbor. S. 85–110.

Gans, J. J., O'Sullivan, P. & Bircheff, V. (2013). Mindfulness Based Tinnitus Stress Reduction Pilot Study. *Mindfulness, 5*, 322–333. https://doi.org/10.1007/s12671-012-0184-4

Gard, T., Hölzel, B. K. & Lazar, S. W. (2014). The Potential Effects of Meditation on Age-Related Cognitive Decline: A Systematic Review. *Annals of the New York Academy of Sciences, 1307*, 89–103. https://doi.org/10.1111/nyas.12348

Garland, E. L. & Howard, M. O. (2018). Mindfulness-Based Treatment of Addiction: Current State of the Field and Envisioning the Next Wave of Research. *Addiction Science & Clinical Practice, 13*(1), 14. https://doi.org/10.1186/s13722-018-0115-3

Gehart, D. & McCollum, E. E. (2010). Therapeutischer Präsenz den Weg ebnen. In Hick, S. F. & Bien, T. (Hrsg.) *Achtsamkeit in der therapeutischen Beziehung*. Freiburg/Br.: Arbor. S. 88–110.

Geissler, P. (2006). Regression in der Körperpsychotherapie. In Marlock, G. & Weiss, H. (Hrsg.) *Handbuch der Körperpsychotherapie*. Stuttgart: Schattauer. S. 598–607.

Gell-Mann, M. (1994). *Das Quark und der Jaguar*. München: Piper.

Gendlin, E. T. (1996). *Focusing-Oriented Psychotherapy*. New York: The Guilford Press. Dt. (1998): Focusing-orientierte Psychotherapie. München: Pfeiffer.

Gendlin, E. T. (2004). *Focusing: Selbsthilfe bei der Lösung persönlicher Probleme* (4. Auflage). Reinbek: Rowohlt.

Gendlin, E. T. & Wiltschko, J. (1999). *Focusing in der Praxis. Eine schulenübergreifende Methode für Psychotherapie und Alltag*. Stuttgart: Klett-Cotta.

Genpo Merzel Roshi, D. (2008). *Big Mind. Großer Geist – großes Herz.* Bielefeld: Aurum im Kamphausen Verlag.

Gerdes, N. (1984). *Der Sturz aus der normalen Wirklichkeit und die Suche nach Sinn. Ein wissenssoziologischer Beitrag zu Fragen der Krankheitsverarbeitung bei Krebspatienten.* Referat auf der 2. Jahrestagung der »Deutschen Arbeitsgemeinschaft für Psychookologie e.V.« in Bad Herrenalb.

Gerhardt, S. (2004). *Why Love Matters. How Affection Shapes a Baby's Brain.* New York: Brunner-Routledge. Dt. (2006): Die Kraft der Elternliebe: Wie Zuwendung das kindliche Gehirn prägt. Düsseldorf: Walter.

Germer, C. K., Neff, K. & Hölzel, B. (2012). *Achtsames Selbstmitgefühl: Wie man sich von destruktiven Gedanken und Gefühlen befreit.* Booklet mit 2 Audio-CDs. Freiburg/Br.: Arbor.

Germer, C. K., Siegel, R. D. & Fulton, P. R. (Hrsg.) (2009). *Achtsamkeit in der Psychotherapie.* Freiamt: Arbor.

Ginsburg, C. (1996). The Somatic Self Revisited. *Journal of Humanistic Psychology, 36*(3), 124–140. https://doi.org/10.1177/00221678960363009

Goldberg, S. B., Tucker, R. P., Greene, P. A. et al. (2019). Mindfulness-Based Cognitive Therapy for the Treatment of Current Depressive Symptoms: A Meta-Analysis. *Cognitive Behaviour Therapy,* 48(6), 445–462. https://doi.org/10.1080/16506073.2018.1556330

Goldin, P. R. & Gross, J. J. (2010). Effects of Mindfulness-Based Stress Reduction (MBSR) on Emotion Regulation in Social Anxiety Disorder. *Emotion, 10*(1), 83–91. https://doi.org/10.1037/a0018441

Goleman, D. (1996). *Emotionale Intelligenz.* München: Hanser.

Goleman, D. (1998). *Die heilende Kraft der Gefühle. Gespräche mit dem Dalai Lama über Achtsamkeit, Emotion und Gesundheit.* München: dtv.

Goleman, D. (Hrsg.) (2003). *Dialog mit dem Dalai Lama. Wie wir destruktive Emotionen überwinden können.* München, Wien: Hanser.

Gong, H., Ni, C.-X., Liu, Y.-Z. et al. (2016). Mindfulness Meditation for Insomnia: A Meta-Analysis of Randomized Controlled Trials. *Journal of Psychosomatic Research, 89,* 1–6. https://doi.org/10.1016/j.jpsychores.2016.07.016

Gotink, R. A., Chu, P., Busschbach, J. J. V. et al. (2015). Standardised Mindfulness-Based Interventions in Healthcare: An Overview of Systematic Reviews and Meta-analyses of RCTs. *PLoS ONE, 10*(4), e0124344. https://doi.org/10.1371/journal.pone.0124344

Grant, J. A. & Rainville, P. (2009). Pain Sensitivity and Analgesic Effects of Mindful States in Zen Meditators: A Cross-Sectional Study. *Psychosomatic Medicine, 71*(1), 106–114. https://doi.org./10.1097/PSY.0b013e31818f52ee

Grawe, K. (2001). *Psychotherapie im Wandel.* Göttingen: Hogrefe.

Grawe, K. (2004). *Neuropsychotherapie.* Göttingen: Hogrefe.

Greenberg, L. S., Watson, J. C. & Lietaer, G. (1998). *Handbook of Experiential Psychotherapy.* New York: The Guilford Press.

Grepmair, L. J. & Nickel, M. K. (2007). *Achtsamkeit des Psychotherapeuten.* Wien, New York: Springer.

Grossman, P. (2008). On Measuring Mindfulness in Psychosomatic and Psychological Research. *Journal of Psychosomatic Research, 64*(4), 405–408.

Grossman, P. & Van Dam, N. T. (2013). Mindfulness by any other name ...: Trials and Tribulations of Sati in Western Psychology and Science. In Williams, J. M. G., Kabat-Zinn, J. (eds.) *Mindfulness. Diverse Perspectives on its Meaning, Origin and Applications.* New York: Routledge. S. 219–240.

Habermas, J. (2008). Die Dialektik der Säkularisierung. *Blätter für deutsche und internationale Politik 53*(4), 33–46. Abrufbar unter: https://www.eurozine.com/die-dialektik-der-sakularisierung/

Haken, H. & Schiepek, G. (2010). *Synergetik in der Psychologie. Selbstorganisation verstehen und gestalten* (2. Auflage). Göttingen: Hogrefe.

Hale, L., Strauss, C. & Taylor, B. L. (2013). The Effectiveness and Acceptability of Mindfulness-Based Therapy for Obsessive Compulsive Disorder: A Review of the Literature. *Mindfulness, 4*(4), 375–382. https://doi.org/10.1007/s12671-012-0137-y

Haller, H., Winkler, M. M., Klose, P. et al. (2017). Mindfulness-Based Interventions for Women with Breast Cancer: An Updated Systematic Review and Meta-Analysis. *Acta Oncologica, 56*(12), 1665–1676. https://doi.org/10.1080/0284186X.2017.1342862

Harrer, M. E. (2009). Mindfulness and the Mindful Therapist: Possible Contributions to Hypnosis. *Contemporary Hypnosis, 26*(4), 234–244. https://doi.org/10.1002/ch.388.

Harrer, M. E. (2010). Achtsamkeit und Hypnosepsychotherapie. *Imagination, 32*(1), 18–38.

Harrer, M. E. (2013). *Burnout und Achtsamkeit.* Stuttgart: Klett-Cotta.

Harrer, M. E. (2018). *Hypnose und Achtsamkeit. Zwei Schwestern auf dem Tandem.* Heidelberg: Carl-Auer.

Harrer, M. E. (2022). Wie Achtsamkeit den Zielen der Palliativmedizin dienen kann. In Likar, R. et al. (Hrsg.) *Palliativmedizin – Lehrbuch für Ärzte, Psychosoziale Berufe und Pflegepersonen.* Bremen: UNI-MED. S. 255–258.

Hart, W. (1996). *Die Kunst des Lebens. Vipassana Meditation nach S. N. Goenka* (2. Auflage). München: dtv.

Hayes, S. C., Follette, V. M. & Linehan, M. M. (eds.) (2004). *Mindfulness and Acceptance.* New York: Guildford Press.

Hayes, S. C., Smith, S. & Kugler, G. (2007). *In Abstand zur inneren Wortmaschine: Ein Selbsthilfe- und Therapiebegleitbuch auf der Grundlage der Akzeptanz- und Commitment-Therapie (ACT).* Tübingen: dgvt-Verlag.

Hayes, S. C., Strosahl, K. D., Wilson, K. G. et al. (2004). Measuring Experiential Avoidance: A Preliminary Test of a Working Model. *The Psychological Record, 54*(4), 553–578.

Heidenreich, T. & Michalak, J. (Hrsg.) (2004). *Achtsamkeit und Akzeptanz in der Psychotherapie.* Tübingen: dgvt-Verlag.

Heidenreich, T., Ströhle, G. & Michalak, J. (2006). Achtsamkeit: Konzeptuelle Aspekte und Ergebnisse zum Freiburger Achtsamkeitsfragebogen. *Verhaltenstherapie, 16,* 33–40. https://doi.org/10.1159/000091521

Hertenstein, E., Rose, N., Voderholzer, U. et al. (2012). Mindfulness-Based Cognitive Therapy in Obsessive-Compulsive Disorder – A Qualitative Study on Patients' Experiences. *BMC Psychiatry, 12,* 185. https://doi.org/10.1186/1471-244X-12-185

Hesse, P. U. (2003). *Teilearbeit: Konzepte von Multiplizität in ausgewählten Bereichen moderner Psychotherapie* (2. Auflage). Heidelberg: Verlag für systemische Forschung im Carl Auer Verlag.

Hick, S. F. (2010). Therapeutische Beziehungen kultivieren. In Hick, S. F. & Bien, T. (Hrsg.) *Achtsamkeit in der therapeutischen Beziehung.* Freiburg/Br.: Arbor. S. 17–40.

Hick, S. F. & Bien, T. (2010). *Achtsamkeit in der therapeutischen Beziehung.* Freiburg/Br.: Arbor.

Hilton, L., Hempel, S., Ewing, B. A. et al. (2017). Mindfulness Meditation for Chronic Pain: Systematic Review and Meta-Analysis. *Annals of Behavioral Medicine, 51*(2), 199–213. https://doi.org/10.1007/s12160-016-9844-2

Himelstein, S. (2011). Meditation Research: The State of the Art in Correctional Settings. *International Journal of Offender Therapy and Comparative Criminology, 55*(4), 646–661. https://doi.org/10.1177/0306624X10364485

Hoge, E. A., Bui, E., Marques, L. et al. (2013). Randomized Controlled Trial of Mindfulness Meditation for Generalized Anxiety Disorder. *Journal of Clinical Psychiatry, 74*(08), 786–792. https://doi.org/10.4088/JCP.12m08083

Holland, J. H. (1995). *Hidden Order – How Adaptation Builds Complexity.* Cambridge: Perseus Books.

Hölzel, B. K., Lazar, S. W., Gard, T. et al. (2011). How Does Mindfulness Meditation Work? Proposing Mechanisms of Action From a Conceptual and Neural Perspective. *Perspectives on Psychological Science, 6*(6), 537–559. https://doi.org/10.1177/1745691611419671

Hopwood, T. L. & Schutte, N. S. (2017). A Meta-analytic Investigation of the Impact of Mindfulness-Based Interventions on Post Traumatic Stress. *Clinical Psychology Review, 57,* 12–20. https://doi.org/10.1016/j.cpr.2017.08.002

Hubble, M. A., Duncan, B. L. & Miller, S. C. (1999). *The Heart and Soul of Change.* Washington, DC: American Psychological Association.

Huppertz, M. (2003). Die Bedeutung des Zen-Buddhismus für die dialektisch-behaviorale Therapie. *Psychotherapie, Psychosomatik, Medizinische Psychologie, 53*(9/10), 376–383. https://doi.org/10.1055/s-2003-42174

Janssen, M., Heerkens, Y., Kuijer, W. et al. (2018). Effects of Mindfulness-Based Stress Reduction on Employees' Mental Health: A Systematic Review. *PloS ONE, 13*(1), e0191332. https://doi.org/10.1371/journal.pone.0191332

Jantsch, E. (1982). *Die Selbstorganisation des Universums.* München: dtv.

Jayawardene, W. P., Lohrmann, D. K., Erbe, R. G. et al. (2017). Effects of Preventive Online Mindfulness Interventions on Stress and Mindfulness: A Meta-Analysis of Randomized Controlled Trials. *Preventive Medicine Reports, 5,* 150–159. https://doi.org/10.1016/j.pmedr.2016.11.013

Johanson, G. (2006). A Survey of the Use of Mindfulness in Psychotherapy. *The Annals of the American Psychotherapy Association, 9*(2), 15–24.

Jung, C. G. (1935/1996). *Die Archetypen und das kollektive Unbewusste. Gesammelte Werke,* Bd. 9/1 (6. Auflage). Olten: Walter.

Kabat-Zinn, J. (1998). *Im Alltag Ruhe finden.* Freiburg, Basel, Wien: Herder.

Kabat-Zinn, J. (1999). *Stressbewältigung durch die Praxis der Achtsamkeit.* Freiamt: Arbor. Buch mit CD.

Kabat-Zinn, J. (2006a). *Gesund durch Meditation. Das große Buch der Selbstheilung* (6. Auflage). Frankfurt/M.: Fischer.

Kabat-Zinn, J. (2006b). *Zur Besinnung kommen. Die Weisheit der Sinne und der Sinn der Achtsamkeit in einer aus den Fugen geratenen Welt.* Freiamt: Arbor.

Kabat-Zinn, M. & Kabat-Zinn, J. (1998). *Mit Kindern wachsen. Die Praxis der Achtsamkeit in der Familie.* Freiamt: Arbor.

Kaltwasser, V. (2018). *Praxisbuch Achtsamkeit in der Schule. Selbstregulation und Beziehungsfähigkeit als Basis von Bildung.* Weinheim, Basel: Beltz.

Kandel, E. R., Schwartz, J. H. & Jessell, T. M. (1995). *Essentials of Neural Science and Behavior.* New York: Appleton & Lange. Dt. (1996): Neurowissenschaften. Heidelberg: Spektrum.

Karen, R. (1994). *Becoming Attached. First Relationships and How They Shape Our Capacity to Love*. Oxford: Oxford University Press.

Kauffman, S. (1995). *Der Öltropfen im Wasser – Chaos, Komplexität, Selbstorganisation in Natur und Gesellschaft*. München: Piper.

Khoury, B., Lecomte, T., Fortin, G. et al. (2013). Mindfulness-Based Therapy: A Comprehensive Meta-analysis. *Clinical Psychology Review, 33*(6), 763–771. https://doi.org/10.1016/j.cpr.2013.05.005

Kirby, J. N., Tellegen, C. L. & Steindl, S. R. (2017). A Meta-Analysis of Compassion-Based Interventions: Current State of Knowledge and Future Directions. *Behavior Therapy, 48*(6), 778–792. https://doi.org/10.1016/j.beth.2017.06.003

Kliem, S., Kroger, C. & Kosfelder, J. (2010). Dialectical Behavior Therapy for Borderline Personality Disorder: A Meta-analysis Using Mixed-effects Modeling. *Journal of Consulting and Clinical Psychology, 78*(6), 936–951. https://doi.org/10.1037/a0021015

Kobarg, A. (2007). *Deutsche Adaptation der Mindful Attention Awareness Scale (MAAS). Validierung am Gesundheitsstatus und Gesundheitsverhalten*. Dissertation (Medizin) Marburg. Abrufbar unter: http://archiv.ub.uni-marburg.de/diss/z2008/0292/pdf/dak.pdf

Koemeda-Lutz, M., Kaschke, M., Revenstorf, D. et al. (2003). Zwischenergebnisse zur Wirksamkeit von ambulanten Körperpsychotherapien. *Psychotherapie Forum, 11*(2), 70–79.

Koemeda-Lutz, M., Kaschke, M., Revenstorf, D. et al. (2006). Evaluation der Wirksamkeit von ambulanten Körperpsychotherapien. Eine Multicenter-Studie in Deutschland und der Schweiz. *Psychotherapie, Psychosomatik, Medizinische Psychologie, 56*(12), 480–487. https://doi.org/10.1055/s-2006-951848

Kornfield, J. (2008). *Das weise Herz. Die universellen Prinzipien buddhistischer Psychologie*. München: Arkana.

Kriz, J. (1999). *Systemtheorie für Psychotherapeuten, Psychologen und Mediziner – Eine Einführung*. Stuttgart: Uni-Taschenbücher.

Kriz, J. (2004). Personzentrierte Systemtheorie – Grundfragen und Kernaspekte. In Schlippe, A. v. & Kriz, W. C. (Hrsg.) *Personzentrierung und Systemtheorie. Perspektiven für psychotherapeutisches Handeln*. Göttingen: Vandenhoeck & Ruprecht. S. 13–67.

Kurtz, R. (1985). *Körperzentrierte Psychotherapie*. Essen: Synthesis.

Kurtz, R. (1990). *Body-Centered Psychotherapy*. Mendocino: LifeRhythm.

Kurtz, R. (1994). *Hakomi – Eine körperorientierte Psychotherapie*. München: Kösel.

Kurtz, R. & Prestera, H. (1979). *Botschaften des Körpers*. München: Kösel.

Kuyken, W., Hayes, R., Barrett, B. et al. (2015). Effectiveness and

Cost-effectiveness of Mindfulness-Based Cognitive Therapy Compared with Maintenance Antidepressant Treatment in the Prevention of Depressive Relapse or Recurrence (PREVENT): A Randomised Controlled Trial. *Lancet, 386*(9988), 63–73. https://doi.org/10.1016/S0140-6736(14)62222-4

Kuyken, W., Watkins, E., Holden, E. et al. (2010). How Does Mindfulness-Based Cognitive Therapy Work? *Behaviour Research and Therapy, 48*(11), 1105–1112. https://doi.org/10.1016/j.brat.2010.08.003

Lakhan, S. E. & Schofield, K. L. (2013). Mindfulness-Based Therapies in the Treatment of Somatization Disorders: A Systematic Review and Meta-Analysis. *PLoS ONE, 8*(8), 1–13. https://doi.org/10.1371/journal.pone.0071834

Lammers, C.-H. & Stiglmayr, C. (2004). Achtsamkeit und Akzeptanz in der DBT. In Heidenreich, T. & Michalak, J. (Hrsg.) *Achtsamkeit und Akzeptanz in der Psychotherapie. Ein Handbuch.* Tübingen: dgvt-Verlag. S. 247–293.

Lau, M. A., Bishop, S. R., Segal, Z. V. et al. (2006). The Toronto Mindfulness Scale: Development and Validation. *Journal of Clinical Psychology, 62*(12), 1445–1467. https://doi.org/10.1002/jclp.20326

Lazar, S. W., Kerr, C. E., Wasserman, R. H. et al. (2005). Meditation Experience is Associated with Increased Cortical Thickness. *NeuroReport, 16*(17), 1893–1897.

Lehrhaupt, L. (2011). Schulung der Achtsamkeit – eine Einführung in die Stressbewältigung durch Achtsamkeit nach Kabat-Zinn. In Anderssen-Reuster, U. (Hrsg.) *Achtsamkeit in Psychotherapie und Psychosomatik* (2. Auflage). Stuttgart, New York: Schattauer. S. 210–216.

Lempp, R. (2003). *Das Kind im Menschen.* Stuttgart: Klett-Cotta.

Lewis, T., Amini, F. & Lannon, R. (2000). *A General Theory of Love.* New York: Vintage Books.

Li, W., Howard, M. O., Garland, E. L. et al. (2017). Mindfulness Treatment for Substance Misuse: A Systematic Review and Meta-Analysis. *Journal of Substance Abuse Treatment, 75*, 62–96. https://doi.org/10.1016/j.jsat.2017.01.008

Libet, B. (1985). Unconscious Cerebral Initiative and the Role of Conscious Will in Voluntary Action. *Behavioral and Brain Sciences, 8*(4), 529–566.

Lieberman, M. D. (2008). Why Symbolic Processing of Affect Can Disrupt Negative Affect: Social Cognitive and Affective Neuroscience Investigations. In Todorov, A., Fiske, S. T. & Prentice, D. (eds.) *Social Neuroscience: Toward Understanding the Underpinnings of the Social Mind.* Oxford: Oxford University Press.

Linehan, M. M. (1996a). *Dialektisch Behaviorale Therapie der Borderline-Persönlichkeitsstörung.* München: CIP-Medien.

Linehan, M. M. (1996b). *Trainingsmanual zur Dialektisch Behavioralen Therapie der Borderline-Persönlichkeitsstörung.* München: CIP-Medien.

Linehan, M. M., Comtois, K. A., Murray, A. M. et al. (2006). Two-Year Randomized Controlled Trial and Follow-Up of Dialectical Behavior Therapy vs Therapy by Experts for Suicidal Behaviors and Borderline Personality Disorder. *Archives of General Psychiatry, 63*(7), 757–766.

Lomas, T., Medina, J. C., Ivtzan, I. et al. (2018). A Systematic Review of the Impact of Mindfulness on the Well-Being of Healthcare Professionals. *Journal of Clinical Psychology, 74*(3), 319–355. https://doi.org/10.1002/jclp.22515

Louise, S., Fitzpatrick, M., Strauss, C. et al. (2018). Mindfulness- and Acceptance-Based Interventions for Psychosis: Our Current Understanding and a Meta-Analysis. *Schizophrenia Research, 192,* 57–63. https://doi.org/10.1016/j.schres.2017.05.023

Luberto, C. M., Hall, D. L., Chad-Friedman, E. et al. (2019). Theoretical Rationale and Case Illustration of Mindfulness-Based Cognitive Therapy for Fear of Cancer Recurrence. *Journal of Clinical Psychology in Medical Settings,* 26, 449–460. https://doi.org/10.1007/s10880-019-09610-w

Lüchinger, T. (1998). *Schritte der Achtsamkeit. Eine Reise mit Thich Nhat Hanh.* DVD, Schweiz.

Luders, E. (2014). Exploring Age-Related Brain Degeneration in Meditation Practitioners. *Annals of the New York Academy of Sciences, 1307,* 82–88. https://doi.org/10.1111/nyas.12217

Luken, M. & Sammons, A. (2016). Systematic Review of Mindfulness Practice for Reducing Job Burnout. *American Journal of Occupational Therapy, 70*(2), 7002250020p1-7002250020p10. https://doi.org/10.5014/ajot.2016.016956

Mace, C. (2008). *Mindfulness and Mental Health. Therapy, Theory and Science.* New York: Routledge.

MacKenzie, M. B., Abbott, K. A. & Kocovski, N. L. (2018). Mindfulness-Based Cognitive Therapy in Patients with Depression: Current Perspectives. *Neuropsychiatric Disease and Treatment, 14,* 1599–1605. https://doi.org/10.2147/NDT.S160761

Maierbrugger, A. & Muzik, P. (2007). *Luxus ist das Abheben vom Alltag.* Wirtschaftsblatt vom 21. 09. 2007.

Marlatt, G. A., Bowen, S., Chawla, N. et al. (2010). Sucht- und Rückfallprävention auf Achtsamkeitsbasis. In Hick, S. F. & Bien, T. (Hrsg.)

Achtsamkeit in der therapeutischen Beziehung. Freiburg/Br.: Arbor. S. 158–178.

Marlock, G. & Weiss, H. (Hrsg.) (2006). *Handbuch der Körperpsychotherapie.* Stuttgart: Schattauer.

McClintock, A. S., Rodriguez, M. A. & Zerubavel, N. (2019). The Effects of Mindfulness Retreats on the Psychological Health of Nonclinical Adults: A Meta-Analysis. *Mindfulness, 2,* 274. https://doi.org/10.1007/s12671-019-01123-9

McKay, M., Wood, J. C. & Brantley, J. (2008). *Starke Emotionen meistern. Wege zu mehr Achtsamkeit, Stresstoleranz und einer besseren Beziehungsfähigkeit.* Paderborn: Junfermann.

McKenna, L., Marks, E. M., Hallsworth, C. A. et al. (2017). Mindfulness-Based Cognitive Therapy as a Treatment for Chronic Tinnitus: A Randomized Controlled Trial. *Psychotherapy and Psychosomatics, 86(*6), 351–361. https://doi.org/10.1159/000478267

Meibert, P. (2014). *Der Weg aus dem Grübelkarussell. Achtsamkeitstraining bei Depression, Ängsten und negativen Selbstgesprächen. Das MBCT-Buch.* München: Kösel.

Michalak, J., Meibert, P. & Heidenreich, T. (2007). Achtsamkeitsbasierte Kognitive Therapie – ein neuer Ansatz zur Rückfallprophylaxe bei Depressionen. In Anderssen-Reuster, U. (Hrsg.) *Achtsamkeit in Psychotherapie und Psychosomatik.* Stuttgart, New York: Schattauer. S. 172–184.

Morrell, F. (1991). *Kindling and Synaptic Plasticity: The Legacy of Graham Goddard.* Berlin: Springer.

Murray, R., Amann, R. & Thom, K. (2018). Mindfulness-Based Interventions for Youth in the Criminal Justice System: A Review of the Research-Based Literature. *Psychiatry, Psychology and Law,* 25(6), 829–838. https://doi.org/10.1080/13218719.2018.1478338

Nadel, L. (1994). Multiple Memory Systems: What and Why, an Update. In Schacter, D. L., Tulving, E. (eds.) *Memory Systems.* Cambridge, MA: MIT Press. S. 39–62.

Nader, K. (2003). Memory Traces Unbound. *Trends in Neuroscience, 26*(2), 65–72. https://doi.org/10.1016/S0166-2236(02)00042-5

Nader, K., Schafe, G. E. & LeDoux, J. E. (2000). Fear Memories Require Protein Synthesis in the Amygdala for Reconsolidation After Retrieval. *Nature, 406,* 722–726. https://doi.org/10.1038/35021052

Neff, K. D. (2012). *Selbstmitgefühl. Wie wir uns mit unseren Schwächen versöhnen und uns selbst der beste Freund werden.* München: Kailash.

Neff, K. D. & Germer, C. K. (2013). A Pilot Study and Randomized Controlled Trial of the Mindful Self-Compassion Program. *Journal of Clinical Psychology, 69*(1), 28–44. https://doi.org/10.1002/jclp.21923

Nicolis, G. & Prigogine, I. (1989). *Exploring Complexity.* New York: Freeman & Company. Dt. (1987): Die Erforschung des Komplexen. München: Piper.

Nilsson, H. & Kazemi, A. (2016). Reconciling and Thematizing Definitions of Mindfulness: The Big Five of Mindfulness. *Review General Psychology, 20*(2), 183–193. https://doi.org/10.1037/gpr0000074

Nyanaponika (2000). *Geistestraining durch Achtsamkeit* (8. Auflage). Herrnschrot: Verlag Beyerlein & Steinschulte. Freie Version abrufbar unter http://www.palikanon.com/diverses/satipatthana/satipattana.html

Ogden, P., Minton, K. & Pain, C. (2010). Trauma und Körper: Ein sensumotorisch orientierter psychotherapeutischer Ansatz. Paderborn: Junfermann.

Panksepp, J. (1998). *Affective Neuroscience. The Foundations of Human and Animal Emotions.* New York: Oxford University Press.

Pascoe, M. C., Thompson, D. R., Jenkins, Z. M. et al. (2017). Mindfulness Mediates the Physiological Markers of Stress: Systematic Review and Meta-Analysis. *Journal of Psychiatric Research, 95,* 156–178. https://doi.org/10.1016/j.jpsychires.2017.08.004

Piet, J. & Hougaard, E. (2011). The Effect of Mindfulness-Based Cognitive Therapy for Prevention of Relapse in Recurrent Major Depressive Disorder: A Systematic Review and Meta-analysis. *Clinical Psychology Review, 31*(6), 1032–1040. https://doi.org/10.1016/j.cpr.2011.05.002

Posner, M. I. & Petersen, S. E. (1990). The Attention System of the Human Brain. *Annual Review of Neuroscience, 13,* 25–42. https://doi.org/10.1146/annurev.ne.13.030190.000325

Purser, R. & Loy, D. (2013). Beyond McMindfulness. *Huffington Post.* Abrufbar unter: https://www.huffingtonpost.com/ron-purser/beyond-mcmindfulness_b_3519289.html

Renn, K. (2008). *Dein Körper sagt dir, wer du werden kannst. Focusing – Wege der inneren Achtsamkeit* (5. Auflage). Freiburg/Br.: Herder.

Ricard, M. (2007). *Glück.* München: Nymphenburger.

Rogers, C. R. (1951). *Client-Centered Therapy.* Boston: Houghton Mifflin Company. Dt. (1981): Die klientenzentrierte Gesprächspsychotherapie. München: Piper.

Rosenberg, M. B. (2016). *Gewaltfreie Kommunikation: Eine Sprache des Lebens* (12. Auflage). Paderborn: Junfermann.

Roth, G. (2003). *Fühlen, Denken, Handeln.* Frankfurt/M.: Suhrkamp.

Rückert, S. (2009). *Wer ist Robert Koch?* ZEIT (3) vom 8. Januar 2009. S. 11–15.

Safran, J. D. (ed.) (2003). *Psychoanalysis and Buddhism.* Boston: Wisdom Publications.

Samuelson, M., Carmody, J., Kabat-Zinn, J. et al. (2007). Mindfulness-Based Stress Reduction in Massachusetts Correctional Facilities. *Prison Journal, 87*(2), 254–268. https://doi.org/10.1177/0032885507303753

Schacter, D. L. (1992). Understanding Implicit Memory: A Cognitive Neuroscience Approach. *American Psychologist, 47*(4), 559–569.

Schacter, D. L. (1997). *Searching for Memory: The Brain, the Mind, and the Past.* New York: BasicBooks. Dt. (2001): Wir sind Erinnerung: Gedächtnis und Persönlichkeit. Reinbek bei Hamburg: Rowohlt.

Schacter, D. L. & Scarry, E. (2000). *Memory, Brain and Belief.* Cambridge: Harvard University Press.

Schillings, A. (2007). Stille und Gewahrsein von Mensch zu Mensch. *Transpersonale Psychologie und Psychotherapie/Wissenschaft des Bewusstseins.* Abrufbar unter: http://www.focusing.org/fot/stille_und_gewahrsein_von_mensch_zu_mensch7.pdf

Schmidt, G. (1989). *Konferenzen mit der inneren Familie* (2 Audiokassetten). Müllheim: Auditorium-Netzwerk.

Schore, A. N. (1994). *Affect Regulation and the Origin of the Self.* Hillsdale: Lawrence Erlbaum Associates.

Schrör, T. (2016). *Führungskompetenz durch achtsame Selbstwahrnehmung und Selbstführung: Eine Anleitung für die Praxis.* Wiesbaden: Springer Gabler.

Schulz von Thun, F. (1998). *Miteinander reden 3. Das Innere Team und situationsgerechte Kommunikation.* Reinbek: Rowohlt.

Schulz von Thun, F. (2010). *Miteinander reden 1. Störungen und Klärungen. Allgemeine Psychologie der Kommunikation* (41. Auflage). Reinbek: Rowohlt.

Schwartz, R. C. (2008a). *IFS Das System der Inneren Familie: Ein Weg zu mehr Selbstführung.* Norderstedt: Books on Demand.

Schwartz, R. C. (2008b). *You Are The One You've Been Waiting For, Bringing Courageous Love To Intimate Relationships.* Oak Park, Illinois: Trailhead Publications.

Schwarz, C. (2015). Achtsamkeit für werdende Eltern. In Hölzel, B. & Brähler, C. (Hrsg.) *Achtsamkeit mitten im Leben. Anwendungsgebiete und wissenschaftliche Perspektiven.* München: O. W. Barth. S. 171–194.

Schwartz, R. C. & Sweezy, M. (2022). *Systemische Therapie mit der inneren Familie* (2. Auflage). Stuttgart: Klett-Cotta. Dt. Erstausgabe: Schwartz 1997.

Segal, Z. V., Williams, J. M. G. & Teasdale, J. D. (2008). *Die Achtsamkeitsbasierte Kognitive Therapie der Depression: Ein neuer Ansatz zur Rückfallprävention.* Tübingen: dgvt-Verlag.

Seiwert, L. J. (1998). *Wenn Du es eilig hast, gehe langsam.* Frankfurt, New York: Campus.

Sellman, E. M. & Buttarazzi, G. F. (2019). Adding Lemon Juice to Poison – Raising Critical Questions about the Oxymoronic Nature of Mindfulness in Education and its Future Direction. *British Journal of Educational Studies, 20(*2), 1–18. https://doi.org/10.1080/00071005.2019.1581128

Sendera, A. & Sendera, M. (2016). *Skills-Training bei Borderline- und Posttraumatischer Belastungsstörung* (4. Auflage). Wien: Springer.

Shapiro, S. L. & Izett, C. D. (2010). Meditation. In Hick, S. F. & Bien, T. (Hrsg.) *Achtsamkeit in der therapeutischen Beziehung.* Freiburg/Br.: Arbor. S. 231–250.

Siegel, D. J. (2001). Toward an Interpersonal Neurobiology of the Developing Mind: Attachment Relationships, »Mindsight«, and Neural Integration. *Infant Mental Health Journal, 22*(12), 67–94.

Siegel, D. J. (2006a). *Wie wir werden die wir sind.* Paderborn: Junfermann.

Siegel, D. J. (2006b). An Interpersonal Neurobiology Approach to Psychotherapy: Awareness, Mirror Neurons, and Well-being. *Psychiatric Annals, 36*(4), 248–256.

Siegel, D. J. (2007). *Das achtsame Gehirn.* Freiamt: Arbor.

Siegel, D. J. (2012). Der achtsame Therapeut: Ein Leitfaden für die Praxis. München: Kösel.

Simpson, R., Booth, J., Lawrence, M. et al. (2014). Mindfulness-Based Interventions in Multiple Sclerosis: A Systematic Review. *BMC Neurology, 14,* 15. https://doi.org/10.1186/1471-2377-14-15

Singh, N. N., Lancioni, G. E., Karazsia, B. T. et al. (2019). Effects of Mindfulness-Based Positive Behavior Support (MBPBS) Training are Equally Beneficial for Mothers and Their Children With Autism Spectrum Disorder or With Intellectual Disabilities. *Frontiers in Psychology, 10,* 385. https://doi.org/10.3389/fpsyg.2019.00385

Singh, N. N., Lancioni, G. E., Winton, A. S. W. et al. (2007a). Mindful Parenting Decreases Aggression and Increases Social Behavior in Children With Developmental Disabilities. *Behavior Modification, 31*(6), 749–771. https://doi.org/10.1177/0145445507300924

Singh, N. N., Lancioni, G. E., Winton, A. S. W. et al. (2007b). Individuals with Mental Illness Can Control Their Aggressive Behavior Through Mindfulness Training. *Behavior Modification, 31*(3), 313–328. https://doi.org/10.1177/0145445506293585

Solé-Leris, A. (1994). *Die Meditation, die der Buddha selber lehrte. Wie man Ruhe und Klarblick gewinnen kann.* Freiburg/Br.: Herder.

Spijkerman, M. P. J., Pots, W. T. M. & Bohlmeijer, E. T. (2016). Effectiveness of Online Mindfulness-Based Interventions in Improving Mental Health: A Review and Meta-Analysis of Randomised Controlled Trials. *Clinical Psychology Review, 45*, 102–114. https://doi.org/10.1016/j.cpr.2016.03.009

Spitzer, M. (2002). *Lernen*. Heidelberg: Spektrum.

Stern, D. N. (2002). *The First Relationship – Infant and Mother*. Cambridge, MA: Havard University Press. Dt. (1979): Mutter und Kind, die erste Beziehung. Stuttgart: Klett-Cotta.

Stern, D. N. (2005). *Der Gegenwartsmoment. Veränderungsprozesse in Psychoanalyse, Psychotherapie und Alltag*. Frankfurt/M.: Brandes & Apsel.

Stiglmayr, C., Stecher-Mohr, J., Wagner, T. et al. (2014). Effectiveness of Dialectic Behavioral Therapy in Routine Outpatient Care: The Berlin Borderline Study. *Borderline Personality Disorder and Emotion Dysregulation, 1*, 20. https://doi.org/10.1186/2051-6673-1-20

Stone, H. & Stone, S. (1994). *Du bist viele* (4. Auflage). München: Heyne.

Suzuki, S. (1975). *Zen-Geist Anfänger-Geist*. Berlin: Theseus Verlag.

Sweezy, M. & Ziskind, E. L. (eds.) (2013). *Internal Family Systems Therapy. New Dimensions*. New York: Routledge.

Tart, C. T. (1996). *Die innere Kunst der Achtsamkeit. Ein Praxisbuch für das Leben im gegenwärtigen Moment*. Freiamt: Arbor.

Tart, C. T. (2001). *Mind Science: Meditation Training for Practical People*. Novato: Wisdom Editions.

Thich Nhat Hanh (2001). *Embracing Anger. A Public Talk by Thich Nhat Hanh at the Riverside Church, New York, September 25th, 2001.*

Thich Nhat Hanh (2004). *Taming the Tiger Within. Meditations on Transforming Difficult Emotions*. New York: Penguin-Group.

Thich Nhat Hanh (2007). *Ärger. Befreiung aus dem Teufelskreis destruktiver Emotionen* (3. Auflage). München: Goldmann Arkana.

Thompson, E. (2017). Looping Effects and the Cognitive Science of Mindfulness Meditation. In McMahan, D. L. & Braun, E. (eds.) *Meditation, Buddhism, and Science*. New York: Oxford University Press. S. 47–61.

Tronick, E. Z., Bruschweiler-Stern, N., Harrison, A. M. et al. (1998). Dyadically Expanded States of Consciousness and the Process of Therapeutic Change. *Infant Mental Health Journal, 19*(3), 290–299. https://doi.org/10.1002/(SICI)1097-0355(199823)19:3<290::AIDIMHJ4>3.0.CO;2-Q

Van Dam, N. T., Sheppard, S. C., Forsyth, J. P. et al. (2011). Self-Compassion is a Better Predictor than Mindfulness of Symptom Severity and Quality of Life in Mixed Anxiety and Depression. *Journal of Anxiety*

Disorders, 25(1), 123–130. https://doi.org/10.1016/j.janxdis.2010.08.011

Virgili, M. (2015). Mindfulness-Based Interventions Reduce Psychological Distress in Working Adults: A Meta-Analysis of Intervention Studies. *Mindfulness, 6*(2), 326–337. https://doi.org/10.1007/s12671-013-0264-0

Vøllestad, J., Nielsen, M. B. & Nielsen, G. H. (2012). Mindfulness- and Acceptance-Based Interventions for Anxiety Disorders: A Systematic Review and Meta-analysis. *British Journal of Clinical Psychology, 51*(3), 239–260. https://doi.org/10.1111/j.2044-8260.2011.02024.x

Walach, H., Buchheld, N., Buttenmüller, V. et al. (2004). Empirische Erfassung der Achtsamkeit – Die Konstruktion des Freiburger Fragebogens zur Achtsamkeit (FFA) und weitere Validierungsstudien. In Heidenreich, T. & Michalak, J. (Hrsg.) *Achtsamkeit und Akzeptanz in der Psychotherapie.* Ein Handbuch. Tübingen: dgvt-Verlag.

Waldrop, M. M. (1993). *Inseln im Chaos. Die Erforschung komplexer Systeme.* Reinbek bei Hamburg: Rowohlt.

Wallace, B. A. (2008). *Die Achtsamkeits-Revolution. Aktivieren Sie die Kraft der Konzentration.* Frankfurt/M.: O. W. Barth.

Wallin, D. J. (2007). *Attachment in Psychotherapy.* New York: Guilford Press.

Watkins, J. G. & Watkins, H. H. (2003). *Ego-States – Theorie und Therapie. Ein Handbuch.* Heidelberg: Carl Auer.

Weiss, H. (2006). Bewusstsein, Gewahrsein, Achtsamkeit. In Marlock, G. & Weiss, H. (Hrsg.) *Handbuch der Körperpsychotherapie.* Stuttgart: Schattauer. S. 406–413.

Weiss, H. (2007). Die Analyse von Wechselwirkungen in kritischen dyadischen Beziehungssituationen. *Familiendynamik, 32*(4), 330–345.

Weiss, H. & Benz, D. (1989). *Auf den Körper hören.* München: Kösel.

Weiss, H. & Harrer, M. E. (2006). Der Körper und die Wahrheit. In Marlock, G. & Weiss, H. (Hrsg.) *Handbuch der Körperpsychotherapie.* Stuttgart: Schattauer. S. 273–280.

Weiss, H., Johanson, G. & Monda, L. (2019). *Hakomi – Achtsamkeitszentrierte Körperpsychotherapie: Theorie und Praxis.* Stuttgart: Klett-Cotta.

Weissman, R. & Weissmann, S. (1994). *Der Weg der Achtsamkeit: Vipassana-Meditation; ein 10-Tage-Kurs.* München: Hugendubel, Irisiana.

Welwood, J. (2000): *Toward a Psychology of Awakening.* Boston: Shambala. Dt. (2010). Psychotherapie & Buddhismus – der Weg persönlicher und spiritueller Transformation. Freiburg/Br.: Arbor.

Wengenroth, M. (2008). *Das Leben annehmen. So hilft die Akzeptanz- und Commitmenttherapie.* Bern: Huber.

White, M. & Epston, D. (1990). *Die Zähmung der Monster: Literarische Mittel zu therapeutischen Zwecken.* Heidelberg: Carl Auer.

WHO (2012). *Depression The Global Crisis.* Abrufbar unter: https://www.ncbi.nlm.nih.gov/pmc/articles/PMC3573568/

Wilber, K. (1996). *Mut und Gnade. In einer Krankheit zum Tode bewährt sich eine große Liebe.* München: Goldmann.

Wilber, K. (2001a). *Vom Tier zu den Göttern.* Freiburg/Br.: Herder.

Wilber, K. (2001b). *Eros, Kosmos, Logos.* Frankfurt/M.: Fischer.

Wilber, K. (2001c). *Integrale Psychologie.* Freiamt: Arbor.

Wilber, K. (2006). *Einfach »das«* (3. Auflage). Frankfurt/M.: Fischer.

Wilber, K., Patten, T., Leonard, A., Morelli, M. (2008). *Integral Life Practice.* Boston, London: Integral Books.

Williams, J. M. G. & Kabat-Zinn, J. (2013). *Mindfulness. Diverse Perspectives on its Meaning, Origin and Applications.* New York: Routledge.

Williams, J. M. G., Teasdale, J., Segal, Z. & Kabat-Zinn, J. (2009). *Der achtsame Weg durch die Depression.* Freiamt: Arbor.

Wiseman, R. (2008). *Quirkologie: Die wissenschaftliche Erforschung unseres Alltags.* Frankfurt/M: Fischer. Zitiert nach: Rötzer, F. (2007). Am schnellsten wird in Singapur, Kopenhagen und Madrid gelebt. Abrufbar unter: https://www.telepolis.de/features/Am-schnellsten-wird-in-Singapur-Kopenhagen-und-Madrid-gelebt-3413354.html

Young, C. (2006). Körperpsychotherapie und ihre Risiken. In Marlock, G. & Weiss, H. (Hrsg.) *Handbuch der Körperpsychotherapie.* Stuttgart: Schattauer. S. 617–624.

Young, S. (2004). *Break through Pain. A Step-by-Step Mindfulness Meditation Program for Transforming Chronic and Acute Pain.* Boulder: Sounds True.

Young, S. (2013). *Fünf Wege, sich selbst besser kennenzulernen. Eine Einführung in Basic Mindfulness.* Abrufbar unter: https://www.shinzen.org/wp-content/uploads/2016/12/art_5Wege_G.pdf

Young, S. (2016). *What is Mindfulness?* Abrufbar unter: https://www.shinzen.org/wp-content/uploads/2016/08/WhatIsMindfulness_SY_Public_ver1.5.pdf

Zeidan, F. (2015). The Neurobiology of Mindfulness Meditation. In Brown, K. W., Creswell, J. D. & Ryan, R. M. (eds.) *Handbook of Mindfulness: Theory, Research, and Practice.* New York: Guilford Press. S. 171–189.

Zeidler, W. (2007). *Achtsamkeit und ihr Einfluss auf die Emotionsverarbeitung. Eine experimentelle Untersuchung der Wirkmechanismen.* Saarbrücken: VDM Verlag Dr. Müller.

Sach- und Autorenverzeichnis

Verzeichnis der Exkurse und Übungen

Exkurse

Übungen

Teil I

Stimmen zum Buch

Ein hervorragendes Buch, in dem das so aktuelle Konzept der Achtsamkeit gründlich und gut lesbar eingeführt wird. Von drei hoch kompetenten Autoren aus den wichtigen Anwendungsbereichen Psychotherapie, Medizin und Coaching. Eine gelungene Zusammenführung buddhistischer Psychologie und westlichen wissenschaftlichen Erkenntnissen dazu.

(Prof. Dirk Revenstorf, Psychologe und Fachautor)

In Zeiten von Informationsüberflutung und pausenlosem Ansturm von Reizen brauchen wir die Momente der Stille und der Innenschau. Die Achtsamkeit ist die älteste und am tiefsten getestete Methode, eine Balance herzustellen.

(Dr. Susanne Holst, Ärztin, Moderatorin von Tagesschau und Tagesthemen)

Dieses Buch verknüpft in wohltuender Weise altes Wissen mit neuen Erkenntnissen, Nüchternheit mit Poesie, ganz so, wie es dem Gegenstand angemessen erscheint. Die Lektüre ist sowohl für Anfänger als auch für Praktizierende in Achtsamkeit zu empfehlen. Vor allem aber für diejenigen, die verstehen wollen, wie wichtig, lohnend und sinnvoll es ist, mit Achtsamkeitspraxis zu beginnen.

(Dr. Luise Reddemann, Pionierin der Trauma- und Schmerztherapie)

Sich dieses Buch zu gönnen, kommt schon einem Akt von achtungsvollem Umgang und Achtsamkeit für sich selbst gleich. Es gibt nicht nur einen wohltuend klaren Überblick über das weite Feld der Geschichte von Achtsamkeitskonzepten, sondern vermittelt auch sehr fundiert und differenziert das ganze Theorie-Gebäude dazu und bietet außerdem auch noch viele praktisch sehr hilfreiche Anwendungsmöglichkeiten. Ein ganz besonderes Verdienst dieses Buches stellt für mich dazu noch dar, dass es Achtsamkeit nicht nur als individuelles Thema begreift, sondern zeigt, wie es als interaktionelles Phänomen gelebt werden kann. So kann es nicht nur zu großer innerer Bereicherung beitragen, sondern auch zu einer achtungsvollen Beziehungskultur mit multikultureller Neugier und Toleranz. Sehr gelungen und sehr empfehlenswert.

(Dr. Gunther Schmidt, leitender Arzt einer psychosomatischen Fachklinik)

Die Autoren:

Halko Weiss, Jahrgang 1947, Ph. D., Dipl.-Psych., Psychologischer Psychotherapeut, Dozent an mehreren Hochschulen. Mitbegründer und Senior Trainer der Hakomi Institute in den USA, Deutschland, Neuseeland und Australien. Halko Weiss arbeitet international als Ausbilder für Körperpsychotherapie, als Management-Trainer und als Paartherapeut. Er hat die Achtsamkeitsmeditation in den 1970er-Jahren in einem buddhistischen Kloster in Sri Lanka kennengelernt. Seitdem ist sie integraler Bestandteil seines therapeutischen Vorgehens und zentrale Grundlage der Hakomi-Methode geworden. In zahlreichen Büchern und Fachartikeln hat Halko Weiss zum Diskurs über Achtsamkeit und den Körper in der Psychotherapie beigetragen.

▶ https://www.hakomi.de/

Michael E. Harrer, Jahrgang 1955, Facharzt für Psychiatrie und Psychotherapeut in eigener Praxis in Salzburg. Einer seiner Arbeitsschwerpunkte ist die Psychoonkologie – er ist Mitbegründer und langjähriger Obmann der Krebsberatungsstelle »netzwerk« in Innsbruck. Dr. Harrer ist Lehrtherapeut für Hypnosepsychotherapie, Supervisor und Coach und bietet Seminare zu Psychoonkologie, Stressbewältigung und Burnout-Prophylaxe durch Achtsamkeit an. Die von ihm gestalteten Websites informieren umfassend über die Achtsamkeit und ihre Anwendungen. Verschiedene Fachveröffentlichungen zu Achtsamkeit in der Psychotherapie und auch zu »Burnout und Achtsamkeit« (Klett-Cotta, 2013).

▶ https://www.achtsamleben.at/

▶ https://www.burnoutundachtsamkeit.at/

▶ https://www.achtsamkeitinderpsychotherapie.at/

Thomas Dietz, Jahrgang 1959, Arzt mit Zusatztitel Psychotherapie, Senior-Coach und Coaching-Weiterbildungsanbieter im Deutschen Bundesverband Coaching. Wichtige Prinzipien seiner Arbeit stammen aus der Hakomi-Methode und der Internal Family Systems Therapy. Seit 1989 ist er als Trainer und Berater tätig. Mit seiner Frau Ingeborg Dietz, mit Halko Weiss und weiteren Kollegen hat er ein spezifisches Vorgehen im Coaching entwickelt, das auf Achtsamkeit beruht. Neben zahlreichen Fachartikeln hat er zusammen mit Ingeborg Dietz das Buch »Selbst in Führung – achtsam die Innenwelt meistern« veröffentlicht.

▸ https://dietz-coaching.com/